ŒUVRES COMPLÈTES

DE

W. SHAKESPEARE

TOME XII

LA PATRIE

II

SAINT-DENIS. — IMPRIMERIE CH. LAMBERT, 17, RUE DE PARIS.

FRANÇOIS-VICTOR HUGO

TRADUCTEUR

ŒUVRES COMPLÈTES

DE

W. SHAKESPEARE

TOME XII

LA PATRIE

II

HENRY V. — HENRY VI (PREMIÈRE PARTIE).

DEUXIÈME ÉDITION

PARIS
LIBRAIRIE PAGNERRE,
RUE DE SEINE, 18

1873

Reproduction et traduction réservées.

A MICHELET.

F.-V. H.

INTRODUCTION.

Dans l'intervalle du mois de mars au mois de septembre 1599, il y avait sur la table de maître William Shakespeare un manuscrit surchargé de ratures et de renvois. Quelqu'un qui eût examiné de près le précieux cahier y eût remarqué un grand nombre d'additions et de corrections, toutes de la main de l'auteur, consignées soit en marge, soit sur des pages intercalées. Ici un mot rayé et remplacé par un autre ; là un membre de phrase ajouté à la phrase primitive ; plus loin tout un dialogue interverti et modifié ; plus loin encore une réplique prolongée de dix, vingt, trente et même quarante vers ; ailleurs une scène nouvelle prolongeant le texte original de cinq ou six feuillets. — A cette époque, en effet, Shakespeare était occupé à reviser une pièce historique récemment représentée par la troupe du *Globe*. Il soumettait *Henry V* à ce procédé rénovateur qu'il avait si victorieusement appliqué à la plus illustre de ses œuvres, *Roméo et Juliette*. Le drame était ainsi transfiguré par cette retouche infaillible, et l'auteur arrivait enfin au terme de sa tâche quand, au milieu d'un chœur final, une soudaine inspiration lui dicta les vers suivants :

> . . . . But now behold,
> In the quick forge and workinghouse of thought,
> How London doth pour out her citizens!
> The mayor and all his brethren, in best sort,
> Like to the senators of the antique Rome,
> With the plebeians swarming at their heels,
> Go forth and fetch their conquering Cœsar in :
> As, by a lower but by loving likelihood,
> Were now the general of our gracious empress
> (As in good time he may) from Ireland coming,
> Bringing rebellion broached on his sword,
> How many would the peaceful city quit
> To welcome him!

> . . . . Mais voyez maintenant,
> Dans la rapide forge, dans l'atelier de la pensée,
> Comme Londres verse à flots ses citoyens!
> Le maire et tous ses confrères, dans leur plus bel attirail,
> Tels que les sénateurs de l'antique Rome,
> Ayant à leurs talons un essaim de plébéiens,
> Vont chercher leur triomphant Cesar.
> Ainsi (rapprochement plus humble, mais bien sympathique),
> Si *le général de notre gracieuse impératrice*
> *Revenait d'Irlande*, comme il le pourrait quelque heureux jour,
> Ramenant la rébellion passée au fil de son épée,
> Quelle foule quitterait la paisible cité
> Pour l'acclamer au retour!

Les critiques anglais, ordinairement si curieux de tout ce qui intéresse Shakespeare, ont gardé le plus discret silence sur ces vers significatifs adressés par l'auteur de *Henry V* au comte d'Essex, presque à la veille de l'insurrection de 1601. Pourtant, s'il est dans l'œuvre du poëte un passage digne d'être noté, étudié, discuté, commenté, approfondi, c'est assurément celui-là. Car là, peut-être, dans ces lignes si courtes, se trouve le mot de l'énigme qui jusqu'ici a été le désespoir et la confusion des biographes, — la personnalité de Shakespeare. Là peut-être est la solution de tous ces problèmes réputés jusqu'ici insolubles : quelles relations Shakespeare avait-il avec ses contemporains? à quel parti politique, à quelle fraction sociale, à quelle communion philosophique ou religieuse appartenait-il? Sur tous ces points l'histoire est restée complétement ignorante, — si mystérieuse, si obscure, si enveloppée d'ombre a été la vie de ce glorieux être. Du reste, il faut le reconnaître, le poëte n'a rien fait pour dissiper la nuit dont l'homme était entouré. Jamais artiste n'a été plus impersonnel que Shakespeare. Jamais écrivain n'a répandu à la fois plus de rayons sur son œuvre et plus de ténèbres sur son *moi*. Jamais génie immortel n'a plus fièrement gardé l'anonyme de son éphémère existence.

Une fois pourtant, l'incognito a été trahi. Cette individualité, qui jamais ne s'est révélée directement au monde, a laissé échapper une exclamation. Ce cri, cri unique adressé par Shakespeare à l'un de ses contemporains, — c'est le devoir du commentateur scrupuleux de le saisir. Nous le saisissons.

Chacun sait que deux factions se disputaient le pouvoir à la fin du règne d'Élisabeth, la faction Cecil-Raleigh, la faction Essex. Par les vers que je viens de traduire, Shakespeare s'est prononcé entre les deux factions : il a proclamé hautement, publiquement, intrépidement, ses vœux pour le succès d'Essex, au moment même où ce succès semblait le plus compromis. Or, quels motifs pouvaient décider l'auteur de *Henry V* à cette option? Quelles affinités pouvaient rapprocher William Shakespeare de Robert Devereux?

Tout d'abord, entre ces deux hommes, un lien personnel est facile à distinguer : ce lien, c'est l'amitié commune qui les attachait au comte de Southampton. Ce

Henry Wriothesly, à qui Shakespeare offrit ses premiers poëmes, *Vénus et Adonis*, le *Viol de Lucrèce*, et ses sonnets si discrètement mystérieux, ce Henry, à qui Shakespeare disait dans une dédicace : « L'amour que je voue à Votre Seigneurie est sans fin, *the lowe I dedicate to your lordship is without end*, » ce même Henry était le cousin par alliance de Robert Devereux. Il était plus que le cousin d'Essex, il était son frère d'armes : fraternité chevaleresque que rien n'altérait. Les deux jeunes comtes étaient inséparables. Southampton accompagnait Essex aux fêtes, aux tournois, aux joutes, à travers intrigues et complots, à travers succès et revers, à travers faveur et disgrâce ; il le suivait au bal comme au champ de bataille ; il le suivit jusqu'à la rébellion, jusqu'au banc des félons, jusqu'au cachot ; il faillit le suivre jusqu'à l'échafaud. Ce dévouement absolu de Southampton pour Essex ne pouvait manquer d'agir puissamment sur le cœur de Shakespeare. Pour peu que le poëte fût sincère en déclarant à Southampton *un amour sans fin,* il lui était impossible de ne pas partager les sympathies, comme les antipathies, de son noble ami. Southampton ayant uni sa destinée à la destinée d'Essex, et Shakespeare ayant voué à Southampton une affection sans bornes, il fallait bien que le poëte s'associât de tous ses vœux à la fortune d'Essex. Il devait nécessairement suivre avec une émotion profonde toutes les péripéties d'un drame politique dont le dénoûment encore obscur pouvait être ou l'élévation ou la chute de son *bien-aimé.*

Shakespeare était donc personnellement intéressé dans la lutte d'Essex avec ses ennemis, puisqu'il pouvait être frappé au cœur par l'issue de cette lutte. Mais, outre ce motif tout individuel et tout intime, il y avait des raisons d'intérêt général, de hautes considérations morales, des préoccupations suprêmes de civilisation qui devaient déterminer le choix du poëte entre les deux partis rivaux, en entraînant ses convictions du côté de ses prédilections.

Quels étaient les adversaires d'Essex? C'étaient ces ministres implacables qui avaient recommencé pour le compte de la papauté anglicane la persécution religieuse inaugurée naguère au nom de la papauté romaine, et qui étaient parvenus à faire Élisabeth aussi sanglante que sa sœur Marie. C'étaient ces inquisiteurs d'État qui, depuis vingt ans, multipliaient les supplices et décimaient par une incessante Saint-Barthélemy les populations catholiques du Nord, qui avaient décapité Norfolk, décapité Northumberland, décapité Marie Stuart; qui, en 1586, avaient accroché au gibet le jésuite Babington et ses treize complices, et qui, en 1592, pendaient le calviniste Penry, auteur supposé des brochures puritaines publiées sous le pseudonyme de Martin Marprelate. C'étaient ces légistes-bourreaux qui, en 1593, faisaient voter par le Parlement le statut odieux en vertu duquel la conversion à l'anglicanisme était enjointe à tous les récusants sous peine de mort. Vous comprenez quelle horreur devait inspirer à une âme généreuse cet atroce despotisme. Aussi quiconque se penche sur l'œuvre profonde de Shakespeare, y entend-il gronder la protestation sourde du génie indigné. — Tantôt, comme dans *Hamlet*, c'est un sarcasme vengeur qui atteint le premier ministre de la reine, son plus ancien conseiller, celui qu'Élisabeth appelle son *Esprit*, et qui à lord Burleigh inflige publiquement la livrée grotesque de Polonius. Tantôt, comme dans le *Roi Jean*, c'est une allusion intrépide qui, donnant au château de Northampton la silhouette sinistre de la forteresse de Fotheringay, flétrit l'empressement meurtrier du secrétaire Davison, et fait retentir dans les lamentations d'Arthur l'écho distinct des sanglots de Marie Stuart. Certes Shakespeare repousse, avec toute la colère du patriotisme, l'armada ultramontaine ; il condamne hautement les envahissements de la papauté ; il la montre sacrifiant à son ambition le repos des peuples, amnistiant tous les crimes pourvu qu'ils la servent, couvrant le sang versé par le roi Jean de la robe rouge de Pandolphe, sanctifiant par la présence de deux évêques l'usurpation de Richard III, et encourageant de l'approbation du légat Wolsey la tyrannie de Henry VIII. Mais c'est ici qu'il faut applaudir à l'impartialité du poëte. En même temps qu'il combat énergiquement l'invasion catholique, il étend sur le dogme opprimé l'aile immense de la muse. Il ouvre à la foi proscrite l'asile sacré de son œuvre. — L'anglicanisme n'admet pas le purgatoire. C'est des flammes du purgatoire que Shakespeare évoque l'ombre si sympathiquement douloureuse du vieil Hamlet. — L'anglicanisme rejette la confession. Shakespeare nous montre Roméo et Juliette recevant du vénérable frère Laurence l'absolution de leur amour. — L'anglicanisme démolit les couvents. C'est dans un monastère que Shakespeare offre un refuge tutélaire à Héro calomniée. — L'anglicanisme renverse les crucifix comme des idoles. C'est au pied d'une croix de pierre, au bord d'une route, que Shakespeare fait agenouiller la patricienne Portia avant l'heure solennelle qui doit l'unir à Bassanio. — L'anglicanisme défroque et bannit les moines. Shakespeare couvre de la cagoule prohibée la figure auguste du prince justicier de *Mesure pour Mesure.* — Et ce ne sont pas seulement les schismatiques catholiques, ce sont les mécréants de toutes les races que le poëte relève et couvre. Il veut que le More de Venise parle tête haute, devant le sénat, des princes musulmans ses aïeux. En dépit des dénégations chrétiennes, il veut que le juif ait une âme, et il fait battre le cœur de Shylock de toutes les nobles émotions de la paternité.

Il allie la race arabe à la race chrétienne, en mariant Othello à Desdemona, comme, en unissant Lorenzo à Jessica, il réconcilie la famille chrétienne avec la tribu juive.

Ainsi la tolérance du poëte est vaste comme l'humanité. Elle comprend dans sa large effusion tous les cultes, tous les dogmes, toutes les religions ; elle ne distingue pas entre les réprouvés, elle embrasse jusqu'aux maudits. Dans la cité de Shakespeare, il y a place pour la synagogue comme pour le monastère, pour le temple protestant, puritain, iconoclaste et nu comme pour l'église catholique, resplendissante de vitraux, de peintures, de statues et de châsses d'or, inondée de lumière, de musique et de parfums. A travers les rues, les avenues, les galeries, les cours et les promenades de cette métropole idéale, circulent les costumes de tous les pontificats, surplis, étoles, chasubles, aubes, dalmatiques, taleds, caftans et pelisses, bonnets carrés, mitres et turbans. Le prêtre s'y croise avec le ministre, le derviche avec le moine, le rabbin avec l'évêque, le cardinal avec le mufti. A perte de vue s'enchevêtrent tous les élans pétrifiés de la prière, tours carrées, dômes orientaux, flèches, clochers et minarets, et dans cet inaltérable azur, le croissant ne fait pas ombrage à la croix.

Hélas ! qu'il y avait loin de cette cité que rêvait Shakespeare à la ville qu'il voyait ! Avez-vous idée du lamentable spectacle que présentait vers la fin du seizième siècle la capitale de l'Angleterre ? A toutes les portes de l'enceinte extérieure, au coin de tous les carrefours, sur les façades monumentales des édifices publics, au front même de la résidence royale, étaient fixées des têtes coupées, tragiques mascarons sculptés par la hache du bourreau.—Le voyageur Hentzner raconte froidement qu'en 1598, « il compta sur le seul pont de Londres plus de trois cents têtes de personnes exécutées pour haute trahison. » Londres se paraît de la dépouille de Tyburn. De tous les points de l'horizon, des essaims d'oiseaux noirs s'abattaient incessamment sur ces proies échevelées, qu'ils dépeçaient peu à peu, charognes sanglantes qui avaient été des figures humaines, grimaces funèbres qui avaient été de vivants sourires ! Et ne croyez pas que la reine-vierge éprouvât horreur ou dégoût devant cette galerie de spectres. Par Jupiter ! Élisabeth était trop royalement fille de Henry VIII pour avoir peur de tant de fantômes. Loin de les éviter, elle prenait je ne sais quel hideux plaisir à les regarder, à les dévisager, à les reconnaître et à les nommer ! Elle était fière de ce musée lugubre, qu'elle augmentait sans cesse ; et, si par hasard quelque grand personnage survenait, Sa Majesté daignait lui en faire elle-même les honneurs. Péréfixe, dans son *Histoire de Heury le Grand*, raconte (vol. II, pages 84-83) qu'un jour, prenant par la main Biron, l'ambassadeur du Béarnais, la reine Élisabeth lui montra toutes les têtes clouées aux remparts de la Tour et lui dit superbement : « Ainsi sont punis les traîtres en Angleterre ! »

Les traîtres, c'étaient tous les dissidents, tous les indépendants, catholiques, calvinistes, philosophes, hétérodoxes, qui prétendaient garder leur foi inviolable et refusaient leur conscience à la suprématie royale ! Pourtant, si âpres que fussent ces temps, si endurcie que fût cette génération à la vue des supplices, toute sensibilité n'était pas éteinte. A la cour, sur les marches du trône, on pourrait presque dire dans l'alcôve royale, une opposition s'élevait lentement contre ce despotisme sans pitié. Cette opposition latente était primitivement bien éloignée d'une protestation, plus encore d'une rébellion ; elle se restreignait à de vagues aspirations vers un avenir meilleur, aux vœux les plus respectueux en faveur d'un adoucissement du bon plaisir. Agenouillée devant la couronne, elle se contentait de miner sourdement le cabinet par une sape d'influence et d'intrigues ; contre les ministres de la reine, elle suscitait — le favori de la reine !

Intrépide et généreux, nature prime-sautière, étourdie et chevaleresque, Essex se pliait de bonne grâce au noble rôle que lui offraient les circonstances. Cette condescendance n'était pas sans magnanimité. Le comte-maréchal n'avait nul intérêt à jouer ce jeu ; loin de là, il y risquait sa splendide position, la faveur royale, ses pensions, sa riche dotation, sa fortune, ses dignités, sa vie. Une boutade de sa maîtresse pouvait brusquement le précipiter du faîte à l'abîme. Essex se rendit-il un compte exact du péril ? Je ne sais. Toujours est-il qu'il tenta l'aventure : il se dévoua à la réalisation de cette chimère : réformer le despotisme par le despotisme même. Enfant gâté de la tyrannie, il crut l'apprivoiser avec des caresses. Mignon de la fille de Henry VIII, il prétendit exploiter ce caprice dans l'intérêt général, en apitoyant sur les misères publiques l'âme royale qu'il avait attendrie. Il pensa, parce qu'il possédait le cœur, qu'il dominerait la tête. Cette infatuation devait être sa perte. Il se croyait aimé de la reine ; un avenir prochain lui prouva qu'il n'était aimé que d'Élisabeth.

Voilà donc le favori devenu tout doucement chef d'opposition. Dans le parlement de 1593, il couvre de son puissant patronage les membres des communes qui s'élèvent contre les abus. Un député puritain, James Morice, ayant osé dénoncer les iniquités commises par les cours ecclésiastiques et proposer un bill pour l'adoucissement des pénalités encourues par les indépendants, est arrêté par ordre de la reine et envoyé à la forteresse de Tutbury : Essex réclame contre l'emprisonnement arbitraire et demande publiquement l'élargissement du député. Dans la même session, un jeune avocat obscur se fait remarquer par une vaillante protestation contre l'énormité des subsides qu'exige la couronne : Essex l'applaudit et le prend à son service en qualité de secrétaire. Cet inconnu, plus tard trop célèbre, s'appelle Francis Bacon. — A ces actes éloquents Essex ajoutait le commentaire de ses paroles. A la chambre des lords, au conseil privé, à la cour, il ne cessait d'attaquer l'implacable administration des Cecils et de flétrir les rigueurs exercées contre les dissidents. — En même temps qu'il méritait la reconnaissance des puritains, il se conciliait le parti catholique : il accueillait dans sa famille le chevalier papiste sir Christopher Blount, et donnait à cette alliance toute sa signification en faisant espérer à son nouveau beau-père le libre exercice du culte proscrit. Il disait à qui voulait l'entendre « qu'il n'aimait pas que personne fût tourmenté pour sa religion [1]. » Il offrait dans son propre hôtel un asile à tous les persécutés. Hospitalité courageuse qui bientôt devait lui être reprochée comme un crime par ses ennemis triomphants. — Le sergent Yelverton, chargé en 1601 d'instruire le procès du comte, constate que « le lord d'Essex n'admettait que des papistes, récusants et athées pour complices de sa rébellion capitale. » Dans le même procès, le secrétaire d'État sir Robert Cecil lui jette à la tête le même grief : « Grâce à Dieu, nous vous connaissons : votre religion apparaît par ces papistes qui furent toujours vos maîtres conseillers, et auxquels, ainsi qu'à d'autres, vous aviez promis *la Liberté de Conscience, to whom and others you had promised* the Liberty of Conscience ! »

Ainsi, — le fait est constaté par les témoignages combinés des ennemis mêmes d'Essex, — la liberté de conscience était le dernier mot de son programme politique.

---

[1] Milord Essex was wont to say that he liked not that any man should be troubled for his religion. » *Déposition de sir Christopher Blount au procès de* 1601.

Le droit pour chacun de choisir sa croyance, ce droit placé en tête du code futur par la philosophie révolutionnaire, ce droit dont le triomphe encore attendu inaugurerait un monde nouveau, ce droit était reconnu, salué, invoqué même par Essex. Mais comment cette idée toute moderne avait-elle pu venir à l'esprit d'un favori de reine, d'un homme de cour, d'un homme d'épée, d'un homme du passé? Comprenez-vous l'affranchissement des âmes réclamé par la même bouche qui disait des mots d'amour à la despotique Élisabeth? Énigme étrange. De quel génie Essex était-il l'écho? Quel prophétique conseiller lui avait révélé le principe même de l'avenir? Quelle voix mystérieuse lui avait soufflé ce cri inouï: liberté de conscience? Peut-être la solution du problème est-elle dans le rapprochement de ces trois noms : Essex — Southampton —Shakespeare. Il est certain que l'amitié de Southampton formait un trait d'union entre le poëte et le favori; elle comblait l'énorme intervalle social qui les séparait; et la pensée de l'un n'avait, pour parvenir à l'autre, qu'une confidence à franchir.

Quoi qu'il en soit de cette hypothèse, il y avait entre Shakespeare et Essex communauté de vues autant que communauté d'affections. Le grand principe de tolérance, qui trouvait dans l'œuvre de l'un son symbole idéal, trouvait dans les professions de foi de l'autre un commencement d'expression politique. Et ainsi s'expliquent tout naturellement les vœux que l'auteur de *Henry V* faisait publiquement pour le succès d'Essex. De ce triomphe, souhaité par un peuple opprimé et par toutes les sectes persécutées, Shakespeare devait espérer une réaction contre l'implacable régime qui depuis tant d'années désolait l'Angleterre; il devait y voir un progrès vers le mieux, une sortie de l'Égypte despotique, une direction vers cette terre promise de la liberté que, grâce à une vue supérieure, il apercevait à l'extrême horizon de l'avenir.

Cependant la guerre d'influence qu'Essex faisait aux ministres aurait pu durer longtemps, sans un incident imprévu qui précipita le dénoûment. Au mois de juin 1598, une altercation éclata, en présence de la reine, entre le favori et le secrétaire d'État Cecil, à propos des affaires d'Irlande. La reine intervint et, comme toujours, prit parti pour le ministre. Essex dépité eut un mouvement d'impatience et tourna le dos à sa maîtresse. Sur quoi Élisabeth furieuse courut à lui, et de sa main royale lui appliqua en plein visage un vigoureux soufflet. Le comte, tout étourdi de ce brusque outrage, porta instinctivement la main à son épée. Un des seigneurs présents, qui tenait pour le ministère, lord Nottingham, feignit de voir dans ce geste machinal une menace contre Sa Majesté, et repoussa violemment le comte, qui sortit de la salle avec fracas. Cette scène fit scandale, non-seulement à la cour, mais dans toute l'Angleterre. On ne parlait partout que de la rupture violente entre la reine et le favori. Les ennemis du comte se réjouissaient déjà de sa chute. Mais ils se réjouissaient trop tôt. Ce n'était qu'une querelle d'amoureux. Élisabeth, bientôt radoucie, se laissa raccommoder avec le comte par le vénérable chancelier Egerton, et Essex triomphant reparut à la cour, après plusieurs mois de bouderie. Cette réconciliation inattendue mit les ministres aux abois. Que faire? Quel expédient trouver, quel moyen imaginer pour écarter cet adversaire redoutable qui avait pu impunément blesser la reine à l'orgueil? Les circonstances offrirent au cabinet le prétexte qu'il cherchait. La situation de l'Irlande était devenue vraiment alarmante. L'Angleterre était épuisée par cette guerre de buissons qui en une seule année lui avait dévoré vingt mille hommes et 300,000 livres. Sir

John Norris, le vétéran des guerres de France et des Pays-Bas, venait de mourir, après s'être épuisé vainement à la poursuite de l'inexpugnable rébellion. Sir Henry Bagnall avait été battu à Blackwater, laissant quinze cents morts et toute son artillerie sur le champ de bataille, et le vainqueur, Hugh O'neal, avait été proclamé roi d'Irlande par les révoltés. Il ne s'agissait plus d'émeute partielle, mais d'une révolution nationale.

Réprimer un pareil mouvement était une tâche formidable. Les ministres unanimes désignèrent Essex comme le seul homme capable de l'accomplir, et proposèrent ce choix à la signature royale. En vain Essex, devinant un piége, voulut décliner le terrible poste d'honneur. La reine signa la nomination, et le comte dut partir. Il quitta Londres le 27 mars 1599, acclamé par une foule immense qui, raconte l'annaliste Stowe, était entassée sur un espace de plus de quatre milles, criant : « Dieu bénisse Votre Seigneurie ! Dieu préserve Votre Honneur ! » Quand il eut dépassé Islington, un gros nuage noir apparut au nord-est. Beaucoup virent là un mauvais présage. L'orage, en effet, ne tarda pas à éclater. — Essex une fois à Dublin, ses adversaires, sir Robert Cecil, lord Cobham, sir Walter Raleigh, travaillèrent à le perdre : tous les actes du lord lieutenant furent successivement incriminés. Essex avait choisi pour général de sa cavalerie son ami, l'ami de Shakespeare, lord Southampton, récemment emprisonné pour avoir osé se marier sans le consentement de la reine. Les ministres firent casser Southampton. — L'armée d'Essex, artistement levée par ses ennemis et recrutée à dessein parmi les gens de sac et de corde, privée de vivres, privée de munitions, s'était débandée presque tout entière au premier coup de feu. Le comte demanda du renfort. Les ministres dictèrent à la reine une lettre de refus indignée. Ainsi désarmé devant l'insurrection, le lord lieutenant était réduit à parlementer avec elle. Il essaya donc d'obtenir par la persuasion la soumission qu'il ne pouvait plus imposer par la violence : il eut une entrevue avec le chef de la révolte, le calma par quelques concessions équitables, accorda provisoirement aux Irlandais le libre exercice du culte catholique, et conclut une trêve qui pouvait être renouvelée de six semaines en six semaines. Cette transaction généreuse fut violemment dénoncée par les implacables ministres. Essex fut accusé en plein conseil de n'avoir pactisé avec la rébellion que pour se mettre à sa tête et la lancer sur l'Angleterre protestante. On lui reprocha de vouloir détrôner la reine Élisabeth, comme jadis Henry de Lancastre avait dépossédé Richard II. Bref, il fut décidé qu'un corps d'observation serait porté au plus vite sur la côte occidentale pour empêcher le débarquement imminent.

Ainsi la cabale ministérielle l'emportait. Quelques mois avaient suffi pour travestir en félon ce favori si puissant naguère, et pour mettre au ban de l'Angleterre le généralissime anglais. — C'est cependant les quelques mois où se consommait ainsi la perte d'Essex que l'auteur de *Henry V* avait eu l'audace de faire publiquement des vœux pour son succès. Souhaits intrépides par lesquels le poëte, du haut de son théâtre, protestait d'avance contre l'odieuse intrigue qui allait triompher.

Le machiavélisme des hommes d'État devait prévaloir contre les prières de toute une nation, contre les souhaits de la muse. Essex revint d'Irlande, non, comme le désirait Shakespeare, par une heureuse journée, salué des cris de joie d'un peuple accouru de toutes parts au-devant de lui, non, comme le voulait Shakespeare, en conquérant et en vainqueur, mais par un jour de deuil, au milieu de l'alarme et de la consternation publique, en criminel réduit à se justifier. Il revint d'Irlande, non avec la face radieuse et sereine de la victoire, mais pâle, hagard, effaré par la fatigue et l'anxiété, ayant risqué ce va-tout de déserter son commandement pour revoir sa maîtresse.

L'aube du 28 septembre 1599 nous montre Essex chevauchant sur la route de Londres. Il apprend dans la Cité que la reine est au palais de Non-Such; il repart aussitôt, sans même s'arrêter à son hôtel pour changer de vêtements; il traverse la Tamise à Lambeth, escorté seulement de six personnes, saisit pour son propre usage les chevaux de quelques gentilshommes qui attendaient leurs maîtres sur la rive, et reprend le galop. Enfin, à dix heures du matin, il atteint la grille du château, échevelé, défait, crotté, ayant de la boue au visage, ruisselant de sueur et de fange; il traverse les grands appartements, et, forçant toutes les consignes, violant toute étiquette, pénètre dans les appartements privés. Il parvient ainsi jusqu'à la chambre à coucher de la reine, et, sans même se faire annoncer, ouvre brusquement la porte redoutable. Familiarité suprême qui peut le perdre ou le sauver. La reine était à sa toilette, entourée de ses femmes, on la coiffait; ses cheveux gris de soixante-huit ans étaient épars sur ses épaules et sur sa gorge nue; et, près d'elle, sur une table, étaient rangées les perruques de toutes nuances entre lesquelles allait être choisie la parure du jour. Le jeune comte ne recule pas devant ce spectre de vieille coquette; il se jette à ses genoux, et couvre de baisers humides ces mains flétries... Une demi-heure plus tard, Essex sort de la chambre à coucher royale; il rencontre dans les antichambres les courtisans du petit lever, qui attendaient avec une indicible émotion l'issue de ce coup d'audace, et les salue d'un sourire affable, en s'écriant : « Dieu soit loué ! S'il y a eu de l'orage au dehors, il fait beau ici ! »

Essex n'avait quitté la cour que pour mettre ordre à sa toilette. Il revint dans l'après-midi, couvert de ses plus beaux habits, le collier de Saint-Georges au cou, la Jarretière au genou, splendide, merveilleux, rayonnant, méconnaissable. Mais Élisabeth était aussi méconnaissable. La reine avait la couronne sur la tête, le masque impérial, le verbe impérieux. Ce n'était plus une maîtresse attendrie, rendant caresses pour caresses ; c'était une majesté terrible qui interrogeait. Pourquoi milord Essex avait-il quitté l'Irlande sans autorisation ? Pourquoi avait-il conclu une trêve avec des rebelles qui ne méritaient pas de quartier ? Pourquoi avait-il abandonné son poste, au milieu d'une campagne, comme un déserteur ? etc., etc... Pendant qu'Essex changeait de costume, la reine avait eu le temps de voir le secrétaire d'État Cecil. Le favori était perdu. — La disgrâce était complète, irrémédiable. Revenu à Londres, le comte reçut ce soir-là même l'ordre de se considérer comme prisonnier en son hôtel. Quelques jours plus tard, il était destitué de tous ses emplois et de toutes ses dignités : une triple dégradation lui enlevait le maréchalat, la grande maîtrise de l'artillerie, la charge de conseiller privé. Quelques mois plus tard, il était enfermé à la Tour, en compagnie de son frère d'armes Southampton. Quelques mois plus tard, tout était fini : Essex était décapité.

La chute de cette noble tête retentit douloureusement dans le pays entier ; avec elle tombaient toutes les espérances d'un peuple opprimé ; avec elle s'écroulait l'éphémère illusion d'un accommodement possible entre la monarchie des Tudors et la liberté. La grande idée de la tolérance, qui par l'exorcisme d'un mystérieux génie avait été évoquée dans cette tête, s'en échappa dans un flot de sang et reprit brusquement sa place au ciel inaccessible de l'utopie. — Toute la nation porta le deuil d'Essex : Shakespeare tendit de noir son théâtre. Nombre de critiques ont signalé le changement remarquable qui s'opéra à certaine époque dans l'esprit du poëte : « Il semble, a dit M. Hallam, qu'il y eut dans la vie de Shakespeare une période où son âme était mal à l'aise et mécontente du monde. » Eh bien, c'est de cette catastrophe historique que date la phase si justement observée par le commentateur. Au moment même où périt Essex, un immense crêpe couvre la scène shakespearienne. Elle perd à jamais cette gaieté si vive, si pétulante, si étourdie, si franchement grotesque qui inspire les premières comédies du maître, cette verve folle qui anime Mercutio, cette bouffonnerie énorme qui fait mouvoir Falstaff. Les passions funèbres l'envahissent : la mélancolie y pénètre avec le second Hamlet, la misanthropie avec Timon, l'hypocondrie avec Lear. Ah ! croyez-le bien, pour que de telles tristesses aient tout à coup assombri ce théâtre si riant naguère, il faut que le poëte ait été cruellement désenchanté. L'exécution d'Essex, l'emprisonnement indéfini de son cher Southampton, ont, en effet, dissipé la douce vision qui faisait sa joie depuis tant d'années. Il croyait à l'avénement de la tolérance, et il n'y croit plus. Il croyait à l'aurore d'un meilleur jour, et il n'y croit plus. Un coup de hache a brisé sa foi.

Les vers de Shakespeare en l'honneur d'Essex ne furent pas imprimés sous le règne d'Élisabeth. La presse alors étant moins libre encore que le théâtre, aucun éditeur n'eût osé imprimer, après la chute du favori, ce qu'avant sa chute l'acteur avait pu dire impunément. La chambre étoilée eût rudement châtié le libraire assez imprudent pour publier l'éloge d'un homme convaincu de haute trahison. Après la mort violente d'Essex, Shakespeare devait prendre l'un de ces deux partis : ou publier son œuvre en raturant l'éloge du déchu et en paraissant ainsi le désavouer, ou ajourner la publication jusqu'à ce qu'elle pût se faire intégralement. Le premier parti impliquait une lâcheté; la générosité du poëte dut lui faire préférer le second. Un incident était naguère survenu qui donnait à cette détermination le mérite d'un singulier désintéressement. Des entrepreneurs de librairie, nommés Thomas Millington et John Busby, s'étaient procuré, on ne sait comment, une copie du drame de *Henry V*, tel qu'il était avant les remaniements récemment opérés par l'auteur, et avaient fait imprimer cette copie chez l'imprimeur Thomas Creede; puis, sans crier gare, dans le courant de l'année 1600, ils avaient mis en vente l'édition frauduleuse, offrant ainsi comme l'ouvrage définitif ce qui n'était plus qu'une imparfaite ébauche. Une pareille publication était pire qu'un vol, c'était une diffamation. Le drame circulait dans toute l'Angleterre, tronqué, inachevé, amoindri de moitié, privé de tous les développements nécessaires, dégarni de ces admirables chœurs qui en sont à la fois le commentaire et le complément, destitué enfin des mille beautés ajoutées par une magistrale révision. Shakespeare pouvait aisément faire justice de cette contrefaçon calomnieuse : puisque l'éloge d'Essex était interdit, il n'avait qu'à retrancher six vers devenus séditieux, et, cette suppression faite, il pouvait sur-le-champ publier l'œuvre dans son essentielle et éclatante intégrité. Il le pouvait, et il ne le fit pas. L'édition de 1600, vendue sans concurrence, fut réimprimée telle quelle en 1602 et en 1608. Ce n'est qu'en 1623, longtemps après les événements racontés plus haut, quand Essex, Élisabeth et Shahespeare s'étaient rejoints dans la tombe, que fut publié le drame de *Henry V* tel que le poëte l'avait refait, tel qu'il le voulait, — contenant l'impérissable réhabilitation du supplicié de 1601.

I

Pour bien apprécier *Henry V*, pour bien saisir le sens de cette œuvre vaillante, reportons-nous à l'époque où écrivait l'auteur. Rappelons-nous ce qu'était à la fin du seizième siècle la monarchie des Tudors. Par le cumul du pouvoir spirituel et du pouvoir séculier, cette royauté avait absorbé en elle la double autocratie de l'empire et de la papauté. Elle avait fondu dans son sceptre le glaive de César et les clefs de Pierre. C'était une autorité illimitée, insondable, émanant d'en haut, trônant dans les foudres et dans les rayons, au milieu d'une aveuglante apothéose, s'étendant à perte de vue dans le ciel. Les potentats d'Asie, qui assimilaient leur domaine au firmament et en divisaient les provinces en constellations, n'étaient pas plus absolus, plus redoutés, plus obéis, plus déifiés que ne l'était en Angleterre, vers la fin du seizième siècle, la petite-fille du gentilhomme campagnard Thomas Boleyn. Elisabeth était l'objet d'un culte public. Quand notre dame la reine survenait, portée en tête d'une procession sur les épaules des grands, chamarrée de brocard et de dentelles, couverte de joyaux et de pierreries, toute la foule s'arrêtait et se prosternait contre le pavé devant cette madone. On ne lui parlait qu'à genoux, comme on parle à Dieu. Les vœux qu'on lui adressait étaient des ex-voto. — Avenante et familière dans les commencements de son règne, Élisabeth s'était systématiquement éloignée de la nation, à mesure que son pouvoir s'affermissait. Peu à peu elle s'était enfoncée dans le Saint des Saints du droit divin. Elle y avait oublié son origine à demi bourgeoise, sa naissance bâtarde, l'exécution infamante de sa mère, sa propre captivité, son avénement suspect. Maintenant toute-puissante, elle vivait d'une vie extrasociale, inaccessible à ses sujets, presque inabordable à ses parents, isolée dans son palais même. « La reine soupe et dîne seule, » dit Hentzner. Elle mangeait à part, ne trouvait plus de convive digne d'elle. Ce même voyageur Hentzner, qui fut présenté à la cour d'Angleterre en l'an 1598, raconte, avec l'autorité d'un témoin oculaire, la manière curieuse dont se préparait le repas royal : « Deux gentilshommes entraient dans la salle à manger avec une nappe qu'ils étendaient sur la table, après s'être agenouillés trois fois avec une vénération profonde, puis se retiraient après une nouvelle génuflexion. Sur ce, deux autres arrivaient avec une salière, des assiettes et du pain, déposaient tout cela sur la table après s'être agenouillés comme les précédents, et se retiraient avec les mêmes cérémonies. Enfin arrivaient une dame non mariée (on nous dit que c'était une comtesse) et une autre mariée portant un coûteau à goûter : la première, vêtue de blanc, se prosternait trois fois, et essuyait les assiettes avec le pain et le sel, aussi tremblante que si la reine avait été là. Après une courte attente, les *yeomen* de la garde entraient tête nue, vêtus d'écarlate avec une rose d'or dans le dos, apportant processionnellement un service de vingt-quatre mets dressés dans de la vaisselle d'or ; ces mets étaient reçus au fur et à mesure par un gentilhomme et rangés sur la table, tandis que la dame de service faisait goûter à chaque garde une bouchée du plat qu'il apportait, par crainte de poison. Pendant qu'on dressait le dîner, douze timbales et douze trompettes retentissaient dans l'antichambre. Les préparatifs terminés, un certain nombre de dames non mariées apparaissaient, enlevaient solennellement les plats de la table, et les portaient dans la chambre privée de la reine, pour que Sa Majesté choisît. »

Ce cérémonial hiératique, qui entourait d'une superstitieuse vénération les moindres fonctions de la personne royale, qui obligeait les plus grandes dames à s'agenouiller devant le verre où elle buvait, devant l'assiette où elle mangeait, devant le plat dont elle goûtait, devant la cuvette où elle se lavait, qui sanctifiait par des rites minutieux l'appétit le plus chétif, le besoin le plus vulgaire, la satisfaction la plus grossière de la bête couronnée, ce cérémonial n'était que la formule extérieure et physique du dogme qui confondait l'autorité monarchique avec l'autorité divine. Toutes ces pratiques dévotes de l'étiquette avaient pour but de rendre infranchissable la distance qui séparait le gouvernant des gouvernés. Exaltée par tant de pompes, la créature royale était censée se mouvoir dans une sphère supérieure à l'orbite terrestre ; elle semblait, par son essence même, absolument distincte des autres créatures. C'était un être à part, unique, fatidique, qui respirait un autre air que nous et qui marchait dans un autre azur. — La consécration d'un tel dogme par l'acquiescement universel devait avoir des conséquences incalculables sur les destinées de la société. Si la créature royale était réellement ce qu'elle prétendait être, si elle était douée de grâces spéciales, si elle avait le don de certains miracles, si elle était par son tempérament même au-dessus de notre espèce, si elle tenait de la nature le privilége de régir le monde, les hommes n'avaient plus qu'à obéir aveuglément à cette providence visible. Ils devaient s'incliner devant ses arrêts, se courber devant ses caprices, s'humilier devant ses forfaits mêmes, sans examen, sans discussion, sans protestation. Et de quel droit, en effet, auraient-ils, êtres vulgaires, protesté contre cet être exceptionnel? Le surhumain peut bien être inhumain ; le prodigieux peu bien être monstrueux. Le roi est absolu, comme Dieu est l'absolu. Se révolter contre l'omnipotence royale, c'est être rebelle à la toute-puissance divine. Tout murmure est un blasphème, toute résistance un sacrilége.

Suivant cette théorie, professée hautement les par jurisconsultes du seizième siècle, et consacrée alors par tous les codes et toutes les coutumes de l'Europe, la révolution de 1399 était un crime énorme. Il n'existait pas de termes assez infamants pour flétrir cet attentat par lequel un peuple, un misérable peuple, usurpant le pouvoir souverain, avait bouleversé l'ordre mystique de succession, substitué à l'élu du ciel l'élu de la populace, dépouillé, emprisonné, dégradé, détrôné, découronné, décapité cet être auguste et sacré, l'oint du Seigneur! La reine Élisabeth s'indignait au seul souvenir de cette insurrection nationale; elle prétendait la vouer à l'oubli, et, comme je l'ai dit au précédent volume, elle tenait sous les verroux le chroniqueur Haywarde, coupable de l'avoir racontée à nouveau dans un opuscule latin dédié au comte d'Essex. Elle eût volontiers fustigé l'insolente histoire, comme Xerxès battait de verges l'Océan. Ne pouvant s'en prendre au fait accompli, elle s'en prenait au narrateur. Cette colère folle n'était pas sans logique. Partaut de ce principe que l'autorité royale est de droit divin, la fille de Henry VIII devait considérer avec horreur un événement qui avait fait surgir une monarchie de l'acclamation de la canaille. Qu'importaient les actes de Richard? Richard n'était-il pas le fils aîné d'Édouard III? Élisabeth se sentait frappée par la chute du tyran légitime; elle palpitait avec lui; elle souffrait avec lui; elle se confondait avec lui : *Je suis Richard II*, s'écriait-elle. Elle maudissait la félonie de Bolingbroke, elle s'emportait en imprécations contre ce prince du sang assez lâche pour recevoir l'investiture de la multitude, altesse de carrefour, majesté de ruisseau! Que de cette usurpation fût né un gouvernement héréditaire, que cette trahison eût fait souche et produit une dynastie, que ce traître Henry IV eût pu transmettre le sceptre volé à son fils Henry V, tout cela l'exaspérait.

Cependant l'histoire était là, véridique, inaltérable, indestructible, chuchotant par les cent voix de ses annalistes, et n'attendant qu'un poëte assez vaillant pour remettre sur la scène, par un éclatant coup de théâtre, les événements murmurés par la tradition.

Shakespeare dégagea de la poussière de deux siècles la chronique prohibée ; il l'exhuma, la ressuscita, la fit revivre dans ses principaux personnages et dans ses principaux incidents ; il la prit à son origine, la développa de péripétie en péripétie, et l'exalta, à travers quatre drames, jusqu'à cette conclusion magnifique, le triomphe de Henry V ! Que de génie, que d'adresse, que d'esprit, que d'habileté ne fallut-il pas au poëte pour accomplir ce tour de force, pour faire, sous l'empire du droit divin, la lumineuse réfutation du droit divin ! — Cette rébellion de 1399, cette rébellion publiquement flétrie par l'arrêt redoutable d'Élisabeth, cette rébellion qui est le mauvais rêve du despotisme, le poëte la montre aboutissant, au milieu des vivat et des hourrahs, à l'étonnante épopée d'Azincourt. De la source d'opprobre il fait déborder la gloire. Au front de cette révolution honnie pour avoir volé le diadème de Richard II, Shakespeare pose de ses deux mains la couronne de saint Louis !

« Nous n'avons jamais estimé ce pauvre trône d'Angleterre, et voilà pourquoi, éloigné de lui, nous nous sommes abandonné à une fantasque licence. Mais j'entends agir en roi dès que je serai monté sur mon trône de France. *C'est pour y atteindre que j'ai dépouillé ma majesté et remué la terre comme un journalier.* » Ces paroles significatives que prononce Henry V, dès son avénement à la royauté, donnent la clef et de son passé et de son avenir. C'est pour pouvoir atteindre au trône de France, c'est pour être capable un jour d'escalader ce suprême sommet des grandeurs humaines, que Henry, dépouillant la majesté princière, enlevé de bonne heure à la vie factice des cours, soustrait à toutes les fictions qui énervent les enfances royales, jeté à même la vie, a reçu la rude éducation du peuple. Une âpre et précoce adolescence l'a d'avance préparé à toutes les épreuves, endurci à toutes les fatigues, aguerri à toutes les détresses. Dans les périlleuses équipées d'Eastcheap et de Gadshill, il s'est tout jeune habitué à payer d'audace; il a contracté là cet esprit d'aventure qui un jour, grandi par le champ de bataille, doit devenir le génie de la victoire. — A l'école populaire, Henry s'est formé les idées comme il s'est trempé le caractère. Il a appris à juger les questions sociales, non au point de vue monarchique, mais au point de vue du peuple. Et c'est en cela qu'il se distingue essentiellement de son père. — Henry IV, élevé dans la religion du droit divin, conservait, sur le trône où une révolte l'avait placé, toutes ses préventions royalistes. Il était l'agent sceptique et inquiet d'une fatalité révolutionnaire. L'usurpation, à laquelle il avait été en quelque sorte forcé par les événements, le rongeait et le minait comme un remords. Il ne croyait pas en conscience à la légitimité du pouvoir que lui avait délégué l'acclamation publique. De là sa mélancolie, sa tristesse, son anxiété, ses continuelles insomnies et les angoisses de son agonie. — Le prince de Galles, lui, ne partage pas les scrupules paternels; élevé autrement, il voit les choses autrement; il est exempt des préjugés de la superstition monarchique; il n'a pas de doute sur la validité de son mandat, il a la foi du peuple; ce que la nation a fait lui paraît bien fait ; et il saisit intrépidement le sceptre qui oscillait dans la main fébrile de son père : « Oh ! murmurait le roi expirant, puisse Dieu me pardonner la manière dont j'ai acquis la couronne ! — Mon gracieux seigneur, réplique le prince d'une voix ferme, vous l'avez gagnée, portée et gardée, et vous me la donnez ; elle est donc bien légitimement en ma possession ; et c'est avec une rare énergie que je la défendrai contre l'univers entier. »

Par ses paroles, par ses actes, par sa vie tout entière, Henry V donne un éclatant démenti au dogme du droit divin. Il est le représentant serein et enjoué de la souveraineté nationale. Il est la patrie faite homme, le peuple fait roi. Il justifie par toutes ses qualités cette popularité immense qui l'a porté et qui le soutient au pouvoir. Pas un trait dans cette figure qui ne soit sympathique. Il a tous les mérites charmants, tous les dons qui font aimer. Aussi quel contraste en ce type tout gracieux et le personnage flegmatique, rigide, altier et antipathique de l'histoire ! « Henry, roy d'Angleterre, dit Monstrelet, étoit moult sage et expert en toutes besognes dont il se vouloit entremettre et de tres hautain vouloir. Et, pour vray, il étoit si craint et douté de ses princes et capitaines qu'il n'y en avoit nul, tant luy fust prochain et bien de luy, qui osast transgresser ses ordonnances. » — « Ses paroles, écrit George Chastelain, tranchoient comme rasoir. » Entre le personnage de Shakespeare et le personnage des chroniques, il n'y a de commun que le nom. Le prince idéal du drame n'a aucun rapport avec ce roi implacable qui apparaît dans nos annales exerçant contre les vaincus de si terribles représailles, complétant ses succès par des supplices, laissant des milliers de femmes et d'enfants mourir de faim dans les fossés de Rouen, et, la ville prise, envoyant au gibet l'intrépide Alain Blanchart, s'emparant de Meaux par la famine, puis, froidement, après la victoire, faisant décapiter à Paris « messire Louis Gast, Denys de Vaulru, maistre Jehan de Rouvières et celuy qui avoit sonné le cor durant le siége, » et ordonnant que « leurs testes fussent mises sur lances ès halles, et leurs corps pendus au gibet par les aisselles[1]. » Le héros du poëte désavouerait hautement les atrocités de son homonyme. C'est un vainqueur généreux qui, après la bataille de Shrewsbury, pleure à deux genoux sur le cadavre d'Hotspur et ne réclame le prisonnier Douglas que pour le rendre à la liberté. C'est un indulgent conquérant qui s'écrie : « Quand la cruauté et la pitié jouent pour un royaume, c'est la douce joueuse qui gagne ! » C'est un prince, ennemi des rigueurs, qui se vante de ne pas être un tyran : *We are no tyrant!* C'est un monarque miséricordieux qui fait relâcher un malheureux coupable de propos séditieux, en disant : Soyons clément, *let us be merciful*. Loin d'être de « hautain vouloir, » loin d'avoir la parole « tranchante comme un rasoir, » Henry a le verbe affable et avenant ; il est accessible à tous, abordable surtout aux petits. Ce n'est pas lui, le roi du peuple, qui mettrait entre le peuple et le roi la barrière infranchissable de l'étiquette ! Il confesse humblement son goût pour *la petite bière* et se proclame *le prince des bons compagnons*. Volontiers il se débarrasse de « l'incommode et splendide vêtement de majesté » afin de s'encanailler à l'aise avec des subalternes. La veille de la plus périlleuse bataille, il désertera la tente royale pour aller s'asseoir au plus modeste bivouac. Il frappera sur l'épaule à tous ses vétérans, il les désignera par leurs noms, et il rappellera à ce cher Fluellen qu'il est son compatriote. Son altesse est si peu fière qu'elle s'exposera, pour rire, à être souffletée par un simple soldat !

[1] Monstrelet.

Ce mélange de bonhomie et de magnanimité, de rondeur et de grandeur, inspire à la fois la sympathie et le respect, l'affection et l'admiration. Évidemment Shakespeare a voulu rendre son héros irrésistible. — Henry V apparaît comme une exception radieuse dans la sombre galerie des souverains exposés par le poëte, Claudius, Macbeth, Jean sans Terre, Richard II, Richard III, Henry VIII. Sacré par une révolution, élevé et intronisé par le peuple, Henry est un modèle désespérant, offert aux maîtres héréditaires de ce monde. Une ironie profonde achève ce portrait sublime. Tout en attribuant la perfection à Henry, Shakespeare le présente comme un miroir à tous les princes chrétiens, *the mirror of all Christian kings*. Magistrale dérision ! Toutes ces majestés absolues, toutes ces altesses de droit divin, tous ces représentants hideux des dynasties légitimes, tous ces tyrans chargés de vices et de crimes, Tudors, Valois, Hapsbourgs, Stuarts, il les invite à prendre exemple sur l'élu du peuple et à égaler l'incomparable !

En même temps qu'il idéalise la figure du prince révolutionnaire, Shakespeare peint sous des traits odieux le parti de la contre-révolution. Dans *Henry IV*, nous l'avons vu, le poëte gardait encore quelque ménagement pour ce parti ; tout en réprouvant ses tendances, il lui concédait encore de hautes et fières qualités ; il appelait même l'intérêt sur lui, en mettant à sa tête le valeureux Hotspur et le vénérable archevêque d'York. Avec *Henry V* tous ces tempéraments disparaissent. La cause du droit divin est désormais irrévocablement flétrie et condamnée. Elle ne trouve plus ni chevalier ni apôtre ; elle ne fanatise plus les populations ; elle ne peut plus convoquer ni ban de vassaux ni arrière-ban de milices. Elle ne déploie plus à la clarté du soleil, en rase campagne, au bruit des fifres et des clairons, les pennons armoriés de cent barons fidèles. Elle ne s'élance plus à l'attaque de la révolution, en criant *Espérance et Percy!* Elle ne combat plus, elle conspire. Elle conspire lâchement, hypocritement, l'adulation sur les lèvres, la félonie au cœur. Soudoyée par l'étranger, elle caresse l'usurpateur, elle l'embrasse, elle le suit dans son alcôve, elle couche avec lui, — pour mieux l'assassiner! Au lieu du glaive flamboyant d'Hotspur, elle brandit dans l'ombre d'une ruelle le sinistre couteau d'Henry Scroop : « Oh! que te dirai-je à toi, lord Scroop, cruelle, ingrate, sauvage, inhumaine créature! Quel que soit l'astucieux démon qui t'a entraîné si absurdement, il a dans l'enfer la palme de l'excellence. Un homme a-t-il la mine loyale? Eh bien, tu l'avais aussi. A-t-il l'air grave et instruit? Eh bien, tu l'avais aussi. Est-il d'une noble famille? Eh bien, tu l'étais aussi. A-t-il l'air religieux? Eh bien, tu l'avais aussi. Ta chute a laissé une marque qui entache de soupçon l'homme le plus accompli! »

La tentative d'assassinat découverte à Southampton est le dernier effort du parti de la légitimité contre la révolution incarnée dans Henry V. Le complot avorté, ce parti disparaît dans les ténèbres de honte où le relègue le mépris public. Plus de rébellion, plus de discorde. L'Angleterre se rallie unanime au chef éminent qui la représente; elle s'absorbe dans la souveraineté de Henry de Lancastre. — Quelle direction Henry va-t-il donner au pouvoir que lui délègue ainsi le concours universel? Quel usage va-t-il faire de sa royale dictature?

Ici s'impose l'inéluctable force des choses. Un gouvernement en qui se résume une nation, doit accorder une ample satisfaction aux besoins de cette nation, ouvrir une large issue à ses aspirations essentielles, prêter enfin une volonté à ses instincts les plus impérieux. Or, c'est pour toute nation une nécessité de s'épancher, de se répandre au dehors, d'étendre au loin son influence, son prestige, son ascendant, ses idées, sa langue, sa race. Le procédé moderne de cette propagande, c'est l'échange pacifique ; le procédé antique et féodal, c'est l'invasion violente. Dans son élan primitif vers le continent, la nation britannique trouvait fatalement un obstacle chez la nation la plus voisine. Son effort d'envahissement provoquait à quelques milles de ses côtes un égal effort de résistance. De là d'interminables conflits qu'une trêve pouvait tout au plus suspendre quelques mois. La guerre contre la France, prolongée par une hostilité de cent ans, était devenue pour l'Angleterre un état chronique, normal, organique ; elle était passée dans le sang du peuple ; elle faisait partie de son tempérament ; elle était son besoin, elle était sa passion, — besoin brutal, passion sauvage. Au moyen âge, quiconque naissait Anglais, naissait ennemi du Français. C'était une animosité héréditaire que les générations se transmettaient comme un legs de famille. S'il était au delà de la Manche un sentiment public, c'était celui-là. L'Angleterre s'affirmait patrie surtout par le cri : Guerre à la France ! Le gouvernement de Henry V était trop profondément national pour ne pas céder à cet entraînement patriotique. L'élu du peuple était en quelque sorte sommé par son élection même d'agir dans un sens belliqueux. De là cette expédition fameuse qui débarqua sur nos plages en 1414, et dont Monstrelet nous a raconté en détail les triomphales étapes.

Fidèle à la vérité historique, Shakespeare va donc mettre son héros en campagne. Mais il veut que cette entreprise, réclamée par des instincts aveugles et farouches, soit approuvée cette fois par la raison la plus haute. Le poëte accepte la guerre comme moyen, mais il la répudie comme but. La guerre pour la guerre lui fait horreur :

« Chaque goutte de sang innocent, s'écrie-t-il, est une malédiction, une imprécation vengeresse contre celui dont l'iniquité aiguise les épées qui exterminent ainsi l'éphémère humanité. »

>Blood's guiltless drops
>Are every one a woe, a sore complaint,
>'Gainst him whose wrongs give edge unto these swords
>That make such waste in brief mortality.

La guerre n'est légitime que quand elle a la civilisation pour principe : elle n'est excusable que quand elle a la réconciliation pour dénoûment. Guerre à la France ! soit, mais à la condition que cette guerre se terminera, non par l'armistice de la rancune, mais par la paix de l'amour.

Telle est la consigne que Shakespeare donne d'avance au conquérant. Le poëte s'attache d'ailleurs à lever toutes les objections qui peuvent êtes faites à l'expédition de Henry ; il réfute solennellement les arguments mêmes tirés du droit féodal. Que vient-on opposer au descendant d'Isabelle de France la prétendue loi salique : *In terram salicam mulieres ne succedant* ? Qu'y a-t-il de commun, je vous prie, entre la terre de France et la terre salique, « située, comme chacun sait, entre la Sahl et l'Elbe ? » Les titres transmis par une femme à Henry V ne sont pas valables ! Mais vous oubliez que le « roi Pepin, qui déposa Chilpéric, se présentait comme héritier et descendant de Bathilde, fille du roi Clotaire ; » vous oubliez que « Hugues Capet se porta pour héritier de dame Lingare, fille de Carloman ; » vous oubliez « que Louis X ne put porter la couronne de France avec une conscience tranquille, qu'après s'être convaincu que sa grand'mère descendait de dame Ermengare, fille de Charles de Lorraine. Il est donc clair comme le soleil d'été que les titres de Pepin, les prétentions de Hugues, la satisfaction de conscience de Louis reposaient sur les légitimes droits des femmes. » Et Shakespeare développe ainsi complaisamment la thèse des jurisconsultes anglais. Contre la glose salique il cite la lettre de la Bible : *Quand le fils meurt, que l'héritage descende à la fille.* Il invoque en faveur de Henry jusqu'au texte sacré ! Ce n'est pas tout : comme si des raisons si canoniques ne suffisaient pas pour excuser la déclaration de guerre, Shakespeare la justifie par de nouveaux griefs. Le Dauphin de France adresse au roi d'Angleterre un dédaigneux défi, en lui envoyant une barrique pleine de balles de paume. L'auteur a exhumé d'Holinshed cet incident légendaire, qui n'est mentionné par aucun de nos annalistes, et l'a mis en scène avec un art profond. Henry, traité en enfant, va se venger en héros. Une sanglante tragédie va jaillir de ce tonneau bouffon ; ces balles à jouer, lancées par une raquette de bronze, vont « être transformées en boulets, » et abattre d'un ricochet la couronne des Valois. — Une criminelle offense aggrave l'insultante raillerie. Une conspiration, ayant pour but de poignarder Henry, est découverte, et c'est l'or français qui a payé les poignards ! — Ainsi lésé dans son honneur, menacé dans son existence, Henry doit recourir aux armes. De trop justes ressentiments l'entraînent enfin vers cette côte où le poussaient déjà les vœux de tout un peuple.

La guerre est déclarée. La scène change, et d'Angleterre va se transporter en France. Mais ici commencent les difficultés pour l'auteur dramatique. Comment « sur cet indigne tréteau produire un si grand sujet ? » Le théâtre du *Globe*, ce lieu de parade primitif et naïf, « ce trou à coqs, peut-il contenir les vastes champs de la France ? Pouvons-nous entasser dans ce cercle de bois tous les casques qui épouvantaient l'air à Azincourt? Les décors manquent ; les procédés d'illusion, les moyens de représentation font défaut. L'obstacle matériel arrête la muse shakespearienne et lui crie : Impossible ! Impossible de déployer sur ces planches étroites l'énorme appareil de la guerre. Impossible de montrer les flottes en mouvement, les troupes en marche, le va-et-vient des canons roulants, des bataillons au pas de charge, des escadrons au galop. Le poëte dramatique peut évoquer du fond des âmes les sentiments les plus secrets et les faire voir sous des effigies humaines, agissant, gesticulant, parlant, vociférant, se répliquant, se provoquant, se combattant, se dévorant. Il peut exposer en actes visibles les mystérieux conflits du for intérieur, la volonté en lutte avec l'instinct, le libre arbitre en querelle avec la destinée. Il peut faire voir les passions s'élançant brusquement des profondeurs infinies du cœur humain et s'entre-choquant sur l'arène scénique; mais il ne saurait montrer des peuples armés, emportés par la furie du combat, se heurtant dans le tourbillon de la mêlée. Cette impuissance fatale, Shakespeare la reconnaît et la confesse humblement, mais il ne renonce pas pour cela à la tâche entreprise : il appelle la poésie épique au secours de la poésie dramatique. Pour nous faire assister à la marche triomphale de son héros, il invoque le génie de la description, et il fait intervenir en plein drame cette grande figure eschylienne, le Chœur. Ici toutefois, — remarquons-le bien, — le Chœur ne prend pas part à l'action, il n'influe pas sur elle, il ne la commente même pas ; il se borne à suppléer par des récits aux lacunes de la représentation ; il fait l'office de machiniste ; il met en vers ce qui ne peut se mettre en scène, et il remplace l'impossible décor par de magnifiques poëmes qui peignent pour les yeux de l'esprit d'ineffaçables tableaux :

« Figurez-vous que vous avez vu le roi armé de toutes pièces embarquer sa royauté au port de Southampton, sa brave flotte éventant le jeune Phébus avec de soyeux pavillons. Mettez en jeu votre fantaisie, et qu'elle vous montre les mousses grimpant à la poulie de chanvre ; entendez le coup de sifflet strident qui impose l'ordre à tant de bruits confus ; voyez les voiles de fil, soulevées par le vent invisible et pénétrant, entrainant à travers la mer sillonnée les énormes bâtiments qui refoulent la lame superbe. Oh ! figurez-vous que vous êtes sur le rivage et que vous apercevez une cité dansant sur les vagues inconstantes : car telle apparaît cette flotte majestueuse qui se dirige droit sur Harfleur. Suivez-la, suivez-la. Accrochez vos pensées à l'arrière de ces navires, et laissez votre Angleterre, calme comme l'heure morte de minuit, gardée par des grands-pères, des marmots et de vieilles femmes... A l'œuvre, à l'œuvre les pensées, et qu'elles vous représentent un siége ! Voyez l'artillerie sur ses affûts ouvrant ses bouches fatales sur l'enceinte d'Harfleur... L'agile artilleur touche de son boute-feu le canon diabolique, et devant lui tout s'écroule. »

Le coup de canon annoncé par l'épopée retentit dans le drame. Harfleur la normande est enfermée dans un cercle de fer. Toutes les races de la patrie britannique sont confondues dans l'armée assiégeante : l'Irlande est représentée par Macmorris, l'Écosse par Jamy, le pays de Galles par Fluellen. Grâce au verbiage de ces divers personnages, le camp de Henry V semble la tour de Babel des patois insulaires. Chacun y jargonne l'anglais avec l'accent du terroir, qui avec l'hiatus de Ben-Lomond, qui avec le zézaiement de Donegal, qui avec le grasseyement de Caernarvon. La palme du charabias revient au Gallois. Rien de plus amusant que l'imperturbable aplomb avec lequel Fluellen écorche la langue de Shakespeare. Du reste, quel personnage fantastique et original que ce

Gallois ! Criblé de travers sympathiques, bourru, brouillon, emporté, *prenant feu comme le salpêtre*, trouvant partout à redire, bougonnant contre le présent au nom du passé, avare d'éloges, prodigue de critiques, toujours prêt à pester contre ses chefs et à qualifier d'*âne* le commandant qui dirige les opérations, mais loyal jusqu'à la mort, franc à outrance, inébranlable sur le point d'honneur, implacable aux lâches et aux fanfarons, impassible et serein sous le feu ennemi, Fluellen est le grognard de la grande armée britannique.

Harfleur, abandonnée à elle-même, n'a plus qu'à se rendre : elle cède enfin, moins à la violence qu'à l'éloquence de Henry. Le magnanime capitaine pénètre pacifiquement dans la ville assiégée. Ce n'est pas un maître qui arrive, c'est plutôt un libérateur. Henry traite la France non en pays conquis, mais en pays ami. Il entend que ses victoires soient au profit des vaincus. Il maintient parmi ses soldats la plus stricte et la plus rigoureuse discipline. Il commande expressément « qu'on n'extorque rien des villages, qu'on ne prenne rien qu'en payant, qu'on ne fasse aucun outrage, qu'on n'adresse aucune parole méprisante aux Français. Car, quand la bonté et la cruauté jouent pour un royaume, c'est la joueuse la plus douce qui gagne. » Gare à qui enfreindrait cet ordre du jour ! Gare au flibustier qui pillerait une chaumière ou volerait une église ! Malheur à l'Anglais qui dévaliserait un Français ! Sans forme de procès, il expierait de la hart sa hardiesse grande, et il aurait le sort du misérable Bardolphe, dont la trogne blémie pend lugubrement à un arbre de la route. — Henry est un miséricordieux inflexible. Il ne pardonne pas les abus de la violence. Il réprouve la rapine, cette prime de la bataille. Le pillage, autorisé et consacré par nos généraux modernes, fait horreur à ce coutumière maraude. Le héros de Shakespeare accepte la guerre, mais il la veut loyale et généreuse ; il en élimine tous les éléments impurs, il en répudie le brigandage et la cruauté. La guerre est pour lui un grand duel chevaleresque dont l'honneur doit régler rigoureusement les conditions. Anathème au mécréant qui fausserait par une improbité l'arbitrage sacré du glaive, et qui entacherait de fraude ce jugement de Dieu !

Henry vit sur le champ de bataille même en perpétuelle communion avec la Providence. Il accepte d'avance l'arrêt suprême et il le bénit. Cette humilité est sa force. Il semble que d'un bout à l'autre de sa carrière il soit guidé par la grâce divine : une irrésistible puissance marque les étapes de sa marche triomphale. — Cet être extraordinaire a, pour traverser la scène shakespéarienne, un sauf-conduit tout personnel. Le destin, que le poëte nous a toujours montré en antagonisme avec le libre arbitre humain, se conforme par un merveilleux accord à cette volonté unique. L'immense force des choses, contre laquelle nous avons vu se briser la sublime pensée de Brutus, collabore visiblement avec le génie de Henry. La certitude d'être secouru d'en haut, lui inspire l'audace nécessaire à ses prouesses. Sa témérité a la foi. Lorsque son frère Glocester, pour le dissuader de sa hasardeuse entreprise, lui montre au delà de la Somme les Français qui s'avancent en masses profondes pour lui barrer la route, il répond, le sourire aux lèvres : « Nous sommes dans la main de Dieu, frère, non dans la leur. » Cela dit, il passe la rivière, et vient fièrement camper en plein péril dans la plaine d'Azincourt.

A demain donc la grande journée : « Figurez-vous maintenant l'heure où les murmures goutte à goutte et les ténèbres à flot remplissent l'immense vaisseau de l'univers. D'un camp à l'autre, à travers la sombre matrice de la nuit, le bourdonnement des deux armées va s'assoupissant : les sentinelles en faction perçoivent presque le mot d'ordre mystérieusement chuchoté aux postes ennemis. Les feux répondent aux feux ; et à leur pâle flamboiement chaque armée voit les faces blêmes de l'autre. Le destrier menace le destrier par d'éclatants et fiers hennissements qui percent la sourde oreille de la nuit ; et dans les tentes, les armuriers, équipant les chevaliers avec leurs marteaux, rivant à l'envi les attaches, donnent l'effrayant signal des préparatifs. Les coqs de la campagne chantent, les cloches tintent et annoncent la troisième heure de la somnolente matinée. Fiers de leur nombre, la sécurité dans l'âme, les confiants et arrogants Français jouent aux dés les Anglais dédaignés et querellent la nuit boiteuse et lente qui, comme une sombre et hideuse sorcière, se traîne si fastidieusement. Les pauvres Anglais, victimes condamnées, sont patiemment assis près de leurs feux de bivouac, et réfléchissent intérieurement aux dangers de la matinée ; leur morne attitude, leurs joues décharnées, leurs vêtements en lambeaux, les font paraître à la clarté de la lune comme autant d'horribles spectres. »

Quel contraste entre les deux camps ! Là, sous la tente française, le fracas, le tumulte, la frivolité, l'insouciance du lendemain, la jactance, la gasconnade, l'outrecuidance aristocratique, les éclats de voix et de geste, le cliquetis des concetti et des lazzi. Chacun rivalise d'extravagance et de futilité. Les chefs ne parlent que de filles et de chevaux. « J'aime mieux avoir mon cheval pour maîtresse, s'écrie le Dauphin. — J'aime tout autant avoir ma maîtresse pour cheval, réplique le connétable. » C'est une orgie de rires et de paroles. Ici, au bivouac anglais, le calme, le recueillement, le silence religieux, la veillée solennelle, la gravité épique. On s'exprime à voix basse ;

les pensées s'échangent en chuchotements. Le roi, enveloppé dans un manteau, a quitté la tente royale et couche sur la dure. Lui, le premier de tous, il donne l'exemple du sacrifice et de l'humilité! Ce n'est pas au milieu de ses nobles qu'il passe cette nuit suprême, c'est au milieu de ses soldats. Fi de l'étiquette et de l'apparat royal! Ses camarades de lit, ce n'est pas vous, milords ; ce n'est pas vous, duc de Bedford, ni vous, comte de Salisbury, ni vous, comte de Westmoreland; c'est toi, Court, c'est toi, Williams, c'est toi, Bates. A la veille de la grande bataille nationale, l'élu du peuple repose avec les hommes du peuple. Arrière, pairs d'Angleterre! Le roi d'Angleterre vous préfère les manants. Et que leur dit-il à ces subalternes idolâtres de royauté? Il leur révèle le néant de la toute-puissance royale : « Je vous le déclare, Bates, le roi n'est qu'un homme : tous ses sens sont soumis aux conditions de l'humanité ; dépouillez-le de ses pompes, ce n'est qu'un homme dans sa nudité. » Sa conversation, exaltée par le péril imminent, s'élève peu à peu à la hauteur d'une prédication. Il veut que chacun se prépare religieusement pour un dénoûment funèbre; il proclame que toute conscience est souveraine d'elle-même, et répudie comme un blasphème cette théorie de l'omnipotence monarchique qui attribue au prince la domination des âmes : « L'âme de chaque sujet n'appartient qu'à lui-même. Aussi chaque soldat doit faire à la guerre ce que fait un malade dans son lit, laver sa conscience de toute souillure. S'il meurt ainsi, la mort est pour lui un bienfait. S'il ne meurt pas, il doit bénir le temps perdu à gagner un tel viatique. »

Henry est lui-même prêt à faire l'acte de contrition qu'il conseille à ses soldats. L'aube se lève, et voilà le prince à genoux. Au moment de risquer la révolution, dont il est le représentant, dans un hasard décisif, il se rappelle le forfait commis il y a quinze ans. La vision du misérable roi assassiné dans le donjon de Pomfret vient de traverser son souvenir. Henry a tout fait pour expier le crime de son père : il a solennellement élevé à la victime un monument expiatoire ; il lui offre encore des prières et des larmes ; mais la réparation est-elle suffisante ? Le ressentiment de cette âme outragée est-il bien apaisé ? Est-on sûr qu'au moment suprême, elle ne se liguera pas avec les forces ennemies ? Doute gros d'anxiétés. Dans le monde qu'a célébré Shakespeare, les esprits des assassinés reviennent parmi les vivants avec une terrible opiniâtreté. C'est l'ombre du vieil Hamlet qui retourne contre la poitrine de Claudius la lame vengeresse du jeune prince de Danemark. Ce sont les ombres de Duncan et de Banquo qui font marcher contre Macbeth la forêt de Birnam. Ce sont les ombres des enfants d'Édouard qui désarçonnent Richard à Bosworth. C'est l'ombre de César qui précipite Brutus à Philippes. Henry V va-t-il donc se heurter à Azincourt contre cette animosité spectrale ? C'est déjà bien assez d'affronter, un contre cinq, la grande armée française. Faut-il qu'il ait affaire en outre à cet adversaire invulnérable, le fantôme de Richard II ? Les mains jointes, Henry invoque contre la puissance néfaste du mort l'omnipotence providentielle : — O Dieu des batailles ! retrempe les cœurs de mes soldats, défends-les de la crainte, ôte-leur la faculté de compter, si le nombre de nos adversaires devait leur enlever le courage... Pas aujourd'hui, mon Dieu ! Oh ! ne songe pas à la faute commise par mon père ! J'ai fait inhumer le corps de Richard, et j'ai versé sur lui plus de larmes contrites que la violence ne lui a tiré de gouttes de sang. J'entretiens annuellement cinq cents pauvres qui, deux fois par jour, élèvent leurs mains flétries vers le ciel pour le pardon du sang; j'ai bâti deux chapellenies où des prêtres graves et solennels chantent incessamment pour le repos de Richard. Mais tout ce que je puis faire est peu de chose, puisque ma pénitence doit venir après tout implorer le pardon.

Charme souverain de la prière! Henry a par cette sublime oraison exorcisé l'esprit funeste. Il a imploré le concours de la Providence, et la Providence émue va travailler pour lui. C'est ainsi que s'accomplit le miracle d'Azincourt : miracle historique que toutes nos chroniques attestent à la raison confondue.

Comment expliquer autrement que par l'intervention active de la destinée invisible l'extraordinaire journée du 25 octobre 1415? Voyez-vous cette bande infime de miliciens anglais que Monstrelet vous montre, mal nourris, mal vêtus, mal équipés, « la plus grande partie sans armures en leur pourpoint, leurs chausses avalées, ayant haches pendues à leurs courroies, » les uns « coiffés de cuir ou d'osier, » les autres « sans chaperon, » courant sus à la formidable armée française, bardée de fer et d'or, laquelle présente à son avant-garde un front de huit mille chevaucheurs casqués et couronnés, et échelonne ses trente-deux files à perte de vue, sur cette plaine entre deux forêts. Ces déguenillés, ces affamés, ces va-nu-pieds, après avoir décoché une bordée de flèches, jettent leurs arcs à un signal donné, prennent à leurs ceintures « des haches, des maillets, des becs-de-faucon et autres bâtons de guerre, » et avec ces outils prétendent enfoncer les trente-deux murailles d'acier qui leur barrent le chemin. Sans doute la noble gendarmerie française n'a qu'à exécuter une charge pour refouler l'insolente canaille anglaise. L'ordre est donné de s'élancer au galop. O stupeur! l'ordre donné ne peut s'exécuter. Les huit mille chevaux de l'avant-garde, lacérés par seize mille éperons, piétinent dans la boue sans pouvoir se dépêtrer. Pressés les uns contre les autres, ils se cabrent, s'accablent de ruades, et finissent par se renverser sur leurs cavaliers. L'énorme escadron, si splendide et si altier tout à l'heure sous ses pennons armoriés, n'est bientôt plus qu'un tas fangeux et sanglant de panoplies fracassées, de caparaçons en lambeaux, de lances et d'épées brisées, de cimiers bossués, de bassinets tordus, de cuirasses défoncées, d'où s'échappent des gémissements et des hennissements. Les miliciens anglais n'ont plus qu'à achever cette masse inerte d'agonisants; ils passent en l'exterminant; ils pénètrent jusqu'au second corps d'armée qui, pris dans le même étau, se laisse également écraser, et se trouvent enfin face à face avec l'arrière-garde, qui s'enfuit épouvantée. Cette besogne n'a duré que trois heures. Trois heures ont suffi pour enterrer dans la boue l'antique féodalité française !

Le poëte a reconnu la main divine dans cette merveilleuse victoire remportée par la hache sur la lance, par le piéton sur le chevalier, par l'homme du peuple sur l'homme d'armes. Voilà pourquoi, la bataille finie, il fait dire à son héros : « O Dieu ! ton bras était ici, et ce n'est pas à nous, mais à ton bras seul que nous attribuons tout. » Variante remarquable d'une parole historique : « Et entre temps que ces gens étoient occupez à devestir ceux qui étoient morts, le roy d'Angleterre appella le roy d'armes Montioye et avecque luy plusieurs autres héraults anglois et françois, et leur dit : Nous n'avons pas faict cette occision, ains a été Dieu tout-puissant, comme nous croyons, pour les péchés des François. » Shakespeare répète la phrase rapportée par Monstrelet, mais en rejetant ce qu'elle contient de blessant pour toute la nation vaincue. Retranchement significatif qui trahit une pensée généreuse. L'auteur en effet a hâte, le combat terminé, de supprimer tout élément de discorde entre les deux peuples si longtemps rivaux. Attentif à fermer la plaie béante, il se garde bien de revendiquer pour ses compatriotes d'Angleterre un triomphe qui est pour ceux de France une désastreuse humiliation. Le conquérant d'Azincourt, ce n'est pas Henry V, c'est Dieu ! Pourquoi donc alors garderions-nous rancune à l'Angleterre d'un succès qu'elle ne s'attribue pas ? C'est sous l'empire de la même préoccupation conciliatrice que l'auteur élimine de son drame les plus douloureuses péripéties de cette guerre d'invasion. En dépit de l'histoire, il conclut la paix immédiatement après la bataille d'Azincourt. Il relègue dans l'oubli la lente et terrible réduction de la Normandie, l'assaut de Caen, de Falaise, de Vire, l'épouvantable siége de Rouen et le supplice trop mémorable d'Alain Blanchard. Il rature tous ces incidents sinistres, le complot de Perrinet Leclerc, les massacres de Paris, l'assassinat de Jean sans Peur au pont de Montereau. Le traité de 1420, qui fut la conséquence de ce crime et le premier effet du ressentiment de Philippe de Bourgogne contre le fils de Charles VI, est présenté dans le drame comme le résultat direct de la bataille d'Azincourt. A peine Henry a-t-il quitté le champ funèbre que, par une brusque transition, nous le retrouvons à la cour de France, adressant à la princesse Catherine une déclaration d'amour :

— Très-charmante Catherine, mettez de côté ces virginales rougeurs ; révélez les pensées de votre cœur avec le regard d'une impératrice ; prenez-moi par la main et dites : *Henry d'Angleterre, je suis à toi.* Tu n'auras plus tôt ravi mon oreille de ce mot que je répondrai bien haut : *l'Angleterre est à toi, l'Irlande est à toi, la France est à toi, et Henry Plantagenet est à toi !* Et ce Henry, j'ose le dire en sa présence, s'il n'est pas le compagnon des meilleurs rois, est par excellence le roi de bons compagnons. »

Plusieurs critiques ont reproché à Shakespeare d'avoir ainsi achevé son épopée en madrigal. Ils n'ont pas trouvé cette fin digne du reste ; ils l'eussent voulue plus noble et plus sévère. Au lieu d'arrêter l'œuvre à cette terminaison de comédie, le mariage de Henry V avec Catherine de France, pourquoi l'auteur ne l'a-t-il pas menée jusqu'à sa conclusion fatale, la mort de Henry ? Que ne nous a-t-il fait assister à cette agonie prématurée ? Que ne nous a-t-il montré, dans une scène pathétique, ce héros de trente-deux ans défaillant tout à coup au milieu de sa carrière triomphale, et suppliant ses frères d'ajuster sur le petit front de son enfant la double couronne de France et d'Angleterre ?... Le dénoûment était tout tracé par la chronique ; le poëte n'avait plus qu'à le transcrire. Pourquoi ne l'a-t-il pas fait ?

Pourquoi ? C'est que le poëte, en adoptant la conclusion tragique de l'histoire, aurait profondément altéré le sens de l'œuvre préméditée par lui. Ce n'était pas son intention de montrer ici le néant de la gloire terrestre brusquement engloutie dans la tombe, et de faire une variation sur ce thème devenu banal : *quot libras in duce.* Shakespeare a voulu mettre en lumière une pensée tout autre. Cette pensée, qui est l'arrière-pensée même de la civilisation, c'est la fin de la guerre par l'amour.

Depuis l'origine des temps, la haine préside aux destinées de l'univers. L'humanité vit en état de guerre. Toutes les communautés qui la subdivisent se heurtent et se battent, tribus contre tribus, cités contre cités, patries contre patries. Cette ère immémoriale de la discorde, il s'agit de la clore par une réconciliation exemplaire. Deux peuples, illustres et glorieux entre tous, deux peuples qui sont les aînés mêmes du progrès, ont condensé dans leur antagonisme séculaire toutes les fureurs de cette animosité internationale. Eh bien, il est temps que ces deux peuples mettent bas les armes et se donnent la main. Il est temps qu'après avoir offert le scandale de leur division, ils donnent l'édifiant spectacle de leur harmonie. Il est temps qu'ils cessent de se maudire, de se calomnier, de se provoquer, de se défier, de s'exécrer, de s'entre-détruire. Assez de déprédations, de combats, de tueries, d'exterminations ! Assez de Poitiers, de Crécy et d'Azincourt ! Il est temps que les deux nations soient unies, et il faut que cette union soit éclatante et solennelle : ce doit être une cérémonie auguste ; ce doit être une fête religieuse et populaire. Pour une telle célébration, il faut que partout les villes et les villages mettent leurs parures de noces, que partout les cloches sonnent à toute volée, que partout les feux de joie s'allument. L'alliance entre la France et l'Angleterre doit être le contact de deux cœurs, le baiser de deux esprits. Elle doit être à la fois un mariage de raison et un mariage d'amour. Il faut que le fiancé soit fait d'héroïsme, et la fiancée faite de grâce. Il faut enfin que Henry épouse Catherine ; et le poëte, officiant de son accent le plus ému, prononcera la bénédiction nuptiale :

— Que Dieu, le suprême faiseur de mariages, confonde vos cœurs en un seul, vos royaumes en un seul ! Comme l'homme et la femme à eux deux ne font qu'un en amour, ainsi puissent vos royaumes s'épouser si bien que jamais un mauvais procédé, que jamais cette cruelle jalousie, qui souvent bouleverse le saint lit conjugal, ne se glisse dans le pacte de ces empires pour rompre par le divorce leur indissoluble union !

II

Les quatre pièces que nous venons d'étudier : *Richard II*, *la première partie de Henry IV*, *la deuxième partie de Henry IV*, *Henry V*, ont été publiées successivement dans un intervalle de quatre années, de 1597 à 1600. Elles forment un ensemble homogène et parfait : entre elles aucune disparate de style, aucune contradiction de détail, aucune divergence de composition. La même pensée les groupe, le même souffle les inspire. Les péripéties qu'elles développent se coordonnent et s'enchaînent avec une logique évidente. Les personnages qu'elles mettent en scène poursuivent leur carrière d'un ouvrage à l'autre : le Bolingbroke de *Richard II* devient Henry IV; le prince Hall de *Henry IV* devient Henry V. Ces quatre pièces sont comme les quatre actes d'un drame gigantesque qui commence par l'insurrection de 1399, et se termine par le traité de 1420. La révolution nationale qui a renversé la monarchie despotique de Richard a pour conclusion suprême la fusion des deux grandes nations civilisatrices, la France et l'Angleterre. Ainsi le poëte a réalisé dans un impérissable symbole le plus beau programme politique et social que jamais philosophe ait rêvé : émancipation du peuple serf, union des peuples ennemis.

Cette harmonie intime et profonde, qui relie *Henry V* aux trois pièces qui le précèdent, le rattache-t-elle également aux trois pièces qui le suivent? Un rapide coup d'œil jeté sur *la première partie de Henry VI* va nous permettre de répondre sans hésiter à cette question. — Dès les premières scènes, le désaccord nous frappe. Qu'est devenu ce génie si doux, si conciliant et si généreux qui animait le vainqueur d'Azincourt et qui savait tempérer l'amour de la patrie par l'amour de l'humanité? Nous ne rencontrons ici qu'un esprit exclusif et vindicatif, qui sacrifie la vérité même aux préjugés du patriotsme le plus étroit. Comme *Henry V*, la première partie de *Henry VI* a pour donnée une guerre entre l'Angleterre et la France, terminée par le mariage d'un roi d'Angleterre avec une princesse française. Mais, si le sujet est analogue, combien il est traité différemment ! Ce qui domine dans *Henry V*, c'est la sympathie et le respect pour la France ; ce qui domine dans *Henry VI*, c'est la haine de la France. L'auteur de *Henry V* veut que la paix finale soit une transaction civilisatrice qui unisse les deux nations dans un bonheur commun : « Puisse cette chère union, s'écrie-t-il, établir la fraternité et la concorde chrétienne au cœur même des deux peuples, si bien que jamais la guerre n'étende son glaive sanglant entre l'Angleterre et la belle France ! » L'auteur de *Henry VI* entend au contraire que la paix conclue soit un pacte menteur exploité par une nation au détriment d'une autre : « Si nous concluons une paix, dit-il, ce sera à des conditions si strictes et si sévères que les Français y gagneront peu. »

> ... If we conclude a peace,
> It shall be with such strict and severe covenants
> As little shall the Frenchmen gain thereby.

L'auteur de *Henry V* triomphe toujours modestement ; il s'attache par son humilité à pallier notre humiliation ; il ne permet pas même à ses compatriotes de s'attribuer l'éclatante victoire d'Azincourt, et il la reporte tout entière à Dieu. L'auteur de *Henry VI* est plein de gloriole et de forfanterie : il semble avoir pour unique préoccupation d'exagérer les prouesses de ses concitoyens en niant celles de leurs adversaires. Il n'hésitera pas à faire fuir toute une armée française devant un simple milicien anglais criant : *Talbot ! Talbot !* En revanche, avec l'aplomb le plus superbe, il travestira en succès les revers les plus signalés essuyés par les Anglais. S'il est un fait illustre dans l'histoire, c'est la délivrance d'Orléans par Jeanne d'Arc. Les chroniques d'outre-Manche reconnaissent elles-mêmes que l'armée britannique qui assiégeait la place fut obligée de s'enfuir devant la prodigieuse guerrière. Eh bien, comment l'auteur de *Henry VI* se tire-t-il de ce mauvais pas ? Il nous montre Jeanne entrant en effet dans Orléans, après avoir repoussé les troupes de Talbot ; mais dès qu'elle y a pénétré, quand les Français sont dûment endormis dans une sécurité stupide, il imagine un stratagème sauveur : des échelles sont apportées par les Anglais tout à coup ralliés, et posées nuitamment contre le mur de la place : sur quoi Talbot et Bedfort s'élancent à l'escalade, sautent dans la ville, surprennent la Pucelle et tous les chefs de l'armée française, que nous voyons s'enfuir en chemise, et restent maîtres du champ de bataille. Si bien que, grâce à l'ingénieux auteur, la délivrance d'Orléans par la Pucelle a pour conclusion la prise d'Orléans par les Anglais ! Les Français, si prompts au sauve-qui-peut, sont voués à une perpétuelle défaite : excepté devant Bordeaux, où lâchement ils écrasent Talbot sous leur nombre, ils sont constamment mis en déroute : battus à Rouen, battus devant Angers, battus partout. Aussi, après cette longue série de revers, est-on tout stupéfait d'apprendre que le Dauphin a repris la moitié de la France, et l'on se demande par quel miracle tant de désastres ont pu avoir un tel dénoûment !

Si dans la première partie de *Henry VI* nous ne reconnaissons pas le génie de l'auteur de *Henry V*, y retrouvons-nous son style ? Pas davantage. Où donc est cette forme si colorée, si variée, si puissante que nous admirions naguère ? L'expression est généralement prosaïque et terne, sans relief et sans éclat. Ce vers si libre et si souple, qui dans *Henry V* se prêtait à toutes les fantaisies de l'inspiration par l'audace de ses rejets et le caprice de sa coupe, a fait place presque partout à un vers timide et monotone qui impose son étroite mesure à la pensée et emprisonne chaque phrase dans ses deux hémistiches.

Autant les deux pièces diffèrent par le style, autant elles diffèrent par la composition. *Henry V* est une sorte de symphonie dramatique dont toutes les parties sont reliées par une harmonie souveraine. Là, pas une scène qui soit une digression. Les portions bouffonnes elles-mêmes rappellent la donnée épique de l'œuvre. — Ainsi les coups de bâton que Fluellen inflige à la fanfaronnade de Pistolet répondent grotesquement aux terribles coups d'épée que Henry V porte dans la plaine d'Azincourt à la forfanterie française. — Ainsi l'amusante altercation qu'une méprise nocturne provoque entre le roi Henry et le soldat Williams, et que termine au lever du jour une simple explication, parodie le conflit tragique qu'un malentendu séculaire a créé entre l'Angleterre et la France, et que clôt l'ère lumineuse de la réconciliation. — Dans *Henry V*, les incidents secondaires reflètent constamment l'idée suprême et concourent à cette grande unité shakespearienne, l'unité d'impression. Il n'en est plus de même dans la première partie de *Henry VI*. Ici tout est confus et diffus. Les péripéties se précipitent sans logique comme sans suite. La scène se transporte par saccades inexpliquées à tous les points de l'horizon : c'est le tohubohu de l'ubiquité. Nulle raison apparente ne règle la marche des événements qui défilent successivement sous nos yeux, — les funérailles de *Heny V*, — la présentation de Jeanne d'Arc au Dauphin, — la dispute de Glocester et de Winchester, — le ravitaillement d'Orléans par la Pucelle, — sa brusque prise par Talbot,

— la visite de Talbot à la comtesse d'Auvergne,—la discussion de Richard Plantagenet et de Somerset dans les jardins du Temple, — l'entrevue du même Richard et de Mortimer à la Tour de Londres, — le raccommodement momentané de Glocester et de Winchester,— l'entrée de Jeanne d'Arc dans Rouen, — son expulsion finale par Talbot, — le retour du duc de Bourgogne au parti du Dauphin, — la querelle de Vernon et de Basset, — la dégradation de sir John Falstaff, — l'adoption de la Rose Rouge par Henry VI, — la mort de Talbot et de son fils devant Bordeaux, — la défaite des Français et la prise de la Pucelle devant Angers, — l'enlèvement de Marguerite d'Anjou par Suffolk, — le supplice de Jeanne d'Arc, — enfin la conclusion de la paix et le mariage de Henry VI avec Marguerite d'Anjou. L'auteur a-t-il au moins classé ce tas de faits disparates dans leur ordre historique ? Non, car la mort de Talbot, qui survint en 1453, précède ici le mariage de Henry VI, qui fut célébré en 1445, et même le martyre de Jeanne d'Arc, qui fut consommé dès 1429. Tous ces événements qu'aucune logique ne groupe n'ont même pas de lien chronologique ! C'est le chaos des temps et des lieux.

La première partie de Henry VI décèle une telle faiblesse, une telle impéritie, une telle ignorance des premiers principes de l'art, que le lecteur habitué au faire magistral de l'auteur de *Henry V* se pose inévitablement cette question : Est-elle vraiment l'œuvre de Shakespeare ? Tous les commentateurs ont conçu le même doute, et la plupart, après mûr examen, ont répondu négativement à la question. Dès le siècle dernier, Malone résumait ainsi une longue et savante dissertation : « Je ne crois pas que cette pièce soit de la composition de Shakespeare : tout au plus en a-t-il écrit une scène ou deux. » Et, en dépit d'une protestation récente de M. Charles

Knigt, le sentiment public est resté d'accord avec l'opinion de Malone. Pour mon humble part, si j'étais admis à faire partie d'un jury chargé de prononcer en dernier ressort sur ce cas litigieux, je n'hésiterais pas à confirmer le jugement prononcé par le critique du dix-huitième siècle. Tout au plus, si l'on y insiste, puis-je reconnaître la main de Shakespeare dans quelques scènes de cette pièce : les funérailles de Henry V, l'altercation à propos des deux Roses dans le jardin du Temple, la mort de Talbot et de son fils, l'entrevue de Suffolk et de Marguerite, la conférence finale où le roi d'Angleterre accepte pour femme la fille de René. Mais comment croire, avec M. Knight, que Shakespeare, dans l'intervalle de 1586 à 1591, ait conçu tout entière une rapsodie si incohérente ? Comment croire que le jeune poëte, déjà capable de composer l'étonnante esquisse d'*Hamlet* et la charmante comédie des *Deux Gentilshommes de Vérone*, ait pu imaginer la caricature niaise qui porte le nom de Jeanne d'Arc ? Je défie l'enthousiaste le plus complaisant de citer dans le rôle entier de la Pucelle plus de quatre ou cinq vers dignes d'être attribués à Shakespeare.

Mais, objectera quelque récalcitrant, si Shakespeare est resté, comme vous le dites, presque complétement étranger à *La première partie de Henry VI*, comment se fait-il qu'elle figure dans l'in-folio de 1623 parmi les œuvres authentiques du maître ? Il y a là un problème littéraire que je vais essayer de résoudre en groupant les rares documents recueillis jusqu'ici.

Et d'abord, le journal du chef de troupe Philipp Henslowe [1] constate qu'au printemps de l'année 1591, à partir du 3 mars, les comédiens de lord Strange repré-

---

[1] Ce journal, aujourd'hui si intéressant, a été retrouvé dans le cours du siècle dernier au collége de Dulwich.

sentèrent treize fois au théâtre de *La Rose* une pièce historique intitulée *Henry VI*. Or la troupe qui opérait sous la direction de Honslowe et sous le patronage de lord Strange, faisait depuis quinze ans concurrence à la troupe dont Shakespeare était membre, et qui occupait la scène de *Blakfriars*, sous le patronage du lord chambellan. Les rivaux de Shakespeare, Greene et Marlowe, travaillaient spécialement pour la troupe de lord Strange : dans le courant de la même année 1591, elle jouait trois ouvrages du premier, *Frère Bacon, Roland Furieux* et *le Miroir de Londres*, et deux ouvrages du second : *le Juif de Malte* et *Tamerlan*. Quelle était donc cette *pièce historique de Henry VI*, qui (succès alors considérable) faisait ainsi treize recettes consécutives au théâtre de *La Rose?* Un passage d'une brochure d'un certain Thomas Nashe, publiée en 1591, va nous donner sur ce point quelques explications : « Quelle joie c'eût été pour le brave Talbot, *la terreur des Français*, de penser qu'après avoir été couché deux cents ans dans la tombe, il triompherait de rechef sur la scène, et aurait ses os embaumés à nouveau par les larmes de dix spectateurs au moins qui, à diverses reprises, croiraient le voir saigner fraîchement sous les traits du tragédien chargé de le représenter! [1] » Ainsi, en rapprochant cet extrait de l'opuscule de Nashe de la mention faite par Henslowe, nous apprenons qu'il existait, vers la fin du seizième siècle, un drame historique, ayant pour titre *Henry VI*, représenté avec un succès constant par une compagnie rivale de la compagnie de Shakespeare, et que ce drame avait pour principal personnage John Talbot, le héros des guerres de France, et pour principale catastrophe la mort touchante de ce capitaine. Presque tous les commentateurs sont au-

---

[1] *Pierce Pennilesse, his supplication to the Devil*, 1591.

jourd'hui d'accord pour affirmer que ce drame n'est autre que la pièce, quelque peu retouchée par Shakespeare, qui lui a été attribuée plus tard par l'édition de 1623. A l'appui de cette thèse, Malone a fait observer que la qualification de *terreur des Français*, appliquée à Talbot par Nash, est extraite textuellement de ce vers de la première partie de *Henry VI* :

> Here, said they, is the *terror* of the French.
>
> (Scène III.)

Quel serait l'auteur de la pièce anonyme représentée au théâtre de *La Rose?* Certains commentateurs l'attribuent à Greene, d'autres à Marlowe. Ce qui est sûr, c'est que Nashe, qui en fait un si grand éloge, était l'intime ami de ces deux poëtes ; il avait fait notamment en collaboration avec Marlowe une certaine tragédie pseudo-classique intitulée *Didon.* En outre il s'était proclamé hautement l'adversaire littéraire de Shakespeare dans une épître publiée en tête de l'*Arcadie* de Greene, où il dénigrait *Hamlet ;* et l'on peut affirmer qu'il n'eût pas loué ainsi *la pièce historique de Henry VI*, si elle avait été l'œuvre reconnue du grand homme qu'il considérait comme un ennemi.

Maintenant, comment Shakespeare a-t-il été amené à retoucher une pièce évidemment composée par un de ses rivaux? C'est ce qui nous reste à éclaircir.

Or nous savons qu'il existait en 1591 deux ouvrages dramatiques, largement retouchés, sinon entièrement conçus par Shakespeare, lesquels mettaient en scène les principaux événements accomplis en Angleterre même durant le règne de Henry VI, c'est-à-dire les discordes civiles suscitées d'abord par la querelle du cardinal de Winchester et du duc de Glocester, et ensuite par le conflit des deux maisons royales de Lancastre et d'York. Ces deux ouvrages [1], qui devaient devenir dans l'in-folio de 1623 *la seconde et la troisième partie de Henry VI*, appartenaient de droit à la troupe du lord chambellan, pour laquelle Shakespeare les avait revisés. Il était donc tout simple que cette troupe, ayant déjà dans son répertoire l'exposé scénique des convulsions *intérieures* de l'Angleterre sous le règne de Henry VI, voulût y ajouter le récit tragique de ses tribulations *extérieures*. L'émouvant tableau de la guerre nationale où succomba le grand Talbot, était le complément historique des deux ouvrages qu'elle possédait déjà sur la guerre civile des deux Roses. Elle devait d'ailleurs être tentée de reprendre à son profit le drame même qui avait attiré tant de monde au théâtre de *La Rose*. Acquérir la propriété de ce drame n'était pas chose difficile à une époque où les auteurs vendaient et revendaient leur travail au rabais. La compagnie du lord chambellan obtint donc *la pièce historique de Henry VI*, et chargea Shakespeare d'y faire des raccords. Rien n'était plus fréquent à cette époque que de voir une œuvre, composée par tel auteur, revisée par tel autre. Les livres de compte du chef de troupe Henslowe ont maintes mentions de ce genre : « Le 7 août 1602, 40 shillings payés à Thomas Dekker *pour la révision de sir John Oldcastle*; ce 14 décembre 1602, 10 shillings au même Thomas Dekker *pour ses peines dans Phaéton*; le 16 janvier 1601, 20 shillings encore à Thomas Dekker *pour altérer le Tasse*; le 22 novembre 1602, 4 livres à William Birde et à Thomas Rowley *pour leurs additions au docteur Faust* de Marlowe; le 20 septembre 1602, 20 shillings à Thomas Heywoode *pour ses additions à Cutting Dick*, etc., etc. » Justifié par un usage aussi constant, Shakespeare pouvait donc sans scrupule se charger de reviser, pour le compte de sa

---

[1] J'aurai occasion d'en reparler au prochain volume.

troupe, une pièce primitivement composée par quelqu'un de ses adversaires littéraires pour le bénéfice d'une compagnie rivale. Il reprit donc en sous-œuvre le drame populaire qu'on lui livrait, et y fit quelques additions pour le rattacher tant bien que mal aux deux autres drames déjà revisés par lui. C'est ainsi qu'il y intercala, comme préambule à la guerre des deux Roses, la scène du jardin du Temple où se querellent Somerset et Plantagenet, et, comme prologue aux amours adultères de Marguerite d'Anjou, la scène où la princesse est enlevée par Suffolk. Mais ces retouches toutes superficielles ne réussirent qu'incomplétement à établir l'accord entre les trois pièces qu'il fallait ressouder. Malone a relevé plusieurs contradictions entre le récit de la première partie de *Henry VI* et le récit des deux autres parties. La plus frappante est relative au roi lui-même, qui, dans la première partie, est censé avoir atteint l'âge de raison avant la mort de son père et, dans la seconde, est présenté justement comme ayant succédé à Henry V dès l'âge de neuf mois.

Que le jeune William, en se chargeant ainsi de refaire les œuvres de ses devanciers, se soit attiré leur haine, rien ne doit sembler plus naturel. Les vétérans du théâtre anglais, jusqu'alors habitués à recueillir tous les succès, devaient voir avec colère autant qu'avec envie ce nouveau venu qui avait à la fois l'audace et le talent de les corriger. Je ne suis donc nullement surpris de toutes les insultes que le vieux Robert Greene prodigue à cet insolent réformateur dans un pamphlet publié en 1592, *Groat's Worth of wit* : il accuse William d'orgueil et d'outrecuidance, il le qualifie de parvenu, il le dénonce comme *un corbeau paré de nos plumes*, comme *un cœur de tigre enveloppé dans la peau d'un comédien !* Certes Shakespeare devait s'attendre à toutes ces fureurs, et je crois qu'il comprenait trop bien la faiblesse humaine pour ne pas leur pardonner. D'ailleurs, évidemment, Shakespeare ne se sentait pas atteint par elles. Si de sa main magistrale il avait daigné retoucher les opuscules de ses rivaux, jamais il ne s'était glorifié de cette condescendance. L'écrivain qui avait déjà conçu *Hamlet* et jeté le plan de *Roméo et Juliette* ne devait certes pas tirer vanité de productions subalternes dont des exigences inconnues de nous lui avaient imposé la révision. Il est certain que Shakespeare, loin de les revendiquer, a désavoué, autant qu'il le pouvait, ces compositions hybrides. Jamais, rappelons-nous-le, il n'a permis qu'elles fussent publiées sous son nom. Vivant, il les a éliminées de son œuvre, et ce n'est que sept ans après sa mort qu'elles y ont été introduites.

La pensée de notre poëte, méconnue ou dénaturée par ses adversaires, semble avoir été parfaitement comprise par ses amis. En 1598, un critique anglais, grand admirateur de Shakespeare, Francis Meres, publiait dans son *Trésor de l'esprit* un catalogue des ouvrages jusque-là sortis de la plume du maître : parmi les drames historiques, il mentionnait *Le roi Jean*, *Richard II*, *Henry IV*, *Richard III*, et il ne nommait pas *Henry VI*. Cette omission ne vous paraît-elle pas bien significative? Si Shakespeare était effectivement l'auteur reconnu de *Henry VI*, est-il probable que Meres, si enthousiaste et si déférent, eût passé sous silence une pièce qui avait été peu de temps auparavant représentée avec tant de fracas et avait déjà donné lieu à de si ardentes polémiques? C'est un oubli, s'écrie M. Charles Knight. Mais est-il vraisemblable que Meres ait justement oublié le nom, le nom unique, qui devait compléter la liste, du reste fort exacte, des drames historiques déjà composés par Shakespeare [1]?

---

[1] On se rappelle que *Henry V* ne fut achevé qu'en 1600.

La seule mention de *Richard III* devait évoquer à sa mémoire ce *Henry VI* qui en est comme le prologue. Si Meres s'est abstenu de le nommer, c'est, croyons-nous, avec intention et en connaissance de cause. Le silence de ce critique nous paraît une présomption très-forte à l'appui de notre opinion. Mais voulez-vous la preuve, la preuve décisive, que Shakespeare ne reconnaissait pas *Henry VI* comme son œuvre? C'est Shakespeare même qui va vous la fournir.

Chacun sait que *Henry VI* occupait déjà la scène anglaise quand Shakespeare écrivit *Henry IV* et *Henry V*. Eh bien, admettons pour un moment l'hypothèse si ardemment soutenue par M. Knight. Supposons que Shakespeare est l'auteur avoué de *Henry VI*. N'est-il pas clair que Shakespeare, en composant les deux nouveaux drames qui vont être le prélude de *Henry VI*, devra se préoccuper avant tout de les relier logiquement à cette dernière pièce? Il devra s'imposer pour règle d'éviter tout désaccord entre l'ouvrage publié et les ouvrages qui vont l'être. Est-ce là ce qu'il fait? Nullement. Dans la composition de *Henry IV* et de *Henry V*, Shakespeare tient si peu de compte de *Henry IV* qu'il le contredit sur des points essentiels. — Ainsi, dans la première partie de *Henry VI*, le représentant de la monarchie légitime, Mortimer, est un personnage vénérable qui inspire le plus sympathique respect par son abnégation dans la souffrance et par sa longue et douloureuse agonie. Dans *Henri IV*, Shakespeare lui fait jouer le rôle d'un prétendant stupide et odieux qui d'avance partage avec ses alliés le royaume qu'il prétend reconquérir. — Dans la première partie de *Henry VI*, le comte de Cambridge est mentionné comme étant mort noblement en combattant à la tête d'une armée pour la cause de son beau-frère Mortimer. Dans *Henry V*, le même comte est convaincu d'avoir voulu lâchement assassiner le roi, flétri publiquement et envoyé à l'échafaud. — Dans la première partie de *Henry VI*, paraît un personnage subalterne appelé *sir John Falstaff*; ce Falstaff, fort couard, mais fort peu amusant, ne figure que dans un incident secondaire : chevallier de la Jarretière, il est dégradé par Talbot et banni par le roi pour avoir lâché pied à la bataille de Patay et causé la défaite de l'armée anglaise. Dans *Henry IV*, sir John Falstaff est une figure capitale qui porte le poids de toute la partie comique du drame ; il ressemble à son homonyme par sa prudence exagérée, mais c'est là tout ; il n'était point du chapitre de la Jarretière, et, à moins d'être ressuscité par un miracle, il serait incapable de commettre une lâcheté sous le règne de Henry VI, étant mort tranquillement dans son lit sous le règne de Henry V. — Or, je le demande à tout critique de bonne foi, Shakespeare aurait-il donné au héros comique de *Henry IV*, le nom même d'un personnage historique qui figure dans *Henry VI*, s'il avait pu deviner qu'un jour *Henry VI* serait présenté comme la suite de *Henry IV* ? Eût-il provoqué de gaieté de cœur un tel quiproquo ? Eût-il volontairement établi et laissé subsister pour toujours une confusion que le plus simple changement de nom eût si facilement prévenue ? Je sais bien que, pour empêcher une méprise autrement inévitable, les éditeurs modernes se sont ingérés de modifier l'appellation du personnage qui paraît dans *Henry VI* et de le baptiser *sir John Falstolfe*. Mais cette désignation est une altération flagrante du texte original que j'ai sous les yeux, et qui donne au chevalier dégradé sous Henri VI le même nom qu'au compagnon de plaisir de Henri IV, *sir John Falstaffe*. Il est donc évident qu'en insérant la première partie de *Henry VI* parmi les compositions authentiques de Shakespeare dans l'in-folio de 1623, Héminge et Condell ont contrevenu à l'intention formelle de l'auteur de *Henry IV*, faussé sa pensée et introduit dans son œuvre un élément de division et de trouble. Du reste, il faut le reconnaître, ce n'est pas sans une certaine perplexité qu'ils ont fait cette insertion hasardeuse : car, ainsi que le prouve l'inscription officielle au registre du *Stationres' Hall* (dépôt de la librairie), ils comptaient d'abord publier, comme *la troisième partie de Henry VI*, la pièce même qu'ils ont définitivement donnée comme *la première* dans l'in-folio de 1623. Je comprends bien que les éditeurs aient hésité à placer une pièce historique ayant pour catastrophe principale un événement survenu en 1453, — la mort de Talbot, — avant une autre pièce historique commençant par un fait accompli en 1445, — le mariage de Henry VI avec Marguerite d'Anjou. Mais l'hésitation même qu'ils ont témoignée démontre évidemment que l'auteur ne leur avait laissé aucune indication qui pût les guider dans cette classification arbitraire. Laissons donc aux éditeurs de l'in-folio posthume de 1623 la responsabilité d'une publication que Shakespeare n'avait pas prévue, qu'il n'avait pas autorisée, et que, vivant, il eût certainement désavouée.

Trop longtemps cette publication de *première partie de Henry VI* a pesé sur la mémoire du poëte. Trop longtemps elle a fait ombre à une gloire si belle et si pure. Trop longtemps, nous autres Français, nous avons eu contre l'auteur d'*Othello* ce douloureux et amer grief que nous aurons à jamais, hélas ! contre l'auteur de *Zaïre* : il a insulté la Pucelle, il a jeté l'opprobre sur l'héroïne sacrée qui ressuscita notre patrie, il a souillé la vierge en qui vécut la France ! Croyez-le bien, si, du fond de la tombe où il repose depuis tantôt deux siècles et demi, Shakespeare pouvait faire entendre sa voix, il s'écrierait :

Par grâce, ne me diffamez pas, ne me calomniez pas ! Ne m'attribuez pas ce démenti jeté à toute mon œuvre ! Moi qui ai chanté la pureté dans Miranda, la chasteté dans Desdémone, l'intrépidité dans Imogène, le dévouement dans Pauline, l'honneur dans Hermione, le martyre dans Cordélia, ne m'accusez pas d'avoir outragé tout cela dans Jeanne d'Arc !

Haute-ville-House, 29 Juillet 1863.

HENRY V

PERSONNAGES :

LE ROI HENRI V.
LE DUC DE GLOCESTER, } frères
LE DUC DE BEDFORD, } du roi.
LE DUC D'EXETER, oncle du roi.
LE DUC D'YORK, cousin du roi.
LE COMTE DE SALISBURY.
LE COMTE DE WESTMORELAND.
LE COMTE DE WARWICK.
L'ARCHEVÊQUE DE CANTORBÉRY.
L'ÉVÊQUE D'ELY.
LE COMTE DE CAMBRIDGE,
LORD SCROOP,
SIR THOMAS GREY, } conjurés contre le roi.
FLUELLEN,
GOWER,
MACMORRIS,
JAMY,
SIR THOMAS ERPINGHAM, } officiers de l'armée anglaise.
BATES,
COURT,
WILLIAMS, } soldats de la même armée.

NYM,
BARDOLPHE,
PISTOLET, } maraudeurs suivant la même armée.
LE PAGE DE FALSTAFF, attaché à leur service.
UN HÉRAUT D'ARMES.
CHARLES VI, ROI DE FRANCE.
LE DAUPHIN.
LE DUC DE BOURGOGNE.
LE DUC D'ORLÉANS.
LE DUC DE BOURBON.
LE CONNÉTABLE DE FRANCE.
LE SIRE DE RAMBURES.
LE SIRE DE GRANDPRÉ.
LE GOUVERNEUR D'ARFLEUR.
MONTJOIE, roi d'armes de France.
LES AMBASSADEURS DE FRANCE.
ISABEAU, reine de France.
CATHERINE, fille de Charles VI et d'Isabeau.
ALICE, dame d'honneur de Catherine.
MISTRESS QUICKLY, hôtesse.
SEIGNEURS, DAMES, OFFICIERS, SOLDATS, MESSAGERS.
LE CHŒUR.

La scène est tantôt en Angleterre, tantôt en France.

LE CHOEUR.

— Oh! que n'ai-je une muse de flamme qui s'élève — jusqu'au ciel le plus radieux de l'invention ! — Un royaume pour théâtre, des princes pour acteurs, — et des monarques pour spectateurs de cette scène transcendante ! — Alors on verrait le belliqueux Harry sous ses traits véritables, — assumant le port de Mars, et à ses talons — la famine, l'épée et l'incendie, comme des chiens en laisse, — rampant pour avoir un emploi ! Mais pardonnez, gentils auditeurs, — au plat et impuissant esprit qui a osé — sur cet indigne tréteau produire — un si grand sujet ! Ce trou à coqs peut-il contenir — les vastes champs de la France ? Pouvons-nous entasser dans ce cercle de bois tous les casques — qui épouvantaient l'air à Azincourt ? — Oh ! pardonnez ! puisqu'un chiffre crochu peut — dans un petit espace figurer un million, — permettez que, zéro de ce compte énorme, — nous mettions en œuvre les forces de vos imaginations. — Supposez que dans l'enceinte de ces murailles — sont maintenant renfermées deux puissantes monarchies — dont les fronts altiers et menaçants — ne sont séparés que par un périlleux et étroit Océan. — Suppléez par votre pensée à nos imperfections ; — divisez un homme en mille, — et créez une armée imaginaire. Figurez-vous, quand nous parlons de chevaux, que vous les voyez — imprimer leurs fiers sabots dans la terre remuée. — Car c'est votre pensée qui doit ici parer nos rois, — et les transporter d'un lieu à l'autre, franchissant les temps — et accumulant les actes de plusieurs années — dans une heure de sablier. Permettez que je supplée — comme chœur aux lacunes de cette histoire, — et que, faisant office de prologue, j'adjure votre charitable indulgence, — d'écouter tranquillement et de juger complaisamment notre pièce (1).

SCÈNE I.

[Londres. Une antichambre dans le palais du roi.]

Entrent l'archevêque DE CANTORBÉRY et l'évêque D'ÉLY (2).

CANTORBÉRY.

— Je puis vous le dire, milord, on présente ce même bill — qui, dans la onzième année du règne du feu roi, — faillit être adopté contre nous, et l'eût été effectivement — si les troubles de cette époque agitée — n'en avaient écarté brusquement la discussion.

ÉLY.

— Mais comment, milord, allons-nous résister à ce bill ?

CANTORBÉRY.

— Il faut y aviser. S'il passe contre nous, — nous perdons la meilleure moitié de nos possessions : — car tous les domaines temporels que les gens dévots — ont par testament donnés à l'Eglise, — nous seraient enlevés. La taxe supportée par nous — devrait maintenir, pour l'honneur du roi, — quinze comtes, quinze cents chevaliers, — six mille deux cents bons écuyers, — puis, pour le soulagement des malades, des valétudinaires — et des saintes âmes indigentes, incapables de travail corporel, — cent maisons de charité parfaitement approvisionnées, — et en outre fournir aux coffres du roi — mille livres par an ! Tel est la teneur du bill.

ÉLY.
— Ce serait une large rasade.
CANTORBÉRY.
Elle viderait entièrement la coupe.
ÉLY.
— Mais comment l'empêcher?
CANTORBÉRY.
Le roi est plein de piété et de nobles égards.
ÉLY.
— Et ami sincère de la sainte Église.
CANTORBÉRY.
— Ce n'est pas ce que promettaient les errements de sa jeunesse. — Le dernier souffle avait à peine quitté le corps de son père — que son extravagance, en lui mortifiée, — sembla expirer aussi. Oui, à ce moment même, — la raison apparut comme un ange, — et chassa de lui le coupable Adam, — faisant de sa personne un paradis — destiné à envelopper et à contenir de célestes esprits ! — Jamais sage ne fut si soudainement créé ; — jamais la réforme versée à flots — ne balaya tant de fautes dans un courant si impétueux ; — non, jamais l'endurcissement aux têtes d'hydre — ne perdit plus vite et plus absolument son trône — que chez ce roi.

ÉLY.
C'est une bénédiction pour nous que ce changement.
CANTORBÉRY.
— Ecoutez-le raisonner théologie, — et, pleins d'admiration, vous souhaiterez — intérieurement que le roi fût prélat. — Écoutez-le discuter les affaires publiques, — vous diriez qu'elles ont été son unique étude. — Qu'il cause de guerre devant vous, et vous entendrez — une effroyable bataille rendue en musique. — Mettez-le sur n'importe quelle question politique, — il en dénouera le nœud gordien — aussi familièrement que sa jarretière.

Aussi, quand il parle, — l'air, ce fieffé libertin, reste coi, — et la muette surprise se faufile dans les oreilles humaines — pour butiner ses sentences suaves et emmiellées. — L'expérience et la pratique de la vie — peuvent seules enseigner de telles théories ; — et l'on se demande avec étonnement comment Sa Grâce a pu les glaner, — lui qui s'adonnait à de si futiles occupations, — lui dont les compagnies étaient illettrées, grossières et creuses, — dont les heures étaient remplies par les orgies, les banquets et les plaisirs, — et qu'on n'a jamais vu se livrer à aucune étude — dans le recueillement et la retraite, — loin de la cohue publique et de la populace.

ÉLY.

— La fraise croît sous l'ortie ; — et les fruits les plus salutaires prospèrent et mûrissent surtout — dans le voisinage des plantes de basse qualité. — Et ainsi le prince a enfoui sa réflexion — sous le voile de l'égarement ; et sans nul doute — elle a grandi, comme l'herbe d'été, activée par la nuit, — invisible, et d'autant plus vivace.

CANTORBÉRY.

— Il le faut bien : car les miracles ont cessé ; — et nous devons nécessairement trouver moyen d'expliquer — comment les choses s'accomplissent.

ÉLY.

Mais, mon bon lord, — quel moyen de mitiger ce bill — réclamé par les communes ? Sa Majesté — lui est-elle favorable ou non ?

CANTORBÉRY.

Elle semble indifférente ; — elle paraît même plutôt pencher de notre côté — qu'encourager nos adversaires. — Car j'ai fait une offre à Sa Majesté, — dans notre réunion ecclésiastique, — à propos des affaires de France — sur lesquelles je me suis expliqué amplement devant Sa Grâce. — J'ai offert de donner une somme plus considérable — qu'aucun subside accordé jusqu'ici — par le clergé à ses prédécesseurs.

ÉLY.

— Et comment cette offre a-t-elle été reçue, milord?

CANTORBÉRY.

— Sa Majesté l'a bien accueillie; — mais elle n'a pas eu le temps d'entendre — (comme j'ai vu qu'elle l'aurait désiré) — l'exposé détaillé et clair — de ses titres légitimes à certains duchés — et généralement à la couronne et au trône de France, — titres qu'elle dérive d'Édouard, son arrière-grand-père.

ÉLY.

— Et quel est l'incident qui vous a interrompu?

CANTORBÉRY.

— L'ambassadeur de France, à cet instant-là même, — a demandé audience; et voici venue, je crois, l'heure — fixée pour sa réception. Est-il quatre heures?

ÉLY.

Oui.

CANTORBÉRY.

— Entrons donc pour connaître l'objet de son ambassade, — que du reste je pourrais déclarer par une facile conjecture, — avant que le Français en ait dit un mot.

ÉLY.

— Je vous suis; il me tarde de l'entendre.

Ils sortent.

SCÈNE II.

[La salle du trône dans le palais.]

Entrent le ROI HENRY, GLOCESTER, BEDFORD, EXETER, WARWICK, WESTMORELAND, et les gens de la suite.

LE ROI.

— Où est mon gracieux lord Cantorbéry?

EXETER.

— Il n'est pas en présence de Sa Majesté.
LE ROI.
Envoyez-le chercher, bon oncle (3).
WESTMORELAND.
— Ferons-nous entrer l'ambassadeur, mon suzerain (4) ?
LE ROI.
— Pas encore, mon cousin; nous voudrions, — avant de l'entendre, résoudre quelques points importants — qui nous préoccupent, relativement à nous et à la France.

Entrent l'archevêque de Cantorbéry et l'évêque d'Ély.

CANTORBÉRY.
— Que Dieu et ses anges gardent votre trône sacré — et vous en fassent longtemps l'ornement !
LE ROI.
Certes, nous vous remercions. — Mon savant lord, nous vous prions de poursuivre — et d'expliquer avec une religieuse rigueur — en quoi cette loi salique, qu'ils ont en France, — est un obstacle ou non à notre réclamation. — Et à Dieu ne plaise, mon cher et fidèle lord, — que vous forciez, torturiez ou faussiez votre opinion, — ou que vous chargiez votre conscience d'un sophisme — en proclamant des titres dont le spécieux éclat — jurerait avec les couleurs mêmes de la vérité ! — Car Dieu sait combien d'hommes, aujourd'hui pleins de santé, — verseront leur sang pour soutenir le parti — auquel Votre Révérence va nous décider. — Réfléchissez donc bien, avant d'engager notre personne, — avant de réveiller l'épée endormie de la guerre. — Nous vous sommons au nom de Dieu, réfléchissez. — Car jamais deux pareils royaumes n'ont lutté — sans une grande effusion de sang. Chaque goutte de sang innocent — est une malédiction, une imprécation vengeresse, — qui poursuit

celui dont l'iniquité aiguise les épées — qui exterminent ainsi l'éphémère humanité. — Après cette adjuration faite, parlez, milord : — et nous allons vous écouter attentivement, convaincu — que votre parole, trempée dans votre conscience, — est purifiée comme la faute par le baptême (5) !

CANTORBÉRY.

— Donc écoutez-moi, gracieux souverain, et vous, pairs, — qui vous devez, qui devez votre vie et vos services — à ce trône impérial. Il n'y a pas d'autre objection — aux droits de Votre Altesse sur la France — que cette maxime qu'on fait remonter à Pharamond : — *In terram Salicam mulieres ne succedant, — nulle femme ne succédera en terre salique*. — Les Français prétendent injustement que cette terre salique — est le royaume de France, et que Pharamond — est le fondateur de cette loi qui exclut les femmes. — Pourtant leurs propres auteurs affirment en toute bonne foi — que la terre salique est en Allemagne, — entre la Sahl et l'Elbe. — Là Charlemagne, ayant soumis les Saxons, — laissa derrière lui une colonie de Français, — qui, ayant pris en dédain les femmes allemandes, — pour certains traits honteux de leurs mœurs, — établirent cette loi que nulle femme — ne serait héritière en terre salique ; — laquelle terre salique, située, comme je l'ai dit, entre l'Elbe et la Sahl, — s'appelle aujourd'hui en Allemagne Meisen. Il est donc bien clair que la loi salique — n'a pas été établie pour le royaume de France. — Les Français n'ont possédé la terre salique — que quatre cent vingt et un ans — après le décès du roi Pharamond, — regardé à tort comme le fondateur de cette loi. — Celui-ci mourut l'an de notre rédemption — quatre cent vingt-six ; et Charlemagne — soumit les Saxons et établit les Français — au delà de la Sahl, en l'an — huit cent cinq. En outre, leurs auteurs disent — que le roi Pepin, qui déposa Childéric, — se présenta comme héritier et descendant — de Bathilde, fille du roi Clotaire, — pour faire valoir ses titres à la couronne de France. — De même Hugues Capet, qui usurpa la couronne — de Charles, duc de Lorraine, seul héritier mâle — de la lignée légitime et de la souche de Charlemagne, — afin de colorer de quelque apparence de vérité un titre — qui, en pure vérité, était mensonger et nul, — se porta pour héritier de la dame Lingare, — fille de Carloman, qui était fils — de l'empereur Louis, fils — de Charlemagne. De même Louis X, — qui était l'unique héritier de l'usurpateur Capet, — ne put porter avec une conscience tranquille — la couronne de France que quand il fut convaincu — que la belle reine Isabelle, sa grand'mère, — descendante directe de la dame Ermengare, — fille de Charles, le susdit duc de Lorraine, — avait par son mariage rattaché — la ligne de Charlemagne à la couronne de France. — Ainsi, il est clair comme le soleil d'été — que les titres du roi Pepin, les prétentions de Hugues Capet, — la satisfaction de conscience du roi Louis — reposaient sur les légitimes droits des femmes. — Il en a été de même de tous les rois de France jusqu'à ce jour : — et néanmoins ils opposent cette loi salique — aux titres que Votre Altesse tient des femmes, — s'enveloppant dans un réseau de contradictions — plutôt que de mettre franchement à nu les titres qu'ils ont tortueusement — usurpés sur vous et sur vos ancêtres (6).

LE ROI.

— Puis-je, avec justice et en conscience, faire cette revendication ?

CANTORBÉRY.

— Que la faute en retombe sur ma tête, redouté souverain ! — Car il est écrit dans le livre des Nombres : — *Quand le fils meurt, que l'héritage — descende à la fille.* Gracieux seigneur, — levez-vous pour votre droit ; déployez votre sanglant drapeau ; — tournez vos regards sur vos puissants ancêtres ; — allez, mon redouté seigneur, au tombeau de votre bisaïeul, — de qui vous tenez vos titres ; invoquez son âme guerrière, — et celle de votre grand-oncle, Édouard, le prince Noir, — celui qui, dans une tragédie jouée sur la terre française, — mit en déroute toutes les forces de la France, — tandis que son auguste père, debout — sur une colline, souriait de voir son lionceau — s'ébattre dans le sang de la noblesse française. — O nobles Anglais qui pouvaient affronter, — avec une moitié de leurs forces, tout l'orgueil de la France, — tandis que l'autre moitié observait la lutte en riant, — désœuvrée et froide d'inaction !

ÉLY.

— Évoquez le souvenir de ces vaillants morts, — et avec votre bras puissant renouvelez leurs prouesses. — Vous êtes leur héritier ; vous êtes assis sur leur trône ; — le sang énergique qui les illustra — coule dans vos veines ; et mon tout-puissant suzerain — est au matin même du premier mai de sa jeunesse, — déjà mûr pour les exploits et les vastes entreprises.

EXETER.

— Vos frères, les rois et les monarques de la terre, — s'attendent tous à vous voir vous dresser — comme les vieux lions de votre race.

WESTMORELAND.

— Ils savent que Votre Grâce a pour elle le droit, les moyens et la force ; — et Votre Altesse a tout cela. Jamais roi d'Angleterre — n'eut une noblesse plus riche, des sujets plus loyaux. — Tous les cœurs ont laissé les corps ici, en Angleterre, — et sont campés dans les plaines de France.

CANTORBÉRY.

— Oh ! puissent les corps les suivre, mon suzerain chéri,

— pour reconquerir vos droits dans le sang, avec le fer et le feu ! — Dans ce but, nous, gens du spirituel, — nous fournirons à Votre Altesse une somme plus considérable — qu'aucun subside offert jusqu'ici — par le clergé à vos ancêtres (7).

LE ROI.

— Non-seulement nous devons nous armer pour envahir la France ; — mais il nous faut lever des forces suffisantes pour nous défendre — contre les Écossais, qui peuvent se ruer sur nous — avec tout avantage.

CANTORBÉRY.

— Les populations des Marches, gracieux souverain, — seront un rempart suffisant pour défendre — notre île contre les pillards de la frontière.

LE ROI.

— Nous ne parlons pas seulement des incursions des maraudeurs ; — nous craignons une levée en masse des Écossais, — qui ont toujours été pour nous des voisins turbulents. — Vous verrez dans les livres que mon arrière-grand'père — n'est jamais passé en France avec ses troupes, — que l'Écossais n'ait débordé — sur le royaume dégarni, comme la marée par une brèche, — dans la plénitude de ses forces, — ruinant le pays désert par de brûlantes irruptions, — investissant par des siéges acharnés nos châteaux et nos villes ; — si bien que l'Angleterre, vide de défenseurs, — frémissait et tremblait à leur funeste approche.

CANTORBÉRY.

— Elle a eu alors plus de peur que de mal, mon suzerain : — car voyez l'exemple qu'elle s'est donné à elle-même. — Tandis que toute sa chevalerie était en France, — et qu'elle était la veuve en deuil de ses nobles, — non-seulement elle se défendit parfaitement, — mais elle prit et traqua comme une bête fauve — le roi d'Écosse, qu'elle envoya en France — pour parer le triomphe du roi Édouard d'un captif royal — et pour faire regorger de gloire notre chronique — autant que le limon du fond des mers — regorge d'épaves enfouies et d'incalculables trésors.

WESTMORELAND.

— Mais il est un dicton fort ancien et fort juste :

> Voulez-vous vaincre le Français ?
> Commencez donc par l'Écossais.

— Car une fois que l'aigle Angleterre est en chasse, — la belette écossaise se faufile — dans l'aire sans défense et en suce les œufs princiers, — s'amusant, comme la souris en l'absence du chat, — à piller et à détruire plus qu'elle ne peut dévorer (8).

EXETER.

— D'où il suit que le chat devrait rester chez lui. — Mais nous n'en sommes pas réduits à cette maudite nécessité, — puisque nous avons des serrures pour sauvegarder nos biens — et de bons trébuchets pour attraper les petits voleurs. — Pendant que le bras armé combat au dehors, — la tête prudente se défend au dedans ; — car tous les membres d'un État, petits et grands, — chacun dans sa partie, doivent agir d'acord — et concourir à l'harmonie générale, comme en un concert (9).

CANTORBÉRY.

— C'est pourquoi le ciel partage — la constitution de l'homme en diverses fonctions, — dont les efforts convergent par un mouvement continu — vers un résultat ou un but unique, — la subordination. Ainsi travaillent les abeilles, — créatures qui, par une loi de nature, enseignent — le principe de l'ordre aux monarchies populaires. — Elles ont un roi et des officiers de tout rang ; — les uns, comme magistrats, sévissent à l'intérieur ; — d'autres, comme marchands, se hasardent à comrmecer au dehors ; —

d'autres, comme soldats, armés de leurs dards, — pillent les boutons de velours de l'été, — et avec une joyeuse fanfare rapportent leur butin — à la royale tente de leur empereur. — Lui, affairé dans sa majesté, surveille — les maçons chantants qui construisent des lambris d'or, — les graves citoyens qui pétrissent le miel, — les pauvres ouvriers porteurs qui entassent — leurs pesants fardeaux à son étroite porte, — le juge à l'œil sévère, au bourdonnement sinistre, — qui livre au blême exécuteur le — frélon paresseux et béant. J'en conclus — que des maints objets, dûment concentrés — vers un point commun, peuvent y atteindre par directions opposées ; — ainsi plusieurs flèches, lancées de côtés différents, — volent à la même cible ; plusieurs voies se rejoignent à la même ville ; — plusieurs frais cours d'eau se jettent dans la même mer ; — plusieurs lignes convergent au centre du cadran. — Ainsi mille forces, une fois en mouvement, — peuvent aboutir à une même fin et agir toutes pleinement — sans se nuire. En France donc, mon suzerain ! — Partagez en quatre fractions votre heureuse Angleterre ; — emmenez-en une en France, — et avec elle vous ferez trembler toute la Gaule. — Si nous autres, avec les forces triples restées à l'intérieur, — nous ne pouvons garder notre porte d'un chien, — je veux que nous soyons dévorés et que notre nation perde — sa renommée de hardiesse et de circonspection.

LE ROI.

— Introduisez les messagers envoyés par le Dauphin.

Quelqu'un de la suite sort. Le roi monte sur son trône.

— Maintenant nous sommes parfaitement édifiés, et, avec l'aide de Dieu — et la vôtre, nobles membres de notre puissance, — la France étant à nous, nous la plierons à notre majesté, — ou nous la mettrons en pièces. Où nous nous assoirons sur le trône, — gouvernant dans un large et vaste empire — la France et ses duchés presque royaux ; — ou nous laisserons nos os dans une urne infâme — sans sépulcre et sans monument. — Où notre histoire à pleine voix — proclamera nos actes ; où notre fosse — aura la bouche sans langue d'un muet de Turquie, — n'étant même pas honorée d'une épitaphe de cire (10) !

> Entrent les AMBASSADEURS DE FRANCE. Derrière eux, des pages portent un tonneau.

— Maintenant nous sommes parfaitement préparés à connaître le bon plaisir — de notre beau cousin le Dauphin ; car nous apprenons — que vous nous êtes envoyés par lui et non par le roi.

UN AMBASSADEUR.

— Votre Majesté veut-elle nous permettre — d'exposer librement le message dont nous sommes chargés ? — ou devons-nous nous astreindre à une vague formule — des intentions du Dauphin et de notre mission ?

LE ROI.

— Nous ne sommes pas un tyran, mais un roi chrétien, — chez qui la grâce tient la passion aussi étroitement enchaînée — que le misérable chargé de fers dans nos prisons. — Ainsi, avec une libre et inflexible franchise, — dites-nous la pensée du Dauphin.

L'AMBASSADEUR.

La voici donc en peu de mots. — Votre Altesse a récemment envoyé en France — réclamer certains duchés, du chef — de votre grand prédécesseur, le roi Édouard III. — En réponse à cette réclamation, le prince notre maître — déclare que vous avez un excessif levain de jeunesse, — et vous fait remarquer qu'il n'y a rien en France — qui se puisse conquérir au pas léger de la

gaillarde : — vous ne sauriez vous y régaler de duchés.
— Il vous envoie donc, comme plus conforme à vos
goûts, — ce tonneau plein de trésors, et en retour —
vous invite à laisser tranquilles les duchés — que vous
réclamez. Voilà ce que dit le Dauphin.

LE ROI, à Exeter.

— Quels sont ces trésors, mon oncle?

EXETER.

Des balles de paume, mon suzerain (11).

LE ROI.

— Nous sommes bien aise que le Dauphin soit avec
nous si plaisant; — nous vous remercions et de ce présent et de vos peines. — Quand nous aurons assorti nos
raquettes à ces balles, — nous voulons, par la grâce de
Dieu, jouer un coup — à enlever à la volée la couronne
de son père. — Dites-lui qu'il a engagé une partie avec
un lutteur — qui avec ses chasses bouleversera — toutes
les cours de France. Nous comprenons parfaitement —
qu'il nous rappelle ainsi notre orageuse jeunesse; —
mais il ne se rend pas compte de l'usage que nous en
avons fait. — Nous n'avons jamais fait cas de ce pauvre
trône d'Angleterre, — et voilà pourquoi, éloigné de lui,
nous nous sommes abandonné — à une effrénée licence.
Aussi bien il arrive toujours — qu'on n'est jamais plus
gai que hors de chez soi. — Mais dites au Dauphin que
j'entends maintenir mon rang, — agir en roi et déployer
la voile de ma grandeur, — dès que je serai monté sur
mon trône de France. — C'est pour y atteindre que j'ai
dépouillé ma majesté, — et remué la terre comme un
journalier; — mais je vais reparaître là avec une gloire
si éclatante, — que j'éblouirai tous les yeux de la France
— et que ma seule vue aveuglera le Dauphin même! —
Dites aussi à ce prince plaisant que son sarcasme — a
transformé ces balles en boulets et que son âme — aura

la responsabilité cruelle de la dévastation vengeresse —
qui va voler avec eux. Ce trait moqueur — enlèvera à
bien des veuves leurs chers maris, — à bien des mères
leurs fils, fera crouler bien des châteaux; — et des générations encore à naître — auront sujet de maudire l'ironie
du Dauphin. — Mais tout cela est dans la volonté de
Dieu — à qui nous en appelons. C'est en son nom, —
dites-le au Dauphin, que je vais me mettre en marche
— pour me venger de mon mieux, et déployer — mon
bras justicier dans une cause sacrée. — Sur ce, partez en
paix; et dites au Dauphin — que sa plaisanterie semblera
d'un mince esprit, — quand elle aura fait pleurer bien
plus de gens qu'elle n'en a fait rire. — Qu'on les recon-
duise sous bonne escorte.... Adieu.

Les ambassadeurs se retirent.

EXETER.

Voilà un plaisant message.

LE ROI.

— Nous espérons bien en faire rougir l'auteur.

Il descend de son trône.

— Ainsi, milords, ne perdons pas un seul des heureux
moments — qui peuvent hâter notre expédition. — Car
la France absorbe désormais nos pensées, — avec Dieu,
qui passe avant toute affaire. — Ainsi, veillons à ce que
les forces nécessaires à cette guerre — soient vite ras-
semblées, et tâchons autant que possible, — de donner
à notre essor les ailes — d'une sage vitesse; car, j'en
prends Dieu à témoin, — nous irons tancer ce dauphin
à la porte même de son père. — Ainsi, que chacun s'in-
génie — à faire marcher cette belle entreprise.

Ils sortent.

Entre le Choeur.

LE CHOEUR.

— Maintenant toute la jeunesse d'Angleterre est en

feu, — et les galantes soieries reposent dans les garderobes. — Maintenant les armuriers prospèrent, et l'idée d'honneur — règne seule dans le cœur de chacun. — Maintenant on vend le pâturage pour acheter le cheval. — Pour suivre le modèle des rois chrétiens, — tous, Mercures anglais, ont des ailes aux talons. — Car maintenant l'Espérance est dans l'air, — tenant une épée cerclée, de la pointe à la garde, — par un tas de couronnes impériales, de diadèmes et de tortils — promis à Henry et à ses compagnons. — Les Français, informés par de fidèles avis — de ces formidables préparatifs, — tremblent de frayeur, et par une pâle politique — essaient de déjouer les projets anglais. — O Angleterre! qui as en toi ta grandeur idéale, — petit corps au grand cœur, — que ne pourrais-tu faire à la suggestion de l'honneur, — si tous tes enfants étaient bons et loyaux! — Mais vois ton malheur! La France a trouvé en toi — une nichée de cœurs vides qu'elle comble — avec l'or de la trahison. Trois hommes corrompus, — Richard, comte de Cambridge (12), — Henry, lord Scroop de Marsham, — sir Thomas Grey, chevalier de Northumberland, — gagnés par l'or franc (Oh! francs criminels!), — ont ourdi une conspiration avec la France alarmée. — Et ce roi qui est la grâce des rois doit, — si l'enfer et la trahison tiennent leur promesse, — périr à Southampton avant de s'embarquer pour la France... — Prolongez encore votre patience, et nous abrégerons — les lacunes de la distance pour précipiter la pièce. — La somme est payée; les traîtres sont d'accord. — Que le roi parte de Londres, et la scène, — gentils spectateurs, sera aussitôt transportée à Southampton; — là s'ouvrira la scène; là il faudra vous asseoir. — Et de là nous vous transporterons sûrement en France, — puis nous vous ramènerons en charmant les eaux du détroit — pour vous procurer une calme traversée; car, autant que nous pourrons, — nous tâcherons que personne n'ait de nausées durant notre représentation. — Mais c'est seulement après le départ du roi, et point avant, — que nous transférerons la scène à Southampton.

SCÈNE III.

[La taverne d'East-Cheap.]

Entrent Nym et Bardolphe.

BARDOLPHE.

Heureuse rencontre, caporal Nym.

NYM.

Bonjour, lieutenant Bardolphe.

BARDOLPHE.

Eh bien ! l'enseigne Pistolet et vous, êtes-vous encore amis?

NYM.

Pour ma part, je ne m'en soucie pas. Je dis peu de chose; mais, quand l'occasion se présentera, on échangera des sourires. Mais advienne que pourra. Je ne suis pas homme à ferrailler, mais je clignerai de l'œil et je tiendrai mon épée en garde. C'est une simple lame; mais quoi ! elle peut embrocher une rôtie de fromage, et endurer le froid autant qu'une autre; et voilà !

BARDOLPHE.

Je veux payer un déjeuner pour vous réconcilier; et nous partirons tous trois frères d'armes pour la France. Arrangeons ça, bon caporal Nym.

NYM.

Ma foi, je vivrai tant que je pourrai, c'est certain; et quand je ne pourrai plus vivre, je ferai comme je pourrai; voilà ma résolution; voilà mon but.

BARDOLPHE.

Il est certain, caporal, qu'il est marié à Nell Quickly ; et certes elle s'est mal conduite envers vous ; car vous lui étiez fiancé.

NYM.

Je ne saurais dire : les choses sont comme elles peuvent être. Les gens peuvent s'endormir et avoir leur gorge sur eux à ce moment-là ; et, comme on dit, les couteaux ont des lames. On est comme on peut être. Quoique la patience soit une rosse fatiguée, elle n'en doit pas moins trottiner. Il faut des conclusions. Enfin, je ne peux rien dire.

Entrent PISTOLET et MISTRESS QUICKLY.

BARDOLPHE.

Voici venir l'enseigne Pistolet et son épouse !...

A Nym.

Bon caporal, de la patience ici !... Comment va, mon hôte Pistolet ?

PISTOLET.

— Vil acarus, tu m'appelles ton hôte ! — Ah ! je le jure par ce bras levé, ce titre-là me répugne ; — ma Nelly ne tiendra plus auberge. —

MISTRESS QUICKLY.

Non, ma foi, pas longtemps. Car nous ne pouvons plus loger et prendre en pension douze ou quatorze damoiselles, vivant honnêtement de la pointe de leur aiguille, qu'on ne croie aussitôt que nous tenons une mauvaise maison.

Nym tire son épée.

Oh ! bonne Vierge ! le voilà qui dégaine ! Il va se commettre ici adultère et homicide volontaire !.. Bon lieutenant Bardolphe !

BARDOLPHE.

Bon caporal, pas de menace ici !

SCÈNE III.

NYM.

Foin !

PISTOLET.

Foin de toi, chien d'Islande ! mâtin aux oreilles droites !

MISTRESS QUICKLY.

Bon caporal Nym, montre la valeur d'un homme et rengaîne ton épée.

NYM, à Pistolet.

Voulez-vous détaler de céans ! J'ai affaire à vous *solus*.

Il rengaîne son épée.

PISTOLET.

Solus, chien fieffé ! O vile vipère ! Ton *solus*, je le rejette à ta face monstrueuse, — dans tes dents, dans ta gorge, — dans tes odieux poumons ! oui, dans ta bedaine, morbleu ! — et qui pis est, dans ta sale bouche ! — Je te rétorque ton *solus* aux entrailles ! — Car je saurai faire feu ; le chien du Pistolet est armé, — et un jet de flamme va jaillir ! —

NYM.

Je ne suis point Barbason (13) ; vous ne sauriez m'évoquer. Je suis d'humeur à vous heurter passablement. Si vous me tenez un langage impropre, Pistolet, je vais, pour parler net, vous ramoner de mon mieux avec ma rapière. Si vous voulez sortir, je suis prêt, pour m'exprimer dans les meilleurs termes, à vous égratigner les boyaux : et voilà la morale de la chose.

PISTOLET.

— O vil fanfaron ! furibond maudit ! — La fosse est béante et les affres de la mort sont proches ! — Expire donc !

Pistolet et Nym dégainent et croisent l'épée.

BARDOLPHE, intervenant l'épée à la main.

Écoutez-moi, écoutez ce que je dis. Celui qui portera

le premier coup, je l'enfilerai jusqu'à la garde, foi de soldat !

PISTOLET.

— Voilà un serment d'une singulière puissance ! Il faut que la furie même se calme.

A Nym.

— Donne-moi ton poing, donne-moi ta patte de devant. — Ton énergie est immense ! —

NYM.

Je te couperai la gorge un jour ou l'autre. En termes nets, voilà la morale de la chose.

PISTOLET.

— Me couper la gorge ! c'est ton mot !... Je te défie à nouveau. — O molosse de Crète, songerais-tu à prendre mon épouse ? — Non, va à l'hôpital, — puis de l'étuve d'infamie — retire cette lépreuse chouette de la race de Cresside, — la femelle nommée Dorothée Troue-Drap, et épouse-la : — j'ai et je veux garder pour ma femme unique — la ci-devant Quickly. Et *pauca*, cela suffit. Va donc !

Entre le PAGE de Falstaff.

LE PAGE.

Mon hôte Pistolet, il faut que vous veniez chez mon maître ; et vous aussi, l'hôtesse. Il est très-malade et s'est mis au lit... Bon Bardolphe, mets ton nez entre ses draps, pour faire l'office de bassinoire. Vrai, il est très-mal.

BARDOLPHE.

Arrière, coquin !

MISTRESS QUICKLY.

Sur ma parole, il fera un pouding pour les corbeaux un de ces jours. Le roi lui a broyé le cœur... Cher époux, viens vite.

Sortent mistress Quickly et le page.

BARDOLPHE.

Allons, vous réconcilierai-je tous deux ? Il faut que nous partions pour la France ensemble. Pourquoi diable serions-nous les uns et les autres à couteaux tirés ?

PISTOLET.

— Que les torrents débordent, et que les démons hurlent après leur pâture ! —

NYM, à Pistolet.

Me paierez-vous les dix shillings que je vous ai gagnés à notre pari ?

PISTOLET.

— Il n'y a que le vil manant qui paie. —

NYM.

Eh bien, j'aurai cet argent : voilà la morale de la chose.

PISTOLET.

C'est ce que la vaillance décidera. En garde !

Nym et Pistolet se mettent en garde.

BARDOLPHE, les séparant de son épée.

Par cette épée, celui qui porte la première botte, je l'occis ; par cette épée, je le jure.

PISTOLET, se redressant.

— Un serment sur une épée est valable, et les serments doivent avoir leur cours. —

BARDOLPHE.

Caporal Nym, si vous voulez être amis, soyez amis ; si vous ne le voulez pas, eh bien, vous serez ennemis avec moi aussi... Je t'en prie, rengaîne.

NYM, à Pistolet.

Aurais-je les huit shillings que je vous ai gagnés à notre pari ?

PISTOLET.

— Tu auras un noble que je paierai comptant ; — et en outre je t'offrirai du liquide ; — et l'amitié nous unira, et la fraternité ! — Je vivrai par Nym, et Nym vivra par moi. — Est-ce pas honnête ?... — Je serai cantinier — du camp, et nous ferons des bénéfices. — Donne-moi ta main.

NYM.

Aurai-je mon noble ?

PISTOLET.

Scrupuleusement payé comptant.

NYM.

Eh bien, voilà la morale de la chose.

Nym et Pistolet se serrent la main.

Rentre MISTRESS QUICKLY.

QUICKLY.

Si jamais vous sortîtes de femmes, sortez vite près de sir John. Ah ! pauvre cher cœur ! Il est tellement secoué par la fièvre tierce quotidienne que c'est lamentable à voir. Chers hommes, venez près de lui.

NYM.

Le roi a jeté ses mauvaises humeurs sur le chevalier, voilà le mot de la chose.

PISTOLET.

— Nym tu as dit vrai : — son cœur est brisé et corroboré. —

NYM.

Le roi est un bon roi ; mais on est comme on peut être ; il a des humeurs et des boutades.

PISTOLET.

Allons porter nos condoléances au chevalier ; car nous allons vivre comme de petits agneaux.

Ils sortent.

SCÈNE IV.

[Southampton. La grande salle du château.]

Entrent EXETER, BEDFORD et WESTMORELAND.

BEDFORD.

— Pardieu, Sa Grâce est hardie de se fier à ces traîtres.

EXETER.

— Ils vont être appréhendés tout à l'heure.

WESTMORELAND.

— Quelle douceur et quelle sérénité ils affectent ! — Comme si l'allégeance trônait dans leur cœur, — couronnée de fidélité et de loyauté constante (14) !

BEDFORD.

— Le roi est instruit de tous leurs projets — par une interception dont ils ne se doutent guère.

EXETER.

— Quoi ! cet homme qui était son camarade de lit, — qu'il a gorgé et honoré de faveurs princières, — a pu, pour une bourse d'or étrangère, vendre ainsi — la vie de son souverain à la mort et au guet-apens !

La trompette sonne. Entrent LE ROI HENRY, SCROOP, CAMBRIDGE, GREY, des Seigneurs et des gens de suite.

LE ROI.

— Maintenant souffle un vent favorable, et nous allons nous embarquer. — Milord de Cambridge...

A Scroop.

Et vous, mon cher lord de Masham...

A Grey.

— Et vous, mon gentil chevalier, donnez-moi votre opinion. — Pensez-vous pas que les troupes que nous emmenons avec nous — puissent se frayer passage à travers les forces de la France, — et accomplir l'œuvre — pour laquelle nous les avons réunies en ligne?

SCROOP.

— Sans doute, milord, si chaque homme fait de son mieux.

LE ROI.

— Nous ne doutons pas de cela, étant bien convaincus — que nous n'entraînons pas avec nous un cœur — qui ne soit en parfait accord avec le nôtre, — et que nous n'en laissons pas derrière nous un seul qui ne nous souhaite — succès et victoire.

CAMBRIDGE.

— Jamais monarque ne fut plus redouté et aimé — que ne l'est Votre Majesté. Il n'y a pas, je pense, un seul sujet — qui vive à contre-cœur et mal à l'aise — sous l'ombre douce de votre gouvernement.

GREY.

— Ceux même qui étaient les ennemis de votre père — ont noyé leur fiel dans le miel, et vous servent — d'un cœur plein de dévouement et de zèle.

LE ROI.

— Nous avons là un puissant motif de gratitude; — et notre bras oubliera son office, — avant que nous oublions de récompenser le mérite et les services, — dans la mesure de leur importance et de leur dignité.

SCROOP.

— Ainsi le zèle poursuivra son œuvre avec des muscles d'acier; — et l'activité se retrempera dans l'espoir — de rendre à Votre Grâce de continuels services.

LE ROI.

— Nous n'attendons pas moins... Mon oncle d'Exeter, — faites élargir l'homme arrêté hier — pour outrages à notre personne. Nous croyons — que c'est l'excès du vin qui l'a poussé ; — et, maintenant qu'il est plus sage, nous lui pardonnons.

SCROOP.

— C'est là de la clémence, mais de l'imprudence excessive. — Permettez qu'il soit châtié, mon souverain, de peur que l'exemple — de son impunité ne lui suscite des imitateurs.

LE ROI.

— Oh ! n'importe. Soyons clément.

CAMBRIDGE.

— Votre Altesse peut l'être, et cependant punir.

GREY.

— Sire, vous ferez preuve de grande clémence si vous lui accordez la vie — après lui avoir infligé une correction exemplaire.

LE ROI.

— Hélas ! votre affection et votre sollicitude excessive pour moi — sont d'accablantes plaidoiries contre ce pauvre misérable. — Si nous ne devons pas fermer les yeux sur de petites fautes, — conséquences de l'intempérance, combien grands faudra-t-il les ouvrir, — quand des crimes capitaux, longuement ruminés, consommés et digérés, — surgiront devant nous ?... Nous voulons faire élargir cet homme, — bien que Cambridge, Scroop et Grey, dans leur profonde sollicitude — et leur tendre intérêt pour notre personne, — désirent qu'il soit puni. Passons maintenant aux affaires de France. — Quels sont les commissaires récemment choisis ?

CAMBRIDGE.

Moi, milord. — Votre Altesse m'a dit de demander aujourd'hui ma commission.

SCROOP.

— Ainsi qu'à moi, mon suzerain.

GREY.

Et à moi, mon royal souverain.

LE ROI, *remettant un papier à chacun.*

— Eh bien, Richard, comte de Cambridge, voici la vôtre ; — voici la vôtre, lord Scroop de Masham ; et vous, messire chevalier, — Grey de Northumberland, recevez la vôtre... — Lisez, et sachez que je sais tout votre mérite... — Milord de Westmoreland, mon oncle Exeter, — nous nous embarquerons ce soir.

Regardant les trois conspirateurs.

Eh bien ! qu'y a-t-il donc, messieurs ? — que voyez-vous dans ces papiers que vous changez — ainsi de couleur ? Voyez comme ils pâlissent ! — Leurs joues sont de papier... Çà, que lisez-vous là — qui vous effare ainsi et chasse le sang — de votre visage ?

CAMBRIDGE.

Je confesse ma faute, — et me livre à la merci de Votre Altesse.

GREY ET SCROOP.

Que nous invoquons tous.

LE ROI.

— Cette merci, qui naguère encore vivait en nous, — vos propres conseils l'ont étouffée et tuée. — Vous ne devriez pas, par pudeur, parler de merci ; — car vos propres raisons se retournent contre vous — comme des chiens dévorants contre leurs maîtres. — Voyez-vous, mes princes, et vous, mes nobles pairs, — ces monstres anglais ! Ce milord de Cambridge que voici, — vous savez combien notre affection était prompte — à le parer de toutes les dignités — qui pouvaient l'honorer ! Et cet homme — a, pour quelques légers écus, comploté à la légère, — et juré aux agents de la France — de nous tuer ici à Southampton. Serment — que ce chevalier, non moins notre obligé — que Cambridge, a fait également.

Il montre Grey.

Mais, oh ! — que te dirai-je à toi, lord Scroop ? cruelle

— ingrate, sauvage, inhumaine créature ! — toi qui portais la clef de tous mes secrets, — qui connaissais le fond même de mon âme, — qui aurais presque pu battre monnaie avec ma personne, — si tu avais voulu m'exploiter pour ton usage ! — est-il possible que l'or de l'étranger — ait tiré de toi une étincelle de mal — capable seulement de heurter mon doigt ? Le fait est si étrange — que, bien qu'il ressorte aussi grossièrement — que du noir sur du blanc, mes yeux se refusent presque à le voir. — La trahison et le meurtre, marchant toujours ensemble, — comme une paire de démons voués à une mutuelle assistance, — collaborent toujours pour des motifs si grossièrement naturels, — que la surprise ne se récrie pas devant leur œuvre. — Mais toi, contre toute logique, tu as fait suivre — par l'étonnement la trahison et le meurtre. — Quel que soit l'astucieux démon qui t'a entraîné si absurdement, — il a dans l'enfer la palme de l'excellence. — Les autres démons, instigateurs de trahisons, — expédient et bâclent une damnation — avec des lambeaux de prétextes et avec des formes parées — d'un faux éclat de vertu. — Mais celui qui t'a séduit et t'a fait marcher — ne t'a donné d'autre mobile, pour commettre la trahision, — que l'honneur d'être qualifié traitre ! — Si ce même démon qui t'a ainsi dupé — parcourait l'univers de son allure léonine, — il pourrait, en rentrant dans le vaste Tartare, — dire aux légions d'en bas : « Jamais je ne pourrai gagner — une âme aussi aisément que celle de cet Anglais ! » — Oh ! de combien de soupçons tu as empoisonné — la douceur de la confiance ! Un homme a-t-il la mine loyale ? — Eh bien, tu l'avais aussi. A-t-il l'air grave et instruit ? — Eh bien, tu l'avais aussi ! Est-il d'une noble famille ? — Eh bien, tu l'étais aussi ! A-t-il l'air religieux ? — Eh bien, tu l'avais aussi ! Est-il sobre de régime, — exempt de passions grossières, de joie comme de colère brutale, — constant d'humeur, inaccessible aux caprices du sang, — orné et paré d'une vertu modeste, — habitué à n'accepter le témoignage de ses yeux qu'avec celui de ses oreilles, — et à ne se fier à aucun qu'après un scrupuleux examen ? — Telles étaient les qualités exquises que tu semblais avoir. — Et aussi ta chute a laissé une espèce de marque — qui entache de soupçon l'homme le plus accompli — et le mieux doué ! Je pleurerai sur toi ; — car ta trahison me fait l'effet — d'une seconde chute de l'homme !... (15). Leurs crimes sont patents, — arrêtez-les pour qu'ils en répondent devant la loi ; — et puisse Dieu les absoudre de leurs forfaits ! —

EXETER.

Je t'arrête pour haute trahison, toi qui as nom Richard, comte de Cambridge.

Je t'arrête pour haute trahison, toi qui as nom Henry, lord Scroop de Masham.

Je t'arrête pour haute trahison, toi qui as nom Thomas Grey, chevalier de Northumberland.

SCROOP.

— C'est justement que Dieu a révélé nos desseins, — et je suis plus désolé de mon crime que de ma mort. — Que je le paie de ma vie, — mais que Votre Altesse veuille me le pardonner (16).

CAMBRIDGE.

— Pour moi, ce n'est pas l'or de la France qui m'a séduit, — bien que je l'aie accepté comme un moyen — d'effectuer plus vite mes projets. — Mais Dieu soit loué de leur avortement ! — Je m'en réjouirai sincèrement au milieu même de mon supplice, — suppliant Dieu et vou- de me pardonner.

GREY.

— Jamais sujet fidèle ne fut plus joyeux — de la découverte d'une formidable trahison — que je ne le suis moi-même, à cette heure, — d'avoir été prévenu dans une damnable entreprise. — Pardonnez, non à ma personne, sire, mais à ma faute !

LE ROI.

— Que Dieu vous absolve en sa merci ! Ecoutez votre sentence. — Vous avez conspiré contre notre royale personne ; — vous vous êtes ligués avec un ennemi déclaré ; et avec l'or de ses coffres ; — vous avez reçu les arrhes de notre mort. — Ainsi vous avez voulu vendre votre roi à l'assassinat, — ses princes et ses pairs à la servitude, — ses sujets à l'oppression et au mépris, — et tout son royaume à la désolation. — Pour nous personnellement nous ne cherchons pas de vengeance ; — mais nous devons veiller au salut de notre royaume, — dont vous avez cherché la ruine, et nous vous livrons — à ses lois. Allez-vous-en donc, — pauvres misérables, allez à la mort. — Que Dieu dans sa merci vous inspire — le courage de la bien subir, ainsi que — le repentir sincère — de tous vos énormes forfaits ! Qu'on les emmène (17).

Les conspirateurs sortent escortés par des gardes.

— Maintenant, milords, en France ! Cette entreprise — sera glorieuse pour vous, comme pour nous. — Nous ne doutons pas d'une campagne facile et heureuse. — Puisque Dieu a si gracieusement mis en lumière — cette dangereuse trahison qui rôdait sur notre route — pour arrêter nos premiers pas, nous ne doutons point désormais — que tous les obstacles ne s'aplanissent devant nous. — En avant donc, chers compatriotes ! Confions — nos forces à la main de Dieu, — et mettons-les immédiatement en mouvement. — En mer, et allègrement ! Hissez les étendards de guerre. — Que je ne sois plus roi d'Angleterre si je ne suis roi de France !

Ils sortent.

SCÈNE V.

[Londres. Chez mistress Quickly.]

Entrent Pistolet, mistress Quickly, Nym, Bardolphe et le page.

MISTRESS QUICKLY, à Pistolet.

Je t'en prie, doux miel d'époux, laisse-moi te mener jusqu'à Staines.

PISTOLET.

— Non ; car mon cœur viril est navré. — Sois jovial, Bardolphe ! Nym, réveille ta verve de hâbleur. — Page, hérisse ton courage ! Car Falstaff est mort, — et nous devons en être navrés !

BARDOLPHE.

Je voudrais être avec lui, où qu'il soit, au ciel ou en enfer.

MISTRESS QUICKLY.

Ah ! pour sûr, il n'est pas en enfer ; il est dans le sein d'Arthur, si jamais homme est allé dans le sein d'Arthur. Il a fait une belle fin, et il s'en est allé comme un enfant en robe de baptême ; il a passé juste entre midi et une heure, juste à la descente de la marée ; car, quand je l'ai vu chiffonner ses draps, et jouer avec des fleurs, et sourire au bout de ses doigts, j'ai reconnu qu'il n'y avait plus qu'une issue ; car son nez était pointu comme une plume, et il jasait de prés verts. *Comment va, sir John,* lui dis-je ! *Eh ! l'homme ! ayez bon courage !* Alors il a crié : *Mon Dieu ! mon Dieu ! mon Dieu !* trois ou quatre fois. Moi, pour le réconforter, je lui ai dit qu'il ne devait pas penser à Dieu. J'espérais qu'il n'avait pas besoin de s'embarrasser de pensées pareilles. Sur ce, il m'a dit de lui mettre plus de couvertures sur les pieds. J'ai mis la main dans le lit, et je les ai tâtés, et ils étaient froids comme la pierre. Alors je l'ai tâté jusqu'aux genoux, et puis plus haut, et puis plus haut, et tout était froid comme la pierre.

SCÈNE V.

NYM.

On dit qu'il a crié contre le vin.

MISTRESS QUICKLY.

Ça, c'est vrai.

BARDOLPHE.

Et contre les femmes.

MISTRESS QUICKLY.

Ça, c'est pas vrai.

LE PAGE.

Si fait, c'est vrai; et il a dit qu'elles étaient des démons incarnés.

MISTRESS QUICKLY.

Il n'a jamais pu souffrir l'incarnat; c'est une couleur qu'il n'a jamais aimée.

LE PAGE.

Il a dit une fois que le diable l'aurait par les femmes.

MISTRESS QUICKLY.

Il lui est arrivé, en effet, de maltraiter un peu les femmes ; mais alors il était bilieux, et il parlait de la prostituée de Babylone.

LE PAGE.

Vous rappelez-vous pas qu'une fois il vit une puce posée sur le nez de Bardolphe, et qu'il dit que c'était une âme noire brûlant dans le feu de l'enfer?

BARDOLPHE.

Allons! l'aliment n'est plus qui entretenait ce feu. Voilà toute la richesse que j'ai amassée à son service.

Il montre son nez rubicond.

NYM.

Filons-nous? Le roi sera parti de Southampton.

PISTOLET.

— Allons, partons.

A mistress Quickly.

Mon amour, donne-moi tes lèvres.

Il l'embrasse.

— Veille à mes immeubles et à mes meubles. — Que le bon sens te guide. Le mot d'ordre est *prenez et payez*. — Ne fais crédit à personne : — car les serments sont des fétus, la foi des hommes n'est qu'un pain à cacheter, — et un *tiens* vaut mieux que deux *tu l'auras*, mon canneton. — Ainsi, que *Caveto* soit ton conseiller. — Va, essuie tes cristaux... Compagnons d'armes, — en France ! et comme des sangsues, mes enfants, — suçons, suçons, suçons jusqu'au sang. —

LE PAGE.

Eh ! ça n'est qu'une nourriture malsaine, à ce qu'on dit.

PISTOLET.

Un baiser sur ses douces lèvres, et marchons.

BARDOLPHE.

Adieu, l'hôtesse.

Il embrasse mistress Quickly.

NYM.

Je ne puis baiser, moi : voilà la morale de la chose ; mais adieu.

PISTOLET.

Montre-toi bonne ménagère ; tiens ça bien clos, je te le commande.

MISTRESS QUICKLY.

Bon voyage ! adieu.

Ils sortent.

SCÈNE VI.

[Le palais du roi de France, à Paris (18).]

LE ROI.

— Ainsi l'Anglais arrive sur nous avec toutes ses forces. — Et il importe à nos plus chers intérêts — de riposter royalement dans notre défense. — Aussi les ducs de Berry, de Bretagne, — de Brabant et d'Orléans vont partir — au plus vite, ainsi que vous, Dauphin, — pour pourvoir et renforcer nos places de guerre — d'hommes de courage et de tous les moyens défensifs ; — car l'Anglais approche avec la fureur — d'un torrent sucé par un gouffre. — Il nous sied donc de prendre toutes les précautions — que peut nous conseiller la crainte, en vue des traces récentes — laissées sur nos plaines par l'Anglais — fatal et trop négligé.

LE DAUPHIN.

Mon père très-redouté, — il est fort sage de nous armer contre l'ennemi. — Car, lors même qu'aucune guerre, aucune querelle publique n'est imminente, — un royaume ne doit pas se laisser énerver par la paix, — au point que ses moyens de défense, ses troupes, ses approvisionnements, — cessent d'être entretenus, assemblés et concentrés — comme dans l'attente d'une guerre. — Aussi, je le déclare, il convient que nous partions tous — pour inspecter les parties malades et faibles de la France. — Et faisons-le sans montrer de crainte, — sans en montrer plus que si nous savions toute l'Angleterre — occupée des danses moresques de la Pentecôte ; — car, mon bon suzerain, elle est si follement régie, — son sceptre est si grotesquement porté — par un jouvenceau frivole, étourdi, futile et capricieux — qu'elle ne peut inspirer la crainte.

LE CONNÉTABLE.

Oh ! silence, Dauphin ! — Vous méconnaissez par trop ce roi. — Que Votre Grâce questionne les derniers ambassadeurs ; — ils lui diront avec quelle haute dignité il a reçu leur ambassade, — de quels nobles conseillers il était entouré, — que de réserve il montrait dans ses objections, et aussi — que de terrible fermeté dans sa résolution ; — et vous reconnaîtrez que ses extravagances passées —

n'étaient que les dehors du Romain Brutus, — cachant la sagesse sous le manteau de la folie, — comme les jardiniers recouvrent d'ordures les racines — les plus précoces et les plus délicates.

LE DAUPHIN.

— Allons, monsieur le grand connétable, il n'en est pas ainsi ; — mais peu importe ce que nous en pensons. — En cas de défense, le mieux est d'estimer — l'ennemi plus redoutable qu'il ne le semble ; — car alors on donne toute leur extension aux moyens défensifs. — Et lésiner sur ces moyens, — c'est imiter l'avare qui perd son habit pour épargner — un peu de drap.

LE ROI DE FRANCE.

Tenons le roi Henry pour redoutable ; — et songez, princes, à vous armer fortement pour le combattre. — Sa race s'est gorgée de nos dépouilles ; — il est de cette lignée sanglante — qui nous a hantés jusque dans nos sentiers familiers : — témoin ce jour de honte trop mémorable — où fut livrée la fatale bataille de Crécy, — et où tous nos princes furent faits prisonniers — par cette noire renommée, Édouard, le prince Noir de Galles, — tandis que le géant, son père, debout sur un mont géant, — au haut des airs, couronné du soleil d'or, — contemplait son fils héroïque et souriait de le voir — mutiler l'œuvre de la nature et détruire — cette génération modèle que Dieu et les Français nos pères — avaient faite en vingt ans ! Henry est le rejeton — de cette tige victorieuse ; redoutons — sa puissance natale et sa destinée.

Entre un MESSAGER.

LE MESSAGER.

— Les ambassadeurs de Henry, roi d'Angleterre, — sollicitent accès auprès de Votre Majesté.

SCÈNE VI.

LE ROI DE FRANCE.

— Nous leur donnerons audience sur-le-champ. Qu'on aille les querir.

Le messager et plusieurs seigneurs sortent.

— Vous voyez, amis, avec quelle ardeur cette chasse est menée.

LE DAUPHIN.

— Faites volte-face, et vous en arrêterez l'élan : car les lâches chiens — multiplient leurs aboiements surtout quand ce qu'ils ont l'air de menacer — court bien loin devant eux. Mon bon souverain, — arrêtez court ces Anglais; et apprenez-leur — de quelle monarchie vous êtes le chef. — L'amour de soi-même, mon suzerain, n'est pas un défaut aussi bas — que l'abandon de soi-même.

Les SEIGNEURS rentrent avec EXETER et sa suite.

LE ROI DE FRANCE, à EXETER.

De la part de notre frère d'Angleterre?

EXETER.

— De sa part. Et voici ce qu'il mande à Votre Majesté : — il vous invite, au nom du Dieu tout-puissant, — à dépouiller et à laisser de côté — les grandeurs empruntées qui, par le don du ciel, — par la loi de la nature et celle des nations, lui appartiennent, — à lui et à ses héritiers : à savoir la couronne de France — et tous les vastes honneurs attachés — par la coutume et l'ordre des temps — à cette couronne. Afin que vous sachiez — que ce n'est pas là une réclamation oblique ou équivoque, — tirée des vermoulures d'un passé évanoui — et déterrée de la poussière de l'antique oubli, — il vous envoie cette mémorable généalogie, — clairement démonstrative en toutes ses branches.

Il remet un papier au roi.

— Il vous invite à examiner cette filiation ; — et, quand vous aurez reconnu qu'il descend directement — de son aïeul, illustre entre les plus fameux, — Édouard III, il vous somme d'abdiquer alors — la couronne et la royauté usurpées par vous — sur lui, le légitime et véritable possesseur.

LE ROI DE FRANCE.

— Sinon, que s'ensuivra-t-il ?

EXETER.

— Une sanglante contrainte. Car, quand vous cacheriez la couronne — jusque dans votre cœur, il irait l'en arracher. — Et c'est pourquoi il s'avance dans un fracas de tempêtes, — de tonnerres et de tremblements de terre, comme un autre Jupiter, — décidé à recourir à la force, si les requêtes échouent. — Il vous somme, par les entrailles du Seigneur, — de livrer la couronne, et de prendre en pitié — les pauvres âmes pour lesquelles cette guerre affamée — ouvre ses vastes mâchoires. C'est sur votre tête — qu'il rejette le sang des morts, les larmes des veuves, — les cris des orphelins, les sanglots des vierges pleurant — leurs maris, leurs pères et leurs fiancés — dévorés par cette querelle. — Voilà sa réclamation, sa menace, et mon message ; — si cependant le Dauphin est ici présent, — je suis chargé pour lui d'un compliment spécial.

LE ROI DE FRANCE.

— Quant à nous, nous prendrons notre temps pour réfléchir. — Demain vous porterez nos pleines résolutions — à notre frère d'Angleterre.

LE DAUPHIN.

Quant au Dauphin, — je le représente ici. Que lui envoie l'Anglais ?

EXETER.

— Un dédaigneux défi. La plus mince estime, le plus profond mépris — que puisse, sans déroger, manifester — un grand prince, voilà ses sentiments pour vous. — Ainsi parle mon roi ; et si Son Altesse, votre père, — ne s'empresse pas, en accédant pleinement à toutes nos demandes, — d'adoucir l'amère raillerie que vous avez adressée à Sa Majesté, — il vous en demandera raison, et si rudement — que les cavernes et les entrailles souterraines de la France — retentiront de votre insolence et vous renverront votre sarcasme — dans un ricochet d'artillerie.

LE DAUPHIN.

— Dites-lui que, si mon père lui fait une réponse favorable, — c'est contre ma volonté : car mon unique désir, — c'est d'engager une partie avec l'Anglais. C'est dans ce but — que, considérant sa jeunesse et sa futilité, — je lui ai envoyé ces balles de Paris.

EXETER.

— En revanche, il fera trembler votre Louvre de Paris, — ce Louvre fût-il la première cour de la puissante Europe. — Et soyez sûrs que vous trouverez, — comme nous ses sujets, une différence surprenante — entre ce que promettait sa verte jeunesse — et ce qu'il est aujourd'hui. Maintenant il pèse le temps — jusqu'au dernier scrupule. Vous l'apprendrez — par vos propres désastres, pour peu qu'il reste en France.

LE ROI DE FRANCE.

— Demain vous connaîtrez pleinement nos intentions.

EXETER.

— Expédiez-nous en toute hâte, de peur que notre roi — ne vienne ici lui-même nous demander compte de ce délai ; — car il a déjà pris terre en ce pays.

LE ROI DE FRANCE.

— Vous serez bientôt expédiés avec de belles propositions. — Une nuit n'est qu'un mince répit et un court intervalle — pour répondre sur des matières de pareille conséquence.

Ils sortent.

Entre le CHŒUR.

LE CHŒUR.

— Ainsi d'une aile imaginaire notre scène agile vole — avec le mouvement accéléré — de la pensée. Figurez-vous que vous avez vu — le roi armé de toutes pièces embarquer sa royauté — au port de Southampton, sa brave flotte — éventant le jeune Phébus avec de soyeux pavillons. — Mettez en jeu votre fantaisie, et qu'elle vous montre — les mousses grimpant à la poulie de chanvre. — Entendez le coup de sifflet strident qui impose l'ordre — à tant de bruits confus ; voyez les voiles de fil, — soulevées par le vent invisible et pénétrant, — entraîner à travers la mer sillonnée les énormes bâtiments — qui opposent leur poitrine à la lame superbe. Oh! figurez-vous — que vous êtes sur le rivage, et que vous apercevez — une cité dansant sur les vagues inconstantes ; — car telle apparaît cette flotte majestueuse — qui se dirige droit sur Harfleur. Suivez-la, suivez-la ! — Accrochez vos pensées à l'arrière de ces navires, — et laissez votre Angleterre calme comme l'heure morte de minuit, — gardée par des grands-pères, des marmots et de vieilles femmes, — qui ont passé ou n'ont pas atteint l'âge de l'énergie et de la puissance. — Car, quel est celui qui, ayant seulement un poil — au menton, n'a pas voulu suivre — en France cette élite de cavaliers choisis ? — A l'œuvre ! à l'œuvre les pensées, et qu'elles vous représentent un siége : — voyez l'artillerie sur ses affûts, — ouvrant ses bouches fatales sur l'enceinte d'Harfleur. — Supposez que l'ambassadeur de France revient — dire à Harry que le roi lui offre — sa fille Catherine et, avec elle, en dot, — quelques petits et insignifiants duchés. — L'offre n'est pas agréée : et l'agile artilleur — touche de son boute-feu le canon diabolique....

Fanfare d'alarme. Décharge d'artillerie.

Et devant lui tout s'écroule. Restez-nous bienveillants, — et suppléez par la pensée aux lacunes de notre représentation.

Le Chœur sort.

SCÈNE VII.

[En France. Devant Harfleur.]

Fanfares. Entrent le Roi HENRY, EXETER, BEDFORD, GLOCESTER et des soldats portant des échelles de siége.

LE ROI HENRY.

— Retournons, chers amis, retournons à la brèche, — ou comblons-la de nos cadavres anglais. — Dans la paix, rien ne sied à un homme — comme le calme modeste et l'humilité. — Mais quand la bourrasque de la guerre souffle à nos oreilles, — alors imitez l'action du tigre, — roidissez les muscles, surexcitez le sang, — déguisez la sérénité naturelle en furie farouche ; — puis donnez à l'œil une expression terrible ; — faites-le saillir par l'embrasure de la tête — comme le canon de bronze ; que le sourcil l'ombrage, — effrayant comme un roc déchiqueté — qui se projette en surplomb sur sa base minée — par les lames de l'Océan furieux et dévastateur ! — Enfin montrez les dents, et dilatez les narines, — retenez énergiquement l'haleine, et donnez à toutes vos forces — leur pleine extension... En avant, en avant, nobles Anglais — qui devez votre sang à des pères aguerris, — à des pères qui, comme autant d'Alexandres, — ont, dans ces contrées, combattu du matin au soir — et n'ont rengaîné leurs épées que faute de résistance ! — Ne déshonorez pas vos mères ; prouvez aujourd'hui — que vous êtes vraiment les enfants de ceux que vous appelez vos pères ! — Soyez l'exemple des hommes d'un sang plus grossier, — et apprenez-leur à guerroyer.... Et vous, braves milices, — dont les membres ont été formés en Angleterre, montrez-nous ici — la valeur de votre terroir ; faites-nous jurer — que vous êtes dignes de votre race. Ce dont je ne doute pas ; — car il n'est aucun de vous, si humble et si chétif qu'il soit, — qui n'ait un noble lustre dans les yeux. — Je vous vois, comme des lévriers en laisse, — bondissant d'impatience. Le gibier est levé, — suivez votre ardeur ; et, en vous élançant, — criez : *Dieu pour Harry ! Angleterre et Saint-Georges !* (19)

Ils sortent. Fanfares d'alarme. Décharges d'artillerie. Les troupes anglaises défilent, allant à l'assaut. Puis arrivent Nym, Bardolphe, Pistolet et le Page.

BARDODLPHE.

Sus ! sus ! sus ! sus ! sus ! A la brèche ! à la brèche !

NYM.

Je t'en prie, caporal, arrête. L'action est trop chaude ; et, pour ma part, je n'ai pas une vie de rechange. La plaisanterie est trop chaude, et voilà mon refrain.

PISTOLET.

— Ton refrain est fort juste. Car les plaisanteries se répètent par trop ; — les coups vont et viennent ; les vassaux de Dieu tombent et meurent : —

> Et glaive et bouclier
> Dans la plaine sanglante
> Gagnent un immortel renom !

SCÈNE VII.

NYM.

Je voudrais être dans une taverne à Londres. Je donnerais tout mon renom pour un pot d'ale et un lieu sûr.

PISTOLET.

Et moi aussi !

Si je n'avais qu'à souhaiter,
La bonne volonté ne me manquerait pas,
Et je volerais bien vite là-bas.

LE PAGE.

Aussi preste, mais non aussi honnête
Que l'oiseau qui chante sur la branche.

Entre le capitaine FLUELLEN.

FLUELLEN.

Cortieu ! A la prèche, chiens ! En afant, couillons !

Il les chasse devant lui.

PISTOLET, au Capitaine.

— Grand duc, sois miséricordieux pour des hommes d'argile ! — Apaise ta rage, apaise ta virile rage ! — Apaise ta rage, grand duc ! — Apaise ta rage, bon, beau coq ! use de douceur, cher poulet.

NYM.

Voilà, ma foi, de la bonne humeur !

Au Fluellen.

Votre Honneur est sujet à de mauvaises humeurs.

Sortent Nym, Pistolet et Bardolphe, chassés par Fluellen.

LE PAGE.

Jeune comme je le suis, j'ai observé ces trois fiers-à-bras : je suis leur page à tous trois ; mais, voulussent-ils me servir, ils ne me fourniraient pas un homme à eux trois ; car ces trois farceurs ne feraient pas un homme. Pour Bardolphe, il a le foie livide et la face rubiconde ; partant, il paie de mine, mais ne se bat point. Pour Pistolet, il a une langue massacrante et une épée paisible ; partant il ébrèche force paroles et garde intactes ses armes. Pour Nym, il a ouï dire que les hommes qui parlent le moins sont les plus vaillants ; et conséquemment il dédaigne de dire ses prières, de peur d'être pris pour un couard ; mais ses rares paroles sont en proportion de ses rares belles actions ; car il n'a jamais cassé d'autre tête que la sienne ; et encore était-ce contre un poteau, un jour qu'il était ivre. Ils commettent n'importe quel vol et le qualifient d'acquêt. Bardolphe a volé un étui à luth, l'a porté douze lieues et l'a vendu trois sols. Nym et Bardolphe sont frères d'armes en filouterie. A Calais ils ont volé une lardoire ; et j'ai reconnu, par cet exploit, qu'ils étaient gens à avaler tous les lardons. Ils voudraient que je fusse aussi familier avec les poches des gens que leur gant ou leur mouchoir ; mais il est contraire à ma dignité de prendre dans la poche d'autrui pour mettre dans la mienne ; car c'est évidemment empocher autant d'offenses. Il faut que je les quitte, et me mette en quête d'un service plus honorable. Leur vilenie soulève mon faible cœur, et il faut que je la rejette.

Il sort.

FLUELLEN rentre, suivi de GOWER.

GOWER.

Capitaine Fluellen, il faut que vous alliez immédiatement aux mines ; le duc de Glocester voudrait vous parler.

FLUELLEN.

Aux mines ! dites au duc qu'il ne fait pas bon aller aux mines. Car, voyez-vous, les mines n'est pas dans les règles de la guerre ; les concavités n'en est pas suffisantes ; car, voyez-vous, l'ennemi (vous pouvez expliquer ça au duc, voyez-vous) est creusé douze pieds par-dessous sa contre-mine. Par Cheshus, je crois qu'il nous fera tous sauter, si la direction n'est pas meilleure.

SCÈNE VII.

GOWER.

Le duc de Glocester, à qui la conduite du siége est confiée, est entièrement dirigé par un Irlandais, un fort vaillant gentilhomme, ma foi !

FLUELLEN.

C'est le capitaine Macmorris, n'est-ce pas ?

GOWER.

Lui-même, je crois.

FLUELLEN.

Par Cheshus, c'est un âne, s'il en est un dans l'univers. Je le lui déclarerai à sa parpe : il n'est pas plus au fait de la vraie discipline de la guerre, voyez-vous, de la discipline romaine, qu'un roquet.

MACMORRIS et JAMY apparaissent à distance (20).

GOWER.

Le voici qui vient; et avec lui le capitaine des Écossais, le capitaine Jamy.

FLUELLEN.

Le capitaine Jamy est un gentilhomme merveilleusement faleureux, c'est certain, et de grande activité, connaissant à fond les anciennes guerres, d'après ma propre connaissance de ses instructions. Par Cheshus, il soutiendra une conversation, aussi bien qu'aucun militaire dans l'univers, sur la discipline des primitives guerres des Romains.

JAMY.

Bonzour, capitaine Fluellen.

FLUELLEN.

Bonjour à votre seigneurie, pon capitaine Jamy.

GOWER.

Comment va, capitaine Macmorris ? Avez-vous quitté les mines ? Les pionniers ont-ils cessé ?

MACMORRIS.

Par le Chrish, la, ch'est mal; l'ouvrache est abandonné, la trompette sonne la retraite. J'en chure par cette main et par l'âme de mon père, voilà de mauvais ouvrache : ch'est abandonné! Moi, j'aurais fait sauter la ville, Chrish me pardonne, la, en une heure. Oh! ch'est mal; ch'est mal; par cette main, ch'est mal!

FLUELLEN.

Capitaine Macmorris, ayez la ponté, je vous en conjure, de m'accorder, voyez-vous, quelques moments d'entretien, en partie touchant ou concernant la discipline de la guerre, les guerres de Rome, par voie d'augmentation, voyez-vous, et de conversation amicale, en partie pour satisfaire ma pensée et en partie pour la satisfaction, voyez-vous, de mon esprit, touchant la théorie de la discipline militaire. Voilà la chose.

JAMY.

Ce seha pafait, su ma paole, mes baves capitaines; et ze compte, avec vote permission, dire mon mot quand z'en trouvehai l'occasion; oui, ma foi!

MACMORRIS.

Ce n'est pas le moment de discourir, Chrish me pardonne! la journée est chaude, et le temps, et la bataille, et le roi, et les ducs; ce n'est pas le moment de discourir. La ville est assiéchée, et la trompette nous appelle à la brèche; et nous causons, par le Chrish, et nous ne faisons rien! C'est une honte pour nous tous, Dieu me pardonne! c'est une honte de rester les bras croisés; c'est une honte, par cette main! Et il y a des gorges à couper et de l'ouvrache à faire! Et il n'y a rien de fait, Chrish me p'rdonne!

JAMY.

Par la messe, avant que ces yeux-là se livent au sommeil, ze fehai de la besogne ou je sehai poté en terre;

oui-dà! ou je sehai mort; ze paiehai de ma personne aussi vaillamment que ze pouhai, ze m'y engaze, en un mot comme en mille. Mobleu ! ze sehais bien aise d'ouïr une discussion entre vous deux.

FLUELLEN.

Capitaine Macmorris, je crois, voyez-vous, sauf votre avis, qu'il n'y en a pas beaucoup de votre nation...

MACMORRIS.

De ma nation ! Qu'est-che que ch'est que ma nation ?... Qu'est-che que ch'est que ma nation ? Qui parle de ma nation ? Est-che un maraud, un bâtard, un coquin, un chenapan ?

FLUELLEN.

Voyez-vous, capitaine Macmorris, si vous prenez les choses à contre-sens, je pourrais croire que vous ne me traitez pas avec l'affabilité qu'en toute discrétion, voyez-vous, vous devriez avoir envers un homme qui vous vaut pien et pour la discipline de la guerre et pour la qualité de la naissance et autres particularités.

MACMORRIS.

Je ne reconnais pas que vous me valiez ; et, Chrish me pardonne, je vous couperai la tête.

GOWER.

Messieurs, il y a entre vous deux un malentendu.

JAMY.

Oh ! c'est un mauvais quiproquo !

Un parlementaire sonne.

GOWER.

La ville sonne une chamade.

FLUELLEN.

Capitaine Macmorris, quand il se présentera une meilleure occasion, voyez-vous, je prendrai la liberté de vous dire que je connais la discipline de la guerre ! Et voilà qui suffit.

Ils sortent.

SCÈNE VIII.

[Devant une porte d'Harfleur.]

Le gouverneur et quelques citoyens au haut des remparts. Les troupes anglaises au bas. Entrent le ROI HENRY et son escorte.

LE ROI HENRY.

— Qu'a résolu enfin le gouverneur de la ville? — Voilà le dernier pourparler que nous admettrons. — Ainsi, abandonnez-vous à notre suprême merci; — ou, en hommes fiers de périr, — provoquez notre fureur extrême! Car, foi de soldat, — c'est le titre qui, dans ma pensée, me sied le mieux), — si je rouvre la batterie, — je ne quitterai pas votre Harfleur à demi ruinée, — qu'elle ne soit ensevelie sous ses cendres. — Les portes de la pitié seront toutes closes; — et le soldat acharné, rude et dur de cœur, — se démènera dans la liberté de son bras sanguinaire — avec une confiance large comme l'enfer, fauchant comme l'herbe — vos vierges fraîches écloses et vos enfants épanouis! — Eh! que m'importe, à moi, si la guerre impie, — vêtue de flammes comme le prince des démons, — commet d'un front noirci tous les actes hideux — inséparables du pillage et de la dévastation! — Que m'importe, quand vous-mêmes en êtes cause, — si vos filles pures tombent sous la main — du viol ardent et forcené! — Quelles rênes pourraient retenir la perverse licence, — lorsqu'elle descend la pente de sa terrible carrière? — Vainement nous signifierions nos ordres impuissants — aux soldats enragés de pillage : — autant envoyer au Léviathan l'injonction — de venir à terre! Ainsi, hommes d'Harfleur, — prenez pitié de votre ville et de vos gens, — tandis que mes soldats sont encore à mon commandement; — tandis que le vent frais et tempéré de la charité — repousse les nuages impurs et contagieux — du meurtre opiniâtre, du pillage et du crime. — Sinon, eh bien, attendez-vous dans un moment à voir — l'aveugle et sanglant soldat tordre d'une main hideuse, — malgré leurs cris perçants, la chevelure de vos filles; — vos pères saisis par leur barbe d'argent, — et leurs têtes vénérables brisées contre les murs; vos enfants nus embrochés sur des piques, — leurs mères affolées perçant les nuages — de leurs hurlements confus, comme autrefois les femmes de Judée — pendant la chasse sanglante des bourreaux d'Hérode (24)! — Qu'en dites-vous ? — Voulez-vous vous rendre, et éviter tout cela, — ou, par une coupable défense, causer votre destruction ?

LE GOUVERNEUR.

— Ce jour met fin à notre espoir. — Le Dauphin, dont nous avons imploré le secours, — nous réplique que ses forces ne sont pas encore suffisantes — pour faire lever un siége si important. C'est pourquoi, roi redouté, — nous livrons notre ville et nos vies à ta tendre merci. — Franchis nos portes ; dispose de nous et de ce qui est nôtre. — Car nous ne pouvons nous défendre plus longtemps.

LE ROI.

— Ouvrez vos portes. Allons, mon oncle Exeter, — entrez dans Harfleur, restez-y, — et vous y fortifiez puissamment contre les Français. — Usez de merci envers tous. Pour nous, cher oncle, — (l'hiver approche et la maladie envahit — notre armée), nous nous retirerons à Calais. — Cette nuit, nous serons votre hôte à Harfleur. — Demain, nous serons prêts à marcher.

Fanfares. Le roi et l'armée anglaise entrent dans la ville.

SCÈNE IX.

[Dans le palais de Rouen.]

Entrent CATHERINE et ALICE.

CATHERINE.

Alice, tu as esté en Angleterre, et tu parles bien le language.

ALICE.

Un peu, madame.

CATHERINE.

Je te prie, m'enseignez ; il faut que j'apprenne à parler. Comment appelez-vous la main, en anglois ?

ALICE.

La main ? elle est appelée de hand.

CATHERINE.

De hand ? *Et les doigts ?*

ALICE.

Les doigts ? ma foy, je oublie les doigts ; mais je me souviendray. Les doigts ? Je pense qu'ils sont appelés de fingres, *ouy, de* fingres.

CATHERINE.

Le main, de hand ; *les doigts, de* fingres. *Je pense que je suis le bon escolier. J'ay gagné deux mots d'anglois vistement. Comment appelez-vous les ongles.*

ALICE.

Les ongles ? Les appellons de nails.

CATHERINE.

De nails. *Escoutez ; dites-moy si je parle bien :* de hand, de fingres, de nails.

ALICE.

C'est bien dit, madame ; il est fort bon anglois.

CATHERINE.

Dites-moi l'anglois pour le bras.

ALICE.

De arm, *madame.*

CATHERINE.

Et le coude ?

ALICE.

De elbow.

CATHERINE.

De elbow. *Je m'en faits la répétition de tous les mots que vous m'avez appris dès à présent.*

ALICE.

Il est trop difficile, madame, comme je pense.

CATHERINE.

Excusez-moi, Alice ; escoutez : de hand, de fingres, de nails, de arm, de bilbow.

ALICE.

De elbow, *madame.*

CATHERINE.

O seigneur Dieu ! je m'en oublie : de elbow. *Comment appelez-vous le col ?*

ALICE.

De nick, *madame.*

CATHERINE.

De nick. *Et le menton ?*

ALICE.

De chin.

CATHERINE.

De sin. *Le col,* de nick ; *le menton,* de sin.

ALICE.

Ouy. Sauf vostre honneur : en vérité, vous prononcez les mots aussi droict que les natifs d'Angleterre.

CATHERINE.

Je ne doute point d'apprendre par la grâce de Dieu, et en peu de temps.

ALICE.

N'avez-vous pas déjà oublié ce que je vous ay enseignée ?

CATHERINE.

Non, je réciteray à vous promptement. De hand, de fingres, de mails.

ALICE.

De nails, *madame.*

CATHERINE.

De nails, de arme, de ilbow.

ALICE.

Sauf votre honneur, de elbow.

CATHERINE.

Ainsi, dis-je : de elbow, de nick *et* de sin. *Comment appelez-vous le pied et la robe ?*

ALICE.

De foot, *madame, et* de coun.

CATHERINE.

De foot *et* de coun ? *O Seigneur Dieu ! ces sont mots de son mauvais, corruptible, grosse et impudique, et non pour les dames d'honneur d'user. Je ne voudrois prononcer ces mots devant les seigneurs de France, pour tout le monde. Il faut* de foot *et* de coun, *néant-moins. Je réciterai une autre fois ma leçon ensemble* : de hand, de fingres, de nails, de arm, de elbow, de nick, de sin, de foot, de coun.

ALICE.

Excellent, madame !

CATHERINE.

C'est assez pour une fois. Allons-nous à disner.

Elles sortent (22).

Entrent le ROI DE FRANCE, le DAUPHIN, le DUC DE BOURBON, le CONNÉTABLE DE FRANCE et d'autres.

LE ROI DE FRANCE.

— Il est certain qu'il a passé la Somme.

LE CONNÉTABLE.

— Et si l'on ne le combat pas, monseigneur, — renonçons à vivre en France ; abandonnons tout, — et livrons nos vignobles à un peuple barbare.

LE DAUPHIN.

— *O Dieu vivant !* quelques chétifs rejetons, — nés de l'excès de séve de nos pères, — rameaux de notre souche entés sur un tronc inculte et sauvage, — jailliront-ils si brusquement dans les nues — pour dominer la tige qui les a portés ?

BOURBON.

— Des Normands ! rien que des bâtards normands, des Normands bâtards ! — *Mort de ma vie !* s'ils poursuivent leur marche — sans opposition, je veux vendre ma duché — pour acheter une bourbeuse et sale ferme — dans cette île tortueuse d'Albion.

LE CONNÉTABLE.

— *Dieu des batailles !* où ont-ils pris cette fougue ? — Leur climat n'est-il pas brumeux, flasque et mou ? — Le soleil, comme par dépit, ne se montre à eux que tout pâle, — et tue leurs fruits de ses maussades rayons. Est-ce cette eau fermentée, — bonne pour abreuver des rosses éreintées, leur décoction d'orge, — qui peut chauffer leur sang glacé jusqu'à cette bouillante valeur ? — Et notre sang, ce sang généreux vivifié par le vin, — semblera gelé ! Oh ! pour l'honneur de notre pays, — ne restons pas figés comme les glaçons en suspens — au chaume de nos maisons, tandis qu'une nation plus froide — verse les sueurs d'une vaillante jeunesse dans nos riches campagnes, — qui n'ont de pauvres, disons-le, que leurs seigneurs naturels !

LE DAUPHIN.

Par l'honneur et la foi, — nos madames se moquent de nous ; elles disent hautement — que notre fougue est à bout, et qu'elles abandonneront — leurs personnes à la luxure de la jeunesse anglaise — pour repeupler la France de guerriers bâtards.

BOURBON.

— Elles nous renvoient aux écoles de danse anglaises — enseigner la haute gavotte et la preste courante, — disant que notre mérite est uniquement dans nos talons, — et que nous sommes sublimes dans la fugue.

LE ROI DE FRANCE.

— Où est, Montjoie, le héraut? Dépêchez-le vite, — qu'il aille saluer l'Anglais de notre insultant défi ! — Debout, princes ; et, armés d'un esprit d'honneur — plus acéré que vos épées, courez au combat. — Charles d'Albret, grand connétable de France, — vous, ducs d'Orléans, de Bourbon et de Berry, — Alençon, Brabant, Bar et Bourgogne, — Jacques Châtillon, Rambures, Vaudemont, — Beaumont, Grandpré, Roussi, Fauconberg, — Foix, Lestelles, Boucicault et Charolais ; — hauts ducs, grands princes, barons, seigneurs, chevaliers, — au nom de vos grandeurs, lavez-vous de cette grande honte. — Arrêtez ce Henry d'Angleterre qui balaie nos plaines — avec des pennons teints du sang d'Harfleur. — Élancez-vous sur son armée comme l'avalanche fond — sur la vallée, infime région vassale — où les Alpes crachent et vident leur bave. — Précipitez-vous sur lui, vous avez des forces suffisantes, et dans un chariot captif amenez-le à Rouen — prisonnier.

LE CONNÉTABLE.

Voilà le langage de la grandeur. — Je suis fâché que ses troupes soient si peu nombreuses, — ses soldats malades et exténués par la faim et la fatigue ; — car je suis sûr que, dès qu'il verra notre armée, — il laissera tomber son courage dans la sentine de la peur — et pout tout exploit, nous offrira sa rançon.

LE ROI DE FRANCE.

— Aussi, seigneur connétable, dépêchez vite Montjoie; — et qu'il déclare à l'Anglais que nous désirons — savoir quelle rançon il est prêt à nous donner. — Prince dauphin, vous resterez avec nous à Rouen.

LE DAUPHIN.

— Non! j'en conjure Votre Majesté!

LE ROI DE FRANCE.

— Prenez patience, car vous demeurerez avec nous... — Sur ce, seigneur connétable, et vous, princes, en marche! — Et rapportez-nous vite la nouvelle de la chute de l'Anglais (23).

Ils sortent.

SCÈNE X.

[Le camp anglais en Picardie.]

Entrent Gower *et* Fluellen.

GOWER.

Comment va, capitaine Fluellen? Venez-vous du pont?

FLUELLEN.

Je vous assure qu'il se fait d'excellente pesogne au pont.

GOWER.

Le duc d'Exeter est-il sauf?

FLUELLEN.

Le duc d'Exeter est aussi magnanime qu'Agamemnon; et c'est un homme que j'aime et honore avec toute mon âme, et tout mon cœur, et tout mon respect, et toute ma vie, et toutes mes forces, et tout mon pouvoir. Tieu soit loué et péni! Il n'a pas eu le moindre mal; il garde le pont le plus vaillamment du monde, avec une excellente discipline. Il y a là au pont un enseigne; je crois en conscience qu'il est aussi vaillant que Marc-Antoine; et c'est un homme qui n'est pas le moins du monde estimé; mais je l'ai vu faire galamment son service.

GOWER.

Comment l'appelez-vous?

FLUELLEN.

On l'appelle l'enseigne Pistolet.

GOWER.

Je ne le connais pas.

Entre Pistolet.

FLUELLEN.

Voici l'homme.

PISTOLET.

— Capitaine, je te supplie de me faire une faveur : — le duc d'Exeter t'aime fort. —

FLUELLEN.

Oui, Tieu soit loué ! j'ai mérité quelque peu son amitié.

PISTOLET.

— Bardolphe, un soldat énergique et ferme de cœur, — d'une brillante valeur, a, par une cruelle fatalité, — et par un tour de roue furieux de la capricieuse Fortune — cette aveugle déesse — qui se tient debout sur une pierre sans cesse roulante...

FLUELLEN, l'interrompant.

Pardon, enseigne Pistolet. La Fortune est représentée avec un pandeau sur les yeux pour signifier que la Fortune est afeugle. Et elle est représentée aussi sur une roue pour signifier, c'est la morale de la chose, qu'elle est changeante et inconstante, et qu'elle n'est que variations et que mutabilités; et son pied, voyez-vous, est fixé sur une pierre sphérique qui roule, et roule, et roule ! En vérité, le poëte fait une très-excellente description de la Fortune : la Fortune est une excellente moralité.

PISTOLET.

— La Fortune est hostile à Bardolphe et le regarde de travers. — Car il a volé un ciboire et doit être pendu (24). — Maudite mort ! — Que la potence happe les chiens, soit;

mais l'homme, qu'il reste libre, — et que le chanvre ne lui coupe pas le sifflet ! — Mais Exeter a prononcé la sentence de mort — pour un ciboire de mince valeur. — Va donc lui parler ; le duc entendra ta voix ; — que Bardolphe n'ait pas le fil de ses jours coupé — par une corde de deux sols, ignominie infâme ! — Parle en sa faveur, capitaine, et je te revaudrai cela. —

FLUELLEN.

Enseigne Pistolet, je comprends en partie votre pensée.

PISTOLET.

Alors réjouissez-vous-en.

FLUELLEN.

Certes, enseigne, il n'y a pas là de quoi se réjouir ; car, voyez-vous, quand il serait mon frère, je laisserais le duc suivre son pon plaisir et l'envoyer à l'exécution ; car la discipline doit être maintenue.

PISTOLET.

— Meurs donc et sois damné. Je fais la figue à ton amitié ! —

FLUELLEN.

C'est bien.

PISTOLET.

La figue espagnole (25).

Il sort.

FLUELLEN.

Très-bien !

GOWER.

Voilà certes un coquin fieffé ! Le fourbe ! je me le rappelle maintenant ; un maquereau, un coupeur de bourses !

FLUELLEN.

Je vous assure qu'il dépitait sur le pont les plus pelles paroles qu'on puisse voir un jour d'été. Mais c'est bon ; ce qu'il m'a dit, c'est bon... Je vous garantis, quand l'occasion se présentera...

GOWER.

Eh! c'est un hâbleur, un sot, un coquin, qui de temps à autre va à la guerre pour se pavaner, à son retour à Londres, sous les allures d'un soldat. Ces gaillards-là savent parfaitement les noms des principaux commandants; ils apprendront par cœur quelles affaires ont eu lieu; à quelles tranchées, à quelle brèche, à quel convoi; qui s'est bravement comporté, qui a été fusillé, qui dégradé; quelles étaient les positions de l'ennemi; et ils vous répéteront tout çà couramment en style militaire orné des jurons les plus neufs. Et vous ne sauriez imaginer le merveilleux effet qu'une barbe taillée comme celle du général et une horrible défroque rapportée du camp peuvent produire au milieu des bouteilles écumantes sur des cerveaux arrosés d'ale! Mais il vous faut apprendre à reconnaître ces misérables qui déshonorent le siècle, où vous ferez de merveilleuses méprises.

FLUELLEN.

Je vais vous dire, capitaine Gower, je vois bien qu'il n'est pas ce qu'il voudrait passer dans le monde pour être. Si je puis trouver un trou dans sa cotte, je lui dirai mon opinion.

On entend le tambour.

Écoutez, le roi arrive, et il faut que je lui donne des nouvelles du pont.

Entrent le ROI HENRY, GLOCESTER *et des soldats.*

FLUELLEN.

Tieu pénisse Votre Majesté!

LE ROI.

Eh bien, Fluellen, viens-tu du pont?

FLUELLEN.

Oui, s'il plaît à Votre Majesté! Le duc d'Exeter a fort faillamment défendu le pont. Le Français est parti, voyez-vous; et il y a un libre et peau passage à présent. Morbleu, l'atversaire foulait prendre possession du pont; mais il a été forcé de se retirer, et le duc d'Exeter est maître du pont; je puis le tire à **Votre Majesté**, le duc est un prave homme.

LE ROI.

Combien avez-vous perdu d'hommes, Fuellen?

FLUELLEN.

La perte de l'atversaire a été très-grande, raisonnablement grande. Morbleu! je croisque le duc n'a pas perdu un homme, hormis celui qui doit être exécuté pour vol dans une église, un certain Bardolphe, que Votre Majesté connaît peut-être. Sa figure n'est que pustules, boutons, tumeurs et flammes de feu; ses lèvres soufflent sous son nez, lequel est comme un tison, tantôt pleu et tantôt rouge; mais son nez doit être exécuté, et son feu éteint.

LE ROI.

Nous voudrions voir tous les malfaiteurs de cette espèce ainsi expédiés. Et nous ordonnons expressément que, dans notre marche à travers le pays, on n'extorque rien des villages; qu'on ne prenne rien qu'en payant; qu'on ne fasse aucun outrage; qu'on n'adresse aucune parole méprisante aux Français. Car, quand la mansétude et la cruauté jouent pour un royaume, c'est la ioueuse la plus douce qui gagne.

Fanfare. Entre MONTJOIE.

MONTJOIE.

Vous me reconnaissez à mon costume.

LE ROI.

Eh bien, oui, je te reconnais. Qu'as-tu à me faire savoir?

MONTJOIE.

Les intentions de mon maître.

LE ROI.

Révèle-les.

MONTJOIE.

Ainsi a dit mon roi : Dis à Henry d'Angleterre que, quoique nous parussions morts, nous n'étions qu'endormis. La temporisation est meilleure guerrière que la précipitation. Dis-lui que nous aurions pu le repousser à Harfleur ; mais que nous n'avons pas trouvé bon d'écraser l'injure avant qu'elle fût mûre. Enfin voici le moment venu pour nous de répliquer, et notre voix est souveraine : l'Anglais doit se repentir de sa folie, voir sa faiblesse, et admirer notre tolérance. Dis-lui donc de songer à sa rançon ; qu'elle soit en proportion des pertes que nous avons subies, des sujets que nous avons perdus, de l'outrage que nous avons dévoré. Une expiation égale à l'offense ferait fléchir sa petitesse : pour réparer nos pertes, son échiquier serait trop pauvre ; pour compenser l'effusion de notre sang, toute la population de son royaume serait un nombre trop chétif ; et pour l'outrage qui nous a été fait, sa personne même, agenouillée à nos pieds, ne nous offrirait qu'une faible et indigne satisfaction. A cette déclaration ajoute notre défi ; et dis-lui, pour conclusion, qu'il a trahi ceux qui le suivent en faisant prononcer leur condamnation. Ainsi parle le roi mon maître ; telle est ma mission.

LE ROI.

— Je connais ta qualité ! quel est ton nom ?

MONTJOIE.

Montjoie.

LE ROI.

— Tu remplis dignement ta mission. Retourne sur tes pas, — et dis à ton roi : Qu'en ce moment je ne le cherche point, — mais que je voudrais bien marcher sur Calais — sans empêchement. Car, à dire vrai, — quelque imprudent qu'il soit de faire un tel aveu — à un ennemi artificieux et sagace, — mes soldats sont grandement affaiblis par la maladie; mes bandes ont diminué, et les quelques hommes qui me restent — ne valent guère mieux qu'autant de Français; - quand ils se portaient bien, je te le déclare, héraut, — je croyais voir sur chaque paire de jambes anglaises — marcher trois Français... Mais que Dieu me pardonne — une telle jactance ! C'est votre air de France — qui a soufflé ce vice en moi; je dois m'en corriger. — Va donc dire à ton maître que je suis ici; — ma rançon, c'est ce frêle et misérable coffre; — mon armée n'est qu'une garde faible et malade; — mais, Dieu aidant, dis-lui que nous irons en avant, quand le roi de France en personne, ou tout autre voisin aussi puissant — nous barrerait le passage... Voici pour ta peine, Montjoie.

Il lui donne un présent.

— Va dire à ton maître de bien réfléchir. — Si l'on nous laisse passer, nous passerons; si l'on nous fait obstacle, — nous teindrons votre jaune terrain — de votre sang rouge. Et sur ce, Montjoie, adieu. — En résumé, voici notre réponse : — Dans notre situation, nous n'entendons pas chercher le combat, — pas plus que, dans notre situation, nous n'entendons l'éviter. — Dites cela à votre maître (26).

MONTJOIE.

— Je lui transmettrai ces paroles. Je remercie Votre Altesse.

Montjoie sort.

GLOCESTER.

— J'espère qu'ils ne viendront pas sur nous à présent.

LE ROI.

— Nous sommes dans la main de Dieu, frère, non dans les leurs. — Marchez au pont; il se fait nuit. — Nous allons camper au delà de la rivière; — et demain nous ordonnerons qu'on se mette en marche.

Ils sortent.

SCÈNE XI.

[Le camp français, près d'Azincourt.]

Entrent le Connétable de France, le sire de Rambures, le duc d'Orléans, le Dauphin et d'autres.

LE CONNÉTABLE.

Bah! j'ai la meilleure armure du monde... Je voudrais qu'il fît jour.

ORLÉANS.

Vous avez une excellente armure; mais rendez justice à mon cheval.

LE CONNÉTABLE.

C'est le meilleur cheval de l'Europe.

ORLÉANS.

La matinée n'arrivera donc jamais!

LE DAUPHIN.

Monseigneur d'Orléans, et vous, monseigneur le connétable, vous parlez de cheval et d'armure?

ORLÉANS.

Vous êtes, sous ces deux rapports, aussi bien pourvu qu'aucun prince du monde.

LE DAUPHIN.

Quelle longue nuit que celle-ci!.. Je ne changerais pas mon cheval pour n'importe quel animal marchant sur quatre paturons. Çà! ah! il bondit de terre comme s'il était rembourré de crin; c'est *le cheval volant*, le Pégasse *qui a les narines de feu!* Quand je le monte, je plane, je suis un faucon; il trotte dans l'air; la terre chante quand il la touche; l'infime corne de son sabot est plus harmonieuse que la flûte d'Hermès.

ORLÉANS.

Il a la couleur de la muscade.

LE DAUPHIN.

Et la chaleur du gingembre. C'est une bête digne de

Persée; il est tout air et tout feu; et les éléments massifs de la terre et de l'eau ne se manifestent en lui que par sa tranquille patience, quand son cavalier le monte. Voilà un cheval! toutes les autres bêtes, vous pouvez les appeler des rosses.

LE CONNÉTABLE.

En effet, monseigneur, c'est un très-parfait et très-excellent cheval.

LE DAUPHIN.

C'est le prince des palefrois; son hennissement est comme le commandement d'un monarque, et sa contenance force l'hommage.

ORLÉANS.

Assez, cousin!

LE DAUPHIN.

Non, celui-là n'a pas d'esprit qui n'est pas capable, depuis le lever de l'alouette jusqu'au coucher de l'agneau, de varier l'éloge mérité par mon palefroi. C'est un thème aussi fluide que l'Océan; faites des grains de sable autant de langues éloquentes, et mon cheval sera un argument pour toutes. C'est un sujet digne d'être raisonné par un souverain, et monté par le souverain d'un souverain. Il mérite que tout le monde, connu autant qu'inconnu, laisse là ses occupations diverses pour s'extasier devant lui. Un jour j'ai écrit à sa louange un sonnet qui commençait ainsi :

Merveille de la nature.

ORLÉANS.

J'ai entendu un sonnet à une maîtresse qui commençait de même.

LE DAUPHIN.

On aura imité celui que j'ai composé pour mon coursier; car mon cheval est ma maîtresse.

ORLÉANS.

Votre maîtresse est une bonne monture.

LE DAUPHIN.

Oui, pour moi ; c'est là le mérite exigé, la perfection d'une bonne et digne maîtresse.

LE CONNÉTABLE.

Pourtant, l'autre jour, je crois, votre maîtresse vous a bien malicieusement désarçonné.

LE DAUPHIN.

Peut-être la vôtre vous en a-t-elle fait autant.

LE CONNÉTABLE.

La mienne n'était pas bridée.

LE DAUPHIN.

Oh ! alors elle était probablement vieille et docile ; et vous la montiez comme un cavalier d'Irlande, sans culotte, caleçon collant.

LE CONNÉTALBE.

Vous vous connaissez en équitation.

LE DAUPHIN.

Écoutez donc mon avis : ceux qui montent ainsi, et montent sans précaution, tombent dans de vilains bourbiers. J'aime mieux avoir mon cheval pour maîtresse.

LE CONNÉTABLE.

J'aime autant avoir ma maîtresse pour haridelle..

LE DAUPHIN.

Je t'assure, connétable, que ma maîtresse porte des crins qui sont bien à elle.

LE CONNÉTABLE.

Je pourrais en dire autant, si j'avais une truie pour maîtresse.

LE DAUPHIN.

Le chien retourne à son propre vomissement, et la truie lavée au bourbier : tu te sers de tout.

LE CONNÉTABLE.

Pourtant je ne me sers pas de mon cheval comme de maîtresse, ni d'un pareil proverbe aussi mal à propos !

RAMBURES.

Monseigneur le connétable, l'armure que j'ai vue dans votre tente cette nuit, sont-ce des étoiles ou des soleils qui l'ornent?

LE CONNÉTABLE.

Des étoiles, messire.

LE DAUPHIN.

Il en tombera demain quelques-unes, j'espère.

LE CONNÉTABLE.

Et pourtant il en restera assez à mon firmament.

LE DAUPHIN.

Il se peut ; vous en avez tant de superflues. Si vous en perdiez quelques-unes, vous n'en auriez que plus d'honneur.

LE CONNÉTABLE.

Ainsi des louanges dont vous accablez votre cheval. Il n'en trotterait pas plus mal, si quelques-unes de vos vanteries étaient démontées.

LE DAUPHIN.

Je voudrais pouvoir seulement le charger des éloges qu'il mérite !... Est-ce qu'il ne fera jamais jour ? Je veux demain trotter un mille, et que ma route soit pavée de fronts anglais.

LE CONNÉTABLE.

Je n'en dirai pas autant, de peur que quelque affront ne me déroute. Mais je voudrais qu'il fût jour, car je tirerais volontiers les oreilles aux Anglais.

RAMBURES.

Qui veut hasarder un pari avec moi ? Je gage faire vingt prisonniers.

LE CONNÉTABLE.

Il faut d'abord que vous hasardiez votre personne pour les avoir.

LE DAUPHIN.

Il est minuit, je vais m'armer.

Il sort.

ORLÉANS.

Il tarde au Dauphin de voir le jour.

RAMBURES.

Il lui tarde de manger de l'Anglais.

LE CONNÉTABLE.

Je crois qu'iil pourra en manger tout ce qu'il en tuera.

ORLÉANS.

Par la blanche main de ma dame, c'est un galant prince.

LE CONNÉTABLE.

Jurez plutôt par son pied, qu'elle puisse fouler ce serment-là sous ses pas !

ORLÉANS.

C'est simplement le plus actif gentilhomme de France.

LE CONNÉTABLE.

Faire, c'est être actif : et effectivement il fait toujours quelque chose.

ORLÉANS.

Il n'a jamais fait de mal, que je sache.

LE CONNÉTABLE.

Et demain il n'en fera pas non plus ; il conservera toujours cette bonne renommée-là.

ORLÉANS.

Je sais qu'il est vaillant.

LE CONNÉTABLE.

C'est ce que m'a dit quelqu'un qui le connaît mieux que vous.

ORLÉANS.

Qui donc ?

LE CONNÉTABLE.

Morbleu ! il me l'a dit lui-même ; et il a ajouté qu'il se préoccupait peu qu'on le sût.

ORLÉANS.

Il n'a pas à se préoccuper de ça; ce n'est pas en lui une vertu cachée.

LE CONNÉTABLE.

Ma foi, si, messire. Jamais personne ne l'a vue que son laquais. C'est une valeur sous le chaperon; quand elle prendra son essor, ce sera pour s'échapper!

ORLÉANS.

La malveillance toujours médit.

LE CONNÉTABLE.

A cette maxime je réplique par une autre : Il y a de la flatterie dans l'amitié.

ORLÉANS.

Et je vous rétorque celle-ci : Il faut donner au diable son dû.

LE CONNÉTABLE.

A merveille! c'est votre ami ici qui est le diable. Je riposte à la barbe de votre maxime : Peste soit du diable!

ORLÉANS.

Vous êtes le plus fort à ce jeu de reparties; et c'est tout simple : le trait du fou est vite lancé.

LE CONNÉTABLE.

Vous avez dépassé la cible.

ORLÉANS.

Ce n'est pas la première fois que vous êtes dépassé.

Entre un MESSAGER.

LE MESSAGER.

Monseigneur le grand connétable, les Anglais sont à quinze cents pas de votre tente.

LE CONNÉTABLE.

Qui a mesuré le terrain?

LE MESSAGER.

Le sire de Grandpré.

LE CONNÉTABLE.

C'est un vaillant et fort expert gentilhomme... Je voudrais qu'il fût jour. Hélas! ce pauvre Henry d'Angleterr! il ne soupire point après l'aube, comme nous.

ORLÉANS.

Quel misérable étourdi que ce roi d'Angleterre! Venir si loin avec ses compagnons écervelés pour battre la campagne (27)!

LE CONNÉTABLE.

Si les Anglais avaient quelque bon sens, ils se sauveraient.

ORLÉANS.

C'est le bon sens qui leur manque. Si leurs têtes avaient une armure intellectuelle, elles ne porteraient pas des cimiers si pesants.

RAMBURES.

Cette île d'Angleterre produit de fort vaillantes créatures; leurs dogues sont d'un incomparable courage.

ORLÉANS.

Chiens stupides qui se jettent les yeux fermés dans la gueule d'un ours de Russie, lequel leur écrase la tête comme une pomme pourrie! Autant dire que vous trouvez vaillante la puce qui ose prendre son déjeuner sur la lèvre d'un lion.

LE CONNÉTABLE.

Justement, justement! Ces hommes-là tiennent de leurs dogues par la force et la brutalité de leur élan; pour leur esprit, ils le laissent avec leurs femmes; mais donnez-leur de fortes rations de bœuf, puis du fer et de l'acier, et ils mangeront comme des loups, et se battront comme des diables.

ORLÉANS.

Oui; mais ces Anglais sont terriblement à court de bœuf.

SCÈNE XI.

LE CONNÉTABLE.

En ce cas, vous verrez que demain ils auront envie de manger, et point de se battre. A présent il est temps de nous armer. Allons, venez-vous?

ORLÉANS.

Il est maintenant deux heures; mais voyons... Avant dix heures — nous aurons chacun notre centaine d'Anglais.

Ils sortent.

Entre le Chœur.

LE CHŒUR.

—Figurez-vous maintenant l'heure — où les murmures goutte à goutte et les ténèbres à flot — remplissent l'immense vaisseau de l'univers. — D'un camp à l'autre, à travers la sombre matrice de la nuit, — le bourdonnement des deux armées va s'assoupissant : — les sentinelles en faction perçoivent presque — le mot d'ordre mytérieusement chuchoté aux postes ennemis. — Les feux répondent aux feux; et à leur pâle flamboiement — chaque armée voit les faces sombres de l'autre. — Le destrier menace le destrier par d'éclatants et fiers hennissements — qui percent la sourde oreille de la nuit; et dans les tentes — les armuriers, équipant les chevaliers, — avec leurs marteaux rivant à l'envi les attaches, — donnent le redoutable signal des préparatifs. — Les coqs de la campagne chantent, les cloches tintent — et annoncent la troisième heure de la somnolente matinée. — Fiers de leur nombre, la sécurité dans l'âme, — les confiants et outrecuidants Français — jouent aux dés les Anglais méprisés — et querellent la nuit éclopée et lente — qui, comme une noire et hideuse sorcière, se traîne — si fastidieusement. Les pauvres Anglais, — victimes condamnées, sont patiemment assis — près de leurs feux de bivouac, et réfléchissent intérieurement — aux dangers de la matinée ; leur morne attitude, — leurs joues décharnées, leurs vêtements de guerre en lambeaux — les font paraître à la clarté de la lune — comme autant d'horribles spectres. Oh ! maintenant qui verrait — le royal capitaine de cette bande délabrée — allant de poste en poste, de tente en tente, — s'écrierait : Louange et gloire sur cette tête ! — Il s'avance en effet, et visite toute son armée ; — il souhaite le bonjour à tous, avec un modeste sourire, — et les appelle frères, amis, compatriotes ! — Sur sa face royale nul indice — qu'une armée formidable l'a enveloppé ; — il ne concède pas même une nuance de pâleur — à l'insomnie de cette nuit fatigante ; — au contraire il a l'air dispos, et domine toute atteinte — avec un visage serein et une suave majésté ; — aussi pas un misérable, abattu et blême tout à l'heure, — qui, en le voyant, ne puise le courage dans ses regards. — Son œil généreux, tel que le soleil, — dispense à tous une universelle largesse, — en faisant fondre la peur glacée. Vous tous donc, spectateurs, petits et grands, — contemplez, telle que l'esquisse mon indignité, — cette faible image de Henry dans la nuit ; — et sur ce notre scène va voler au champ de bataille. — Oh ! pardon, si nous dégradons — avec quatre ou cinq mauvais fleurets ébréchés, — maladroitement croisés dans une bagarre ridicule, — le nom d'Azincourt ! Pourtant, asseyez-vous et voyez ; — rappelez-vous les faits réels au spectacle de leur parodie !

Le chœur sort.

SCÈNE XII.

[Le camp anglais à Azincourt.]

Il fait nuit. Entrent le Roi HENRY et GLOCESTER, puis BEDFORD.

LE ROI.

— Il est vrai, Glocester, nous sommes dans un grand danger ; — d'autant plus grand doit être notre courage... —Bonjour, frère Bedford... Dieu tout-puissant ! — Il y a dans toute chose mauvaise une essence de bien — pour les hommes qui savent la distiller. — Ainsi nos mauvais voisins nous font lever de bonne heure, — habitude salutaire et de bon ménager ; — en outre, ils sont pour nous des consciences visibles, — des prêcheurs qui nous conseillent à tous — de nous bien préparer pour notre heure suprême. — Ainsi nous pouvons extraire un miel de l'ivraie, — et tirer une morale du diable lui-même.

ENTRE ERPINGHAM.

— Bonjour, mon vieux sir Thomas Erpingham ; — un bon oreiller moelleux pour cette bonne tête blanche — vaudrait mieux que cette rude pelouse de France.

ERPINGHAM.

— Non pas, mon suzerain ; ce lit me convient mieux, — car je puis dire qu'à présent je suis couché comme un roi.

LE ROI.

— Il est bon de se réconcilier aux peines présentes — par l'exemple d'autrui. Ainsi l'esprit est soulagé ; — et, quand l'imagination est ravivée, infailliblement — les organes, auparavant inanimés et amortis, — s'arrachent à leur sépulcre léthargique et, rejetant la vieille peau, — se meuvent avec une légèreté nouvelle. — Prête-moi ton manteau, sir Thomas. Vous deux, frères, — recommandez-moi aux princes de notre camp ; — portez-leur mon bonjour, et sans délai — mandez-les tous à ma tente.

GLOCESTER.

Nous obéissons, mon suzerain.

Sortent Glocester et Bedford.

ERPINGHAM.

— Accompagnerai-je Votre Grâce ?

LE ROI.

Non, mon bon chevalier, — allez avec mes frères trouver les lords d'Angleterre. — Moi et ma conscience, nous avons à nous entretenir un moment, — et alors je ne veux pas d'autre compagnie.

ERPINGHAM.

— Le Dieu du ciel te bénisse, noble Harry !

Sort Erpingham.

LE ROI.

— Grand merci, vieil ami ! Cela fait du bien de t'entendre.

Entre PISTOLET (28).

PISTOLET.

Qui va là ?

LE ROI.

Ami.

PISTOLET.

— Explique-toi. Es-tu officier ? — Ou es-tu manant, roturier et du peuple ?

LE ROI.

— Je suis gentilhomme et dans une compagnie.

PISTOLET.

— Brandis-tu la puissante pique ?

LE ROI.

Précisément. Qui êtes-vous ?

PISTOLET.

— Aussi bon gentilhomme que l'empereur.

LE ROI.
—Alors vous êtes supérieur au roi.

PISTOLET.
— Le roi est un beau coq, un cœur d'or, — un bon vivant, un rejeton de la gloire, — de bonne famille et de fort vaillant poignet. — Je baise sa sale semelle, et du plus profond de mon cœur — j'aime cet aimable bretteur. Quel est ton nom ?

LE ROI.
Henry *le Roy*.

PISTOLET.
—*Le Roy!* c'est un nom de Cornouailles. Es-tu de la bande de Cornouailles ?

LE ROI.
—Non, je suis Gallois.

PISTOLET.
Connais-tu Fluellen ?

LE ROI.
Oui.

PISTOLET.
— Dis-lui que je lui broierai son poireau sur son chef, — le jour de la Saint-David.

LE ROI.
Ne portez pas votre dague à votre chapeau ce jour-là, de peur qu'il ne la broie sur votre tête.

PISTOLET.
Serais-tu son ami ?

LE ROI.
Et de plus son cousin.

PISTOLET.
La peste soit de toi alors !

LE ROI.
Merci. Dieu vous assiste !

PISTOLET.
Mon nom est Pistolet.

LE ROI.
Il convient fort à votre brusquerie.

Pistolet sort.

Entrent de différents côtés Fluellen *et* Gower.

GOWER, élevant la voix.
Le capitaine Fluellen !

FLUELLEN.
Oui ! Au nom de Chesus-Christ, parlez plus bas. La plus grande merveille de tout l'univers, c'est de ne plus voir observer les vraies et anciennes prérogatives et lois de la guerre. Si vous voulez prendre seulement la peine d'examiner les campagnes du grand Pompée, vous trouverez, je vous le garantis, qu'il n'y avait ni fariboles ni folles paroles dans le camp de Pompée; je vous garantis que vous trouverez que les cérémonies de la guerre, et ses précautions, et ses règles, et sa sobriété, et sa rigidité, étaient tout autres.

GOWER.
Eh ! l'ennemi est très-bruyant ; vous l'avez entendu toute la nuit.

FLUELLEN.
Si l'ennemi est un âne, un fou et un sot bavard, est-il bon, croyez-vous, que nous aussi, voyez-vous, nous nous comportions comme un âne, un fou et un sot bavard ; la, en conscience ?

GOWER.
Je parlerai plus bas.

FLUELLEN.
Je vous en prie, je vous en supplie !

Sortent Fluellen et Gower.

LE ROI.
— Bien que ses façons soient un peu hors de mode, — il y a beaucoup de circonspection et de valeur chez ce Gallois.

SCÈNE XII.

Lueur d'aurore. Entrent Bates, Court et Williams, trois soldats.

COURT.

Frère John Bates, n'est-ce pas l'aube que je vois poindre là-bas?

BATES.

Je le crois, mais nous n'avons pas grand sujet de désirer la venue du jour.

WILLIAMS.

Nous voyons là-bas le commencement du jour, mais je crois que nous n'en verrons jamais la fin... Qui va là?

LE ROI.

Ami.

WILLIAMS.

Sous quel capitaine servez-vous ?

LE ROI.

Sous sir Thomas Erpingham.

WILLIAMS.

Un bon viel officier, et un fort aimable gentilhomme. Que pense-t-il, je vous prie, de notre situation ?

LE ROI.

Il nous regarde comme des hommes naufragés sur un banc de sable, qui doivent s'attendre à être emportés par la marée prochaine.

BATES.

Il n'a pas dit sa pensée au roi ?

LE ROI.

Non ; et il n'est pas bon qu'il le fasse. Car, je vous le déclare, je crois que le roi n'est qu'un homme comme moi. La violette a pour lui la même odeur que pour moi ; les éléments se manifestent à lui comme à moi ; tous ses sens sont sujets aux conditions de l'humanité. Dépouillez-le de ses pompes, ce n'est plus qu'un homme dans sa nudité ; et quoique ses émotions aient une portée plus haute que les nôtres, quand elles descendent, elles descendent aussi bas. Conséquemment, quand il voit, comme nous, un motif d'inquiétude, ses inquiétudes, n'en doutez pas, ont la même amertume que les nôtres. Aussi est-il raisonnable que personne n'éveille ses inquiétudes, de peur qu'en les laissant voir il ne décourage l'armée.

BATES.

Il peut montrer extérieurement tout le courage qu'il voudra. Mais moi je crois, si froide que soit la nuit, qu'il souhaiterait fort d'être lui-même dans la Tamise jusqu'au cou, et je voudrais être avec lui, à tout hasard, pourvu que nous fussions hors de céans.

LE ROI.

Sur ma parole, je vous dirai mon opinion consciencieuse du roi ; je crois qu'il ne voudrait pas être ailleurs que là où il est.

BATES.

Eh bien, je voudrais qu'il y fût seul ; alors il serait sûr d'être admis à rançon, et bien des pauvres gens auraient la vie sauve.

LE ROI.

J'ose dire que vous ne lui êtes pas malveillant au point de le souhaiter seul ici. Vous ne parlez ainsi que pour sonder les dispositions des autres. Pour moi, il me semble que je ne pourrais mourir nulle part aussi heureusement que dans la compagnie du roi, sa cause étant juste et sa querelle honorable.

WILLIAMS.

C'est ce que nous ne savons pas.

COURT.

Ou plutôt c'est ce que nous n'avons pas à rechercher ; car nous en savons assez, si nous savons que nous sommes les sujets du roi ; si sa cause est mauvaise, notre obéissance au roi nous lave de tout crime.

WILLIAMS.

Mais, si la cause n'est pas bonne, le roi lui-même aura un terrible compte à rendre, quand ces jambes, ces bras, ces têtes, coupés dans la bataille, se rejoindront au jour suprême, et que tous s'écrieront : Nous sommes morts en tel lieu, les uns jurant, d'autres appelant un chirurgien, d'autres pleurant sur leurs femmes restées dans la misère derrière eux ; d'autres, sur des dettes non payées ; d'autres, sur leurs enfants laissés nus ! De ceux qui meurent dans une bataille, il en est bien peu, je le crains, qui meurent bien ; car comment prépareraient-ils pieusement leur salut, quand le carnage est leur but ? Eh bien, si ces gens-là ne meurent pas en état de grâce, ce sera une triste affaire pour le roi qui les a entraînés, la désobéissance envers lui étant contraire à toutes les règles de la sujétion.

LE ROI.

Si donc un fils, que son père envoie trafiquer, périt sur mer en état de péché, l'imputation de sa perversité devra, d'après votre principe, peser sur son père qui l'a envoyé ; ou si un valet, transportant par ordre de son maître une somme d'argent, est assailli par des brigands et meurt chargé d'iniquités inexpiées, vous regarderez la commission du maître comme la cause de la damnation du valet. Mais il n'en est pas ainsi. Le roi n'a pas à répondre de la fin particulière de ses soldats, pas plus que le père de son fils, pas plus que le maître de son valet ; car on ne veut pas la mort d'un homme pour vouloir ses services. En outre, il n'est pas de roi, quelque pure que soit sa cause, qui, s'il faut en venir à l'arbitrage du glaive, puisse la soutenir avec des soldats irréprochables. Les uns peut-être sont coupables d'avoir prémédité et perpétré quelque meurtre ; d'autres, d'avoir séduit des vierges avec les sceaux brisés du parjure ; d'autres cherchent un refuge dans la guerre, après avoir déchiré par le pillage et le vol le doux sein de la paix. Or, si ces hommes ont su éluder la loi et se soustraire à la pénalité de leur pays, ils ont eu beau échapper aux hommes, ils n'ont point d'ailes pour se dérober à Dieu. La guerre est son recors, la guerre est sa vengeance. Ainsi les hommes qui ont violé les lois du roi en sont punis dans la querelle du roi : où ils craignaient la mort, ils ont eu la vie sauve ; où ils ont cherché leur salut, ils périssent ! Alors, s'ils meurent impénitents, le roi n'est pas plus coupable de leur damnation qu'il n'était coupable naguère des impiétés pour lesquelles ils sont désormais frappés. Les services de chaque sujet appartiennent au roi ; mais l'âme de chaque sujet n'appartient qu'à lui-même. Aussi tout soldat devrait faire à la guerre ce que fait tout malade dans son lit, laver sa conscience de toute souillure. S'il meurt ainsi, la mort est pour lui un bienfait ; s'il ne meurt pas, il doit bénir le temps perdu à gagner un tel viatique ; et celui qui échappe ainsi a droit de croire que, s'étant offert à Dieu sans réserve, il lui a été donné de survivre afin de rendre hommage à la grandeur divine et d'enseigner aux autres à préparer leur salut !

COURT.

Il est certain que, si un homme meurt dans le péché, le péché retombe sur sa tête, et que le roi n'a point à en répondre.

BATES.

Je ne demande pas qu'il réponde pour moi, et pourtant je suis déterminé à me battre vigoureusement pour lui.

LE ROI HENRY.

J'ai moi-même ouï dire au roi qu'il ne voudrait pas payer rançon.

WILLIAMS.

Ouais, il a dit ça pour nous faire combattre avec plus de confiance ; mais, une fois nos gorges coupées, il peut payer rançon, et nous n'en serons pas plus avancés.

LE ROI HENRY.

Si je vis assez pour voir ça, je ne me fierai plus jamais à sa parole.

WILLIAMS, ironiquement.

Par la messe ! vous lui en demanderiez compte !... Figurez-vous la terrible décharge d'un vieux fusil : voilà la chétive colère d'un particulier éclatant contre un monarque. Vous pourriez aussi bien essayer de faire du soleil un glaçon, en l'éventant avec une plume de paon. «Vous ne vous fierez plus jamais à sa parole ! » Allons ! c'est une bêtise que vous dites là !

LE ROI HENRY.

Votre rebuffade est un peu trop brusque ; je me fâcherais contre vous, si le moment était convenable.

WILLIAMS.

Eh bien, ayons une querelle ensemble, si vous survivez.

LE ROI HENRY.

Volontiers.

WILLIAMS.

Comment te reconnaîtrai-je ?

LE ROI HENRY.

Donne-moi un gage, et je le porterai à mon chapeau. Alors, si tu oses le réclamer, j'en ferai ma querelle.

WILLIAMS.

Voici mon gant : donne-moi le tien en échange.

LE ROI HENRY.

Voilà.

WILLIAMS.

Moi aussi, j'entends porter le tien à mon chapeau ; si jamais, demain une fois passé, tu viens à moi et me dis :

Ce gant est à moi, par cette main levée ! je t'applique un soufflet.

LE ROI HENRY.

Si jamais je vis pour voir ça, je t'en demanderai raison.

WILLIAMS.

Autant vaudrait avoir le courage de t'aller pendre.

LE ROI HENRY.

Oui, je le ferai, quand je te trouverais dans la compagnie du roi.

WILLIAMS.

Tiens ta parole. Adieu.

BATES.

Restez amis, Anglais stupides, restez amis ; nous avons assez de querelles avec les Français, si vous saviez calculer.

LE ROI HENRY.

Effectivement, les Français peuvent parier vingt écus contre un qu'ils nous battront, car ils peuvent nous opposer vingt écus pour un ; mais il n'y a pas de félonie pour nous autres Anglais à ébrécher les écus français, et le roi lui-même compte en rogner demain.

Les soldats sortent.

LE ROI HENRY, seul, continuant.

... A la charge du roi ! mettons nos vies, nos âmes, — nos dettes, nos femmes et leurs soucis, nos enfants et — nos péchés à la charge du roi !... Il faut que nous répondions de tout !... — O dure condition, jumelle de la grandeur ! — Être en butte au murmure du premier sot venu — qui n'a de sentiment que pour ses propres souffrances ! — Que de bonheurs infinis auxquels doivent renoncer les rois — et dont jouissent les particuliers ! — Et que possèdent les rois que les particuliers ne possèdent pas également, — hormis la pompe, la pompe publique ? —

Et qu'es-tu, ô majesté idole ! — quelle sorte de divinité es-tu, toi qui souffres — plus de douleurs mortelles que tes adorateurs ? — Quels sont tes revenus ? quels sont tes profits ? — O majesté, montre moi ta valeur. — Quelle est l'âme de tout ce culte ? — Es-tu autre chose qu'une position, un rang, une forme — imposant aux hommes le respect et la crainte ? — Et tu es moins heureuse en inspirant la crainte — qu'eux en l'éprouvant ! — Au lieu de cordial hommage, c'est de flatterie empoisonnée — que tu es d'ordinaire abreuvée ! Oh ! sois malade, grandeur grande, — et dis à ton étiquette de te guérir ! — Crois-tu que la fièvre ardente disparaîtra — avec des titres enflés d'adulation ? — Cédera-t-elle aux génuflexions et aux basses courbettes ? — Peux-tu, toi qui disposes du genou du mendiant, — disposer de sa santé ? Non, songe superbe, — qui joues si subtilement avec le repos d'un roi ! — Je suis roi, moi qui te juge ; et, je le sais bien, — ni le heaume, ni le sceptre, ni le globe, — ni l'épée, ni la masse, ni la couronne impériale, — ni le manteau tissu d'or et de perles, — ni le titre ampoulé qui vole devant le roi, — ni le trône où il s'assied, ni le flot de splendeurs — qui bat la plage suprême de ce monde, — non, rien de tout cela, pompe trois fois magnifique, — rien de tout cet attirail étendu sur un lit majestueux — ne pourrait nous donner le sommeil profond du misérable esclave — qui, l'esprit vide et le corps — bourré du pain de la détresse, s'abandonne au repos, — sans jamais connaître l'horrible nuit, fille de l'enfer ! — Lui, ce manant, depuis le lever jusqu'au coucher du jour, — sue sous le regard de Phébus, et, toute la nuit, — dort en plein Élysée ! Le lendemain, dès l'aube, — il se lève et met Hypérion en char ; — et c'est ainsi que, lié à un labeur profitable, — il suit l'année toujours courante jusqu'à son tombeau ! Aux cérémonies près, un tel misérable, — dont les jours sont voués au travail et les nuits au sommeil, — a l'avantage sur le roi. — L'esclave, membre d'une société paisible, — en a la jouissance ; mais il ne sait guère, dans sa grossière cervelle, — que de veilles il en coûte au roi pour maintenir cette paix — dont le paysan met à profit les heures !

Entre ERPINGHAM.

ERPINGHAM.

— Milord, vos nobles, inquiets de votre absence, — vous cherchent par tout le camp.

LE ROI HENRY.

Bon vieux chevalier, — réunis-les tous dans ma tente ; — j'y serai avant toi.

ERPINGHAM.

J'obéis, milord.

Il sort.

LE ROI HENRY.

— O Dieu des batailles ! — retrempe les cœurs de mes soldats ! — Défends-les de la crainte ; ôte-leur — la faculté de compter, si le nombre de nos adversaires — doit leur enlever le courage !... Pas aujourd'hui, mon Dieu ! — Oh ! ne songe pas aujourd'hui à la faute — que mon père a commise en saisissant la couronne ! — J'ai fait inhumer de nouveau le corps de Richard, — et j'ai versé sur lui plus de larmes contrites — que la violence ne lui a tiré de gouttes de sang. — J'entretiens annuellement cinq cents pauvres — qui deux fois par jour élèvent leurs mains flétries — vers le ciel pour le pardon du sang ; et j'ai bâti — deux monastères où des prêtres graves et solennels — chantent incessamment pour l'âme de Richard (29). Je veux faire davatage ; — mais tout ce que je puis faire est bien peu de chose, — puisque ma pénitence doit venir après tout — implorer ce pardon !

SCÈNE XIII.

Entre GLOCESTER.

GLOCESTER.

— Mon suzerain !

LE ROI HENRY.

La voix de mon frère Glocester !... Oui. — Je sais ce qui t'amène; je vais avec toi. — Le jour, mes amis, et toutes choses m'attendent.

Ils sortent.

SCÈNE XIII

[Le camp français.]

Entrent le DAUPHIN, ORLÉANS, RAMBURES et d'autres (30).

ORLÉANS.

— Le soleil dore notre armure; debout, messeigneurs!

LE DAUPHIN.

— *Montez à cheval!* Mon cheval! *valet! laquay!* Holà!

ORLÉANS.

O vaillante ardeur!

LE DAUPHIN.

En avant! *Les eaux et la terre...*

ORLÉANS.

Rien de plus? L'air et le feu...

LE DAUPHIN.

Ciel! Cousin Orléans!...

Entre le CONNÉTABLE.

Eh bien, seigneur connétable?

LE CONNÉTABLE.

— Entendez-vous nos destriers hennir d'impatience?

LE DAUPHIN.

— Montez-les, et faites de telles incisions dans leur peau — que leur sang ardent jaillisse aux yeux des Anglais — et éteigne leur courage superflu. Allons!

RAMBURES.

— Quoi ! vous voulez qu'ils pleurent le sang de nos chevaux ? — Comment distinguerons-nous alors leurs larmes naturelles ?

Entre un MESSAGER.

LE MESSAGER.

— Pairs de France, les Anglais sont en bataille.

LE CONNÉTABLE.

— A cheval, vaillants princes ! vite à cheval ! — Regardez seulement cette pauvre bande d'affamés, — et votre martiale apparition va dévorer leurs âmes, — ne leur laissant que l'enveloppe et la cosse humaine. — Il n'y a pas assez d'ouvrage pour tous nos bras ; — à peine y a-t-il dans leurs veines maladives assez de sang — pour faire tache à chacun des coutelas nus — que nos vaillants Français vont tirer aujourd'hui — pour les rengaîner faute de besogne. Soufflons seulement sur eux, — et la vapeur de notre vaillance va les renverser. — Il est positif et incontestable, milords, — que le superflu de notre valetaille, ce tas de manants, - qui pullulent dans une inutile motion — autour de nos carrés de bataille, suffiraient — à purger cette plaine d'un si misérable ennemi, — tandis que nous, spectateurs oisifs, nous resterions — posés à la base de cette montagne. — Mais notre honneur s'oppose à cela. Que vous dirai-je ? — Nous n'avons que bien peu de chose à faire, — et tout est fait. Que les trompettes sonnent — la fanfare de chasse comme boute-selle ! — Car notre approche va jeter une telle alarme dans la plaine — que les Anglais vont ramper de peur et se rendre.

Entre GRANDPRÉ.

GRANDPRÉ.

— Pourquoi tardez-vous si longtemps, messeigneurs de France ? — Ces charognes insulaires, désespérément inquiètes de leurs os, — déparent la plaine matinale. — Leurs drapeaux en loque sont pauvrement déployés, — et l'air que nous respirons les secoue en passant dédaigneusement. — Le fier Mars semble en banqueroute dans leur misérable armée — et hasarde à peine un faible regard à travers un casque rouillé. — Leurs cavaliers sont comme des candélabres fixes — dont les bras portent des torches; et leurs pauvres rosses — attendent, la tête basse, la peau et les flancs avachis; — la chassie suinte de leurs yeux ternes; — et à leur bouche pâle et inerte le mors, — souillé d'herbe mâchée, pend immobile. — Leurs exécuteurs, les corbeaux malins, — planent au-dessus d'eux tous, impatients de leur heure. — Aucune description verbale ne saurait — peindre, telle qu'elle apparaît, — la vie étrange, l'animation inanimée de cette armée.

LE CONNÉTABLE.

—Ils ont dit leurs prières, et ils attendent la mort.

LE DAUPHIN.

— Si nous leur envoyions des dîners et des équipements neufs? — Si nous donnions de l'avoine à leurs chevaux affamés, — avant de les combattre?

LE CONNÉTABLE.

—Je n'attends plus que mon guidon... En avant! — Je vais prendre la bannière d'un trompette, — et l'emprunter pour ma hâte. Allons, partons! — Le soleil est déjà haut, et nous perdons la journée (31).

Ils sortent.

SCÈNE XIV.

[Le camp anglais.]

Entrent l'armée anglaise, GLOCESTER, BEDFORD, EXETER, SALISBURY et WESTMORELAND.

LOCESTER.

Où est le roi?

BEDFORD.

— Le roi est lui-même monté à cheval pour reconnaître leurs positions.

WESTMORELAND.

— Ils ont au moins soixante mille combattants.

EXETER.

— C'est cinq contre un ; en outre, toutes leurs troupes sont fraîches.

SALISBURY.

— Que le bras de Dieu combatte avec nous ! c'est une terrible disproportion. — Dieu soit avec vous tous, princes ! Je vais à mon poste. — Si nous ne devons plus nous retrouver qu'au ciel, — eh bien, séparons-nous pleins de joie !... Mon noble lord de Bedford, — mon cher lord Glocester, mon bon lord Exeter...

A Westmoreland.

— Et vous, mon aimable parent, vous tous, guerriers, adieu !

BEDFORD.

— Adieu, bon Salisbury, que la bonne chance soit avec toi !

EXETER.

— Adieu, généreux lord, combats vaillamment aujourd'hui ; — mais je te fais injure, en t'exhortant de la sorte, car tu es pétri de la plus solide et de la plus réelle valeur !

Sort Salisbury.

BEDFORD.

— Il a à la fois la valeur et la générosité — d'un prince.

WESTMORELAND.

Oh ! que n'avons-nous ici pour le moment — dix mille de ces hommes d'Angleterre — qui ne font rien aujourd'hui (32) !

Entre le ROI HENRY.

LE ROI HENRY.

Qui donc émet ce vœu ? — Mon cousin Westmoreland ! Non, mon beau cousin : — si nous sommes marqués pour

SCÈNE XIV.

mourir, nous sommes assez — pour le désastre de notre patrie ; et si nous survivons, — moins nous serons, plus grande sera la part d'honneur. — Vive Dieu ! je t'en prie, ne souhaite pas un homme de plus. — Par Jupiter ! je n'ai pas la cupidité de l'or, — et peu m'importe qu'on vive à mes frais ; — je ne suis pas désolé que d'autres usent mes habits ; — ces choses extérieures ne comptent guère dans mes désirs ; — mais, si c'est un péché de convoiter l'honneur, — je suis le plus coupable des vivants. — Non, ma foi, mon petit cousin, ne souhaite pas un Anglais de plus. — Jour de Dieu ! je ne voudrais pas perdre d'un si grand honneur — ce qu'il en faudrait partager avec un homme de plus ; — non, pour les plus belles promesses de l'avenir ! Oh ! n'en souhaite pas un de plus, — Westmorland. Fais plutôt proclamer dans nos rangs — que celui qui n'est pas en appétit de combattre — peut partir : il lui sera délivré un passe-port, — et remis de l'argent pour le voyage. — Nous ne voudrions pas mourir en compagnie d'un homme — qui a peur d'être notre camarade de mort. — Ce jour est appelé la fête de saint Crépin : celui qui aura survécu à cette journée et sera rentré chez lui sain et sauf, — se redressera sur ses talons chaque fois qu'on parlera de ce jour, — et se grandira au seul nom de saint Crépin. — Celui qui aura vu cette journée et atteint un grand âge, — chaque année, à la veille de cette fête, traitera ses amis — et dira : *C'est demain la Saint-Crépin !* — Alors, il retroussera sa manche et montrera ses cicatrices. — Le vieillard oublie ; mais il aura tout oublié — qu'il se rappellera encore avec emphase — ses exploits dans cette journée. Alors nos noms — familiers à toutes les bouches comme des mots de ménage, — le roi Harry, Bedford, Exeter, — Warwick, Talbot, Salisbury et Glocester, — retentiront fraîchement au choc des coupes écumantes. — Le bonhomme apprendra cette histoire à son fils. — Et la Saint-Crépin ne reviendra jamais, — d'aujourd'hui à la fin du monde, — sans qu'on se souvienne de nous, — de notre petite bande, de notre heureuse petite bande de frères ! — Car celui qui aujourd'hui versera son sang avec moi, — sera mon frère ; si vile que soit — sa condition, ce jour l'anoblira. — Et les gentilshommes aujourd'hui dans leur lit en Angleterre — regarderont comme une malédiction de ne pas s'être trouvés ici, — et feront bon marché de leur noblesse, quand ils entendront parler l'un de ceux — qui auront combattu avec nous au jour de la Saint-Crépin !

Entre SALISBURY.

SALISBURY.

— Mon souverain seigneur, préparez-vous vite. — Les Français sont superbement rangés en bataille — et vont nous charger avec emportement.

LE ROI HENRY.

— Tout est prêt, si nos cœurs le sont.

WESTMORELAND.

— Périsse l'homme dont le cœur est aujourd'hui défaillant !

LE ROI HENRY.

— Tu ne souhaites plus de renfort d'Angleterre, cousin ?

WESTMORELAND.

— Vive Dieu ! Mon prince, je voudrais que vous et moi, — sans autre secours, nous fussions seuls à soutenir ce royal combat.

LE ROI HENRY.

— Allons, voilà que tu nous souhaites cinq mille hommes de moins ; — et j'aime mieux ça que t'entendre en souhaiter un de plus... — Vous connaissez vos postes : Dieu soit avec vous tous !

SCÈNE XIV.

Fanfare. Entre MONTJOIE.

MONTJOIE.

— Encore une fois, je viens savoir de toi, roi Harry, — si tu veux enfin traiter pour ta rançon, — avant ta ruine très-certaine ; — car assurément tu es si près de l'abîme — que tu dois forcément t'y engloutir. En outre, par miséricorde, — le connétable te demande d'inviter — tes compagnons au repentir, afin que leurs âmes — puissent se retirer paisibles et pures — de ces plaines où (infortunés !) leurs pauvres corps — doivent tomber et pourrir.

LE ROI HENRY.

Qui t'a envoyé cette fois?

MONTJOIE.

Le connétable de France.

LE ROI HENRY.

— Remporte, je te prie, ma première réponse. — Dis-leur de m'achever d'abord, et puis de vendre mes os. — Dieu bon! Pourquoi narguer ainsi de pauvres hères? — L'homme qui une fois vendit la peau du lion — quand la bête vivait encore, fut tué en le chassant. — Beaucoup d'entre nous, sans nul doute, trouveront — dans leur pays des tombes sur lesquelles — vivront, inscrits dans le bronze, leurs exploits de ce jour ; — et, pour ceux qui laisseront en France leurs os vaillants, — fussent-ils enterrés dans vos fumiers, morts comme des hommes, — ils seront à jamais fameux ; car le soleil même les saluera, — et aspirera au haut des cieux leur gloire fumante, — laissant leurs restes terrestres infecter vos climats, — et empester la France de leurs émanations. — Vous verrez alors comme rebondit notre valeur anglaise : — morte, elle touche terre comme le boulet, — rejaillit en un nouvel élan de destruction — et tue par le ricochet du trépas ! — Parlons donc avec fierté. Dis au connétable — que nous sommes des guerriers en tenue de journaliers ; — notre élégance et nos dorures ont été salies — par des marches pluvieuses à travers la plaine ardue. — Il ne reste pas une plume dans toute notre armée, — bonne preuve, j'espère, que nous ne nous envolerons pas. — Le temps nous a déguenillés ; — mais, par la messe ! nos cœurs sont pimpants ; — et mes pauvres soldats me disent qu'avant la nuit — ils auront des habits plus frais, dussent-ils arracher — des épaules des Français leurs belles cottes neuves — et les mettre hors de service. S'ils font cela — (et ils le feront, s'il plaît à Dieu), — ma rançon sera — bientôt trouvée. Hérault, épargne-toi tant de peines. — Ne viens plus parler de rançon, gentil hérault ; — je le jure, ils n'en auront pas d'autre que ces membres ; — et, s'ils les ont en l'état où je les laisserai, — ils en retireront bien peu de chose : va le dire au connétable.

MONTJOIE.

— J'y vais, roi Harry. Et sur ce, adieu ; — tu n'entendras plus le héraut.

LE ROI HENRY.

— J'ai peur que tu ne viennes encore une fois parler de rançon.

Sort Montjoie.

Entre le DUC D'YORK (33).

YORK.

— Milord, je vous demande très-humblement à genoux — le commandement de l'avant-garde.

LE ROI HENRY.

— Prends-le, brave York... Maintenant, soldats, en marche. — Et toi, ô Dieu, dispose de cette journée comme il te plaira !...

Ils sortent.

SCÈNE XV.

[Azincourt. Les abords du champ de bataille.]

Alarme. Mouvements de troupes. Entrent un SOLDAT FRANÇAIS, PISTOLET et le PAGE.

PISTOLET, au soldat.

Rends-toi, chien.

LE SOLDAT.

Je pense que vous estes le gentilhomme de bonne qualité.

PISTOLET.

Qualité! dis-tu?... Entends-moi, es-tu gentilhomme? Quel est ton nom? Explique-toi.

LE SOLDAT.

O Seigneur Dieu!

PISTOLET.

— Oh! signor Diou! ce doit être un gentilhomme. — Pèse mes paroles, ô signor Diou, et écoute. — O signor Dieu, tu meurs à la pointe de ma colichemarde, — si tu ne me donnes, ô signor, — une magnifique rançon.

LE SOLDAT.

O prennez miséricorde! ayez pitié de moy!

PISTOLET.

— Il s'agit bien de *moy!* J'aurai quarante moidores, — ou je t'extrairai ta rançon par la gorge — en gouttes de sang cramoisi.

LE SOLDAT.

Est-il impossible d'eschapper la force de ton bras?

PISTOLET.

Ton bras, chien! — maudit et impudent bouc de montagne, — que m'offres-tu là?

LE SOLDAT.

O pardonnez-moy!

PISTOLET.

— Tu parles encore de *moi?* Est-ce une tonne de moidores que tu m'offres ? — Viens ici, page. Demande en français à ce maraud — quel est son nom.

LE PAGE, au soldat.

Escoutez : comment estes-vous appellé ?

LE SOLDAT.

Monsieur le Fer.

LE PAGE, à Pistolet.

Il dit qu'il se nomme Maître Fer.

PISTOLET.

Maître Fer ! Eh bien, je vais le ferrer, le laminer, le marteler ! Rends-lui ça en français.

LE PAGE.

Je ne sais pas les mots français pour *ferrer laminer*, *marteler*.

PISTOLET.

Dis-lui de se préparer, car je vais lui couper la gorge.

LE SOLDAT.

Que dit-il, monsieur ?

LE PAGE.

Il me commande de vous dire que vous faites vous prest ; car ce soldat icy est disposé tout à cette heure de couper vostre gorge.

PISTOLET.

—*Ouy, couper gorge, par ma foy,* manant ; — à moins que tu ne me donnes des écus, de beaux écus ; — sinon, tu seras mutilé par cette épée. —

LE SOLDAT.

Oh ! je vous supplie pour l'amour de Dieu me pardonner ! Je suis gentilhomme de bonne maison ; gardez ma vie, et je vous donneray deux cents escus.

PISTOLET.

Que dit-il ?

LE PAGE.

Il vous prie d'épargner sa vie : il est gentilhomme de

bonne maison ; et, pour sa rançon, il vous donnera deux cents écus.

PISTOLET.

— Dis-lui que ma furie s'apaisera et que — je veux bien prendre ses écus.

LE SOLDAT.

Petit monsieur, que dit-il ?

LE PAGE.

Encore qu'il est contre son jurement de pardonner aucun prisonnier, néantmoins, pour les escus que vous l'avez promis, il est content de vous donner la liberté, le franchissement.

LE SOLDAT.

Sur mes genoux, je vous donne mille remerciements : et je m'estime heureux que je suis tombé entre les mains d'un chevalier, je pense, le plus brave, vaillant et très-distingué seigneur d'Angleterre.

PISTOLET.

Explique-moi ça, page.

LE PAGE.

Il vous donne, sur ses genoux, mille remerciements : et il s'estime heureux d'être tombé entre les mains, pense-t-il, du plus brave, du plus vaillant et du plus digne seigneur d'Angleterre.

PISTOLET.

— Suçons le sang, mais montrons quelque clémence.
  Au soldat.
— Suis-moi.

Il sort.

LE PAGE.

Suivez, vous, le grand capitaine.

Le soldat sort.

LE PAGE seul, continuant.

Je n'ai jamais entendu voix si pleine sortir de cœur si vide ; mais le dicton est vrai : Vase vide est sonore. Bardolphe et Nym avaient dix fois plus de valeur que ce diable hurleur de la vieille comédie à qui chacun pouvait rogner les ongles avec une dague de bois (34); et tous deux sont pendus; et celui-ci le serait également, s'il osait commettre quelque vol aventureux. Il faut que je reste, moi, en compagnie des laquais, avec les bagages du camp. Le Français ferait une belle prise sur nous, s'il savait ça; car il n'y a pour les garder que des marmousets !

Il sort.

SCÈNE XVI.

[Le champ de bataille.]

Fanfares d'alarme. Entrent LE DAUPHIN, ORLÉANS, BOURBON, LE CONNÉTABLE, RAMBURES et autres.

LE CONNÉTABLE.

O diable !

ORLÉANS.

O seigneur ! le jour est perdu, tout est perdu !

LE DAUPHIN.

Mort de ma vie ! Tout est bouleversé, tout ! — Le déshonneur et l'éternel opprobre — pèsent moqueurs sur nos panaches. *O meschante fortune !...* Ne fuyez pas.

Courte fanfare d'alarme.

LE CONNÉTABLE.

Ah ! tous nos rangs sont rompus.

LE DAUPHIN.

— Oh ineffaçable opprobre ! Poignardons-nous nous-mêmes ! — Voilà donc les misérables que nous avons joués aux dés.

ORLÉANS.

— Est-ce là le roi de qui nous exigions rançon ?

BOURBON.

— Opprobre ! éternel opprobre ! opprobre partout ! — Mourons avec honneur en retournant une fois encore à la charge ! — Pour celui qui ne veut pas suivre Bourbon en ce moment, — qu'il s'en aille d'ici ; et, le bonnet à la main, — comme un ignoble entremetteur, qu'il garde la porte, — tandis qu'un rustre, aussi vil que mon chien, — souillera la plus belle de ses filles !

LE CONNÉTABLE.

— Que le désordre, qui nous a ruinés, nous sauve à présent ! — Allons, en masse, offrir nos vies.

ORLÉANS.

— Nous sommes encore assez de vivants dans cette plaine — pour écraser les Anglais sous notre nombre, — si l'on peut rétablir un peu d'ordre.

BOURBON.

— Au diable l'ordre à présent ! Je cours à la mêlée. — Abrégeons notre vie pour ne pas prolonger notre déshonneur.

Ils sortent (35).

SCÈNE XVII.

[Une autre partie du champ de bataille.]

Fanfare d'alarme. Entrent le Roi Henry *et ses troupes, puis* Exeter *et d'autres.*

LE ROI HENRY.

— Nous nous sommes bien comportés, mes trois fois vaillants compatriotes ; — mais tout n'est pas fini ; les Français tiennent encore la plaine.

EXETER.

— Le duc d'York se recommande à Votre Majesté.

LE ROI HENRY.

— Vit-il encore, bon oncle ? Trois fois, depuis une heure, je l'ai vu tomber, — trois fois se redresser et combattre. — Du cimier à l'éperon, il était tout en sang.

EXETER.

— C'est dans cet appareil qu'il est couché, le brave soldat, — engraissant la plaine ; et à son côté sanglant, — son compagnon d'honneur et de blessures, — le noble comte de Suffolk est aussi couché. — Suffolk est mort le premier ; York, tout haché, — s'approche de son ami, enfoui sous les caillots, — le prend par la barbe, baise les plaies — qui saignaient béantes sur sa face, — et s'écrie : *Attends, cher cousin Suffolk ! — mon âme accompagnera la tienne au ciel. — Chère âme, attends-moi ; envolons-nous côte à côte, — comme dans cette bataille glorieuse et acharnée — la chevalerie nous tenait unis !* — A ces mots, j'arrive et lui adresse quelques mots d'espoir ; — il me sourit, me tend la main, — et, avec une faible étreinte, me dit : *Cher lord, — recommandez mes services à mon souverain.* — Sur ce, il s'est retourné, a jeté autour du cou de Suffolk — son bras blessé, et l'a baisé aux lèvres ; — et ainsi, marié par la mort, il a scellé de son sang — le testament de cette noble affection. — Ce beau et doux spectacle m'a arraché — ces pleurs que j'aurais voulu retenir ; — mais, ma fermeté d'homme étant à bout, — ma mère tout entière a surgi à mes yeux — et m'a fait fondre en larmes !

LE ROI HENRY.

Je ne vous blâme pas ; — car, rien qu'en vous entendant, il me faut faire effort pour retenir — le nuage qui obscurcit mes yeux ; sinon, ils se mouilleraient aussi.

Fanfare d'alarme.

— Mais, écoutez ! quelle est cette nouvelle alarme ? — Les Français ont rallié leurs troupes dispersées ! — Eh bien, que chaque soldat tue ses prisonniers. — Communiquez cet ordre (36).

Ils sortent.

SCÈNE XVIII.

(Une autre partie du champ de bataille.)

Fanfares d'alarme. Entrent Fluellen et Gower.

FLUELLEN.

Tuer les pages et le pagage ! C'est expressément contraire aux lois de la guerre ! C'est l'acte de scélératesse le plus fieffé, entendez-vous bien, qui puisse être commis : en conscience, la, n'est-ce pas?

GOWER.

Il est certain que pas un de ses enfants n'est resté vivant ! Et ce massacre est l'œuvre des misérables lâches qui s'enfuyaient de la bataille. En outre, ils ont brûlé ou emporté tout ce qui était dans la tente du roi ; aussi le roi, fort justement, a-t-il commandé à chaque soldat d'égorger son prisonnier. Oh ! c'est un galant roi !

FLUELLEN.

Oui ; il est né à Monmouth, capitaine Gower. Comment appelez-vous le nom de la ville où Alexandre le Kros est né ?

GOWER.

Alexandre le Grand ?

FLUELLEN.

Eh ! je vous le demande, le kros n'est-il pas krand ? Le kros, le krand, le puissant, l'énorme, le magnanime, c'est tout un, sauf que la phrase varie un tantinet...

GOWER

Je crois qu'Alexandre le Grand est né en Macédoine ; son père s'appelait Philippe de Macédoine, je crois.

FLUELLEN.

Je crois que c'est en Macédoine qu'Alexandre est né. Je vous dirai, capitaine, si vous regardez sur les cartes de l'univers, je vous garantis que vous trouverez, dans vos comparaisons entre Macédoine et Monmouth, que leur situation à toutes deux, voyez-vous, est exactement pareille. Il y a une rivière à Macédoine, et il y a également une rivière à Monmouth : elle s'appelle la Wye à Monmouth ; mais, pour le nom de l'autre, il m'est sorti de la cervelle. Mais n'importe, elles se ressemblent comme mes doigts ressemblent à mes doigts, et il y a du saumon dans toutes deux. Si vous examinez bien la vie d'Alexandre, la vie de Henry de Monmouth se modèle passablement sur elle ; car il y a des analogies en toutes choses, Dieu sait, et vous savez qu'Alexandre, dans ses rages, et ses furies, et ses emportements, et ses humeurs, et ses boutades, et ses déplaisirs, et ses indignations, et aussi étant légèrement enivré du cerveau, Alexandre, dis-je, étant dans ses cervoises et dans ses colères, occit son meilleur ami, Clytus.

GOWER.

Notre roi ne lui ressemble pas en ça ; il n'a jamais occis aucun de ses amis.

FLUELLEN.

Ce n'est pas bien, voyez-vous, de m'ôter la parole de la pouche, avant que j'aie conclu et fini. Je ne parle que par rapprochement et par comparaison. De même qu'Alexandre occit son ami Clytus, étant dans ses cervoises et dans ses libations, de même Harry de Monmouth, étant dans son pon sens et dans se pleine raison, a chassé le kros chevalier au krand pourpoint, celui qui apondait en plaisanteries, en drôleries, en coquineries et en moqueries ; j'ai oublié son nom.

GOWER.

Sir John Falstaff ?

FLUELLEN.

Lui-même. Je puis fous le dire, il y a de praves gens nés à Monmouth.

SCÈNE XVIII.

GOWER.

Voici venir Sa Majesté.

Fanfares d'alarme.

Entrent le Roi Henry, avec une partie des forces anglaises, puis Warwick, Glocester, Exeter, Williams et autres.

LE ROI HENRY.

— Depuis mon arrivée en France, voici le premier moment — où je me sens irrité... Prends une trompette, héraut ; — galope jusqu'à ces cavaliers, là, sur cette colline. — S'ils veulent se battre avec nous, dis-leur de descendre, — sinon, de vider la plaine ; ils blessent notre vue. — S'ils refusent, nous irons à eux, — et nous leur ferons prendre leur volée aussi vite que les pierres — lancées des vieilles frondes assyriennes. — En outre, nous égorgerons nos captifs ; — et pas un de ceux que nous prendrons — n'obtiendra notre pitié. Va leur dire cela.

Entre Montjoie (37).

EXETER.

— Voici venir le héraut des Français, mon suzerain.

GLOCESTER.

— Son regard est plus humble que d'habitude.

LE ROI HENRY.

— Eh bien ! que signifie ceci, héraut ? Ne sais-tu pas — que je ne veux offrir d'autre rançon que mes os ? — Viens-tu encore me parler de rançon ?

MONTJOIE.

Non, grand roi. — Je viens solliciter pour nous la charitable autorisation — de parcourir cette plaine sanglante, — d'enregistrer nos morts, puis de les enterrer, — après avoir séparé nos nobles de nos simples soldats. — Car beaucoup de nos princes, hélas ! — sont plongés et noyés dans un sang mercenaire, — tandis que nos manants baignent leurs membres roturiers — dans le sang des princes. Les chevaux blessés — piétinent jusqu'au fanon dans le sang, et, dans leur rage folle, — lancent leurs ruades de fer à leurs maîtres morts, — ainsi tués deux fois. Oh! permets-nous, grand roi, — de parcourir en sûreté le champ de bataille, et de recueillir — nos morts.

LE ROI HENRY.

Je te le dis franchement, héraut, — je ne sais si la journée est à nous ou non. — Car, maintenant encore, un grand nombre de vos cavaliers débouchent — et galopent dans la plaine.

MONTJOIE.

La journée est à vous.

LE ROI HENRY.

— Grâces en soient rendues à Dieu, et non à notre force! — Comment s'appelle ce château qui est près d'ici?

MONTJOIE.

On l'appelle Azincourt.

LE ROI HENRY.

— Eh bien, nous appelons ce combat la bataille d'Azincourt, — livrée le jour de saint Crépin et saint Crépinien. —

FLUELLEN.

N'en déplaise à Votre Majesté, votre krand-père de fameuse mémoire et votre krand-oncle Édouard le Noir, prince de Galles, à ce que j'ai lu dans les chroniques, ont gagné une bien pelle bataille ici en France.

LE ROI HENRY.

En effet, Fluellen.

FLUELLEN.

Votre Majesté dit vrai. Si Votre Majesté s'en souvient, les Gallois rendirent de peaux services dans un jardin où poussaient des poireaux ; tous mirent des poireaux à leurs chapeaux de Monmouth ; et Votre Majesté sait que cet insigne se porte encore à cette heure en l'honneur de leurs services. Et je crois que Votre Majesté ne dédaigne point de porter le poireau le jour de la saint Tavid.

LE ROI HENRY.

— Je le porte comme un glorieux souvenir. — Car je suis Gallois, vous savez, cher compatriote. —

FLUELLEN.

Toute l'eau de la Wye ne saurait laver de son sang gallois le corps de Votre Majesté, je puis vous dire ça. Tieu le pénisse et le préserve tant qu'il plaira à Sa Grâce et à Sa Majesté aussi !

LE ROI HENRY.

Merci, mon cher compatriote.

FLUELLEN.

Par Cheshus, je suis le compatriote de Votre Majesté, peu m'importe qu'on le sache ; je le confesserai à tout l'nivers. Je n'ai pas à rougir de Votre Majesté. Tieu soit loué, tant que Votre Majesté est un honnête homme.

LE ROI HENRY.

— Dieu veuille me conserver tel !

Montrant Montjoie.

Que nos hérauts aillent avec lui ; — apporte-moi le relevé exact des morts — de nos deux armées.

Sortent Montjoie et les hérauts d'armes anglais.

Montrant Williams à Exeter.

Appelez-moi ce camarade là-bas.

EXETER.

Soldat, venez devant le roi.

Williams s'avance, un gant à son chapeau.

LE ROI HENRY.

Soldat, pourquoi portes-tu ce gant à ton chapeau?

WILLIAMS.

Sous le bon plaisir de Votre Majesté, c'est le gage de quelqu'un avec qui je dois me battre, s'il est vivant.

LE ROI HENRY.

Un Anglais?

WILLIAMS.

Sous le bon plaisir de Votre Majesté, c'est un drôle qui s'est chamaillé avec moi la nuit dernière; s'il est vivant, et qu'il ose réclamer ce gant, j'ai juré de lui appliquer un soufflet; ou encore, si je vois mon gant à son chapeau (et il a juré, foi de soldat, de le porter, s'il vit), je le lui ferai sauter vigoureusement.

LE ROI HENRY.

Qu'en pensez-vous, capitaine Fluellen? Est-il bon que ce soldat tienne son serment?

FLUELLEN.

En mon âme et conscience, n'en déplaise à Votre Majesté, c'est un lâche et un gueux, s'il ne le fait pas.

LE ROI HENRY.

Il se peut que son ennemi soit un gentilhomme de trop haut rang pour pouvoir rendre raison à un homme de sa sorte.

FLUELLEN.

Fût-il aussi pon gentilhomme que le tiable, que Lucifer et que Belzébuth lui-même, il est nécessaire, je le dis à Votre Grâce, qu'il tienne sa parole et son serment. S'il est parjure, voyez-vous, il sera réputé le gueux le plus fieffé, le plus effronté Jacquot qui ait jamais posé sa semelle noire sur le sol, sur la terre de Tieu, en mon âme et conscience, la!

LE ROI HENRY.

Ainsi, l'ami, tiens ta parole, quand tu rencontreras ce gaillard-là.

WILLIAMS.

Je le ferai, si je vis, mon suzerain.

SCÈNE XVIII.

LE ROI HENRY.

Sous qui sers-tu ?

WILLIAMS.

Sous le capitaine Gower, mon suzerain.

FLUELLEN.

Gower est un pon capitaine, et pien versé dans la science et la littérature de la guerre.

LE ROI HENRY, à Williams.

Appelle-le-moi, soldat.

WILLIAMS.

J'obéis, mon suzerain.

Il sort.

LE ROI HENRY.

Tiens, Fluellen.

Il remet à Fluellen le gant de Williams.

Porte cet insigne à ma place, et attache-le à ton chapeau. Quand Alençon et moi étions ensemble à terre, j'ai arraché ce gant de son heaume. Quiconque le réclamera est un ami d'Alençon et un ennemi de notre personne. Si tu rencontres un tel homme, tu l'appréhenderas, pour peu que tu m'aimes.

FLUELLEN.

Votre Grâce me fait le plus grand honneur que puisse souhaiter le cœur d'un de ses sujets. Je voudrais bien voir l'homme, n'ayant que deux pattes, qui se troufera offusqué de ce gant. Mais je voudrais bien le voir une fois. Fasse le Tieu de sa grâce que je puisse le voir !

LE ROI HENRY.

Connais-tu Gower?

FLUELLEN.

C'est mon ami cher, ne vous déplaise.

LE ROI HENRY.

Va le chercher, je te prie, et amène-le à ma tente.

FLUELLEN.

J'y vais.

Il sort.

LE ROI HENRY.

— Milord de Warwick, et vous, mon frère Glocester, — suivez de près Fluellen. — Le gant que je lui ai donné comme un insigne — pourrait bien lui valoir un soufflet. — C'est le gant du soldat que, d'après la convention, je devais — moi-même porter. Suivez-le, bon cousin Warwick ; — si ce soldat le frappe (et je juge — à ses brusques allures qu'il tiendra sa parole), — quelque mésaventure subite pourrait en résulter. — Car je connais Fluellen pour un vaillant ; — mû par la colère, il prend feu comme la poudre à canon, — et il rendra vite injure pour injure. — Suivez-le, et veillez à ce qu'ils ne se fassent pas de mal. — Venez avec moi, oncle Exeter.

Ils sortent.

SCÈNE XIX.

[Devant la tente du roi Henry.]

Entrent GOWER et WILLIAMS.

WILLIAMS.

Je gage que c'est pour vous faire chevalier, capitaine.

Entre FLUELLEN.

FLUELLEN, à Gower.

Au nom de Tieu et de son pon plaisir, je vous adjure de vous rendre au plus vite auprès du roi ; il s'agit de votre pien plus peut-être que votre intellect ne se l'imagine.

WILLIAMS, montrant le gant que Fluellen porte à son chapeau.

Monsieur, connaissez-vous ce gant-là ?

SCÈNE XIX.

FLUELLEN.

Ce gant? Je sais que ce gant est un gant.

WILLIAMS.

Je le connais, moi, et voici comment je le réclame.

Il le frappe.

FLUELLEN.

Sang Tieu! voilà le plus fieffé traître qui soit dans tout l'nivers, en France ou en Angleterre.

GOWER, *s'interposant, à Williams.*

Qu'est-ce à dire, monsieur? coquin que vous êtes!

WILLIAMS.

Croyez-vous que je veuille me parjurer?

FLUELLEN.

Rangez-vous, capitaine Gower; je vais lui payer sa trahison en horions, je vous le karantis.

WILLIAMS.

Je ne suis pas un traître.

FLUELLEN.

Tu en as menti par la gorge.

A Gower.

Au nom de Sa Majesté, je vous somme de l'appréhender; c'est un ami du duc d'Alençon.

Entrent WARWICK *et* GLOCESTER.

WARWICK.

Eh bien, eh bien! qu'y a-t-il?

FLUELLEN.

Milord de Warwick, Tieu soit loué! voici une trahison des plus pernicieuses qui vient d'être mise en lumière; une lumière, voyez-vous, comme vous en désireriez un jour d'été... Voici Sa Majesté.

Entrent le ROI HENRY *et* EXETER.

LE ROI HENRY.

Eh bien! qu'y a-t-il?

FLUELLEN.

Mon suzerain, voici un coquin, un traître qui, j'en préviens Votre Grâce, a frappé le gant que Votre Majesté a enlevé du heaume d'Alençon.

WILLIAMS.

Mon suzerain, ce gant est à moi ; voici le pareil. Or, celui à qui je l'ai donné en échange a promis de le porter à son chapeau ; j'ai promis de le frapper, s'il le faisait ; j'ai rencontré cet homme avec mon gant à son chapeau, et j'ai fait honneur à ma parole.

FLUELLEN.

Votre Majesté reconnaît maintenant, sauf la vaillance de Votre Majesté, quel fieffé coquin, quel gueux, quel pouilleux chenapan c'est là. Votre Majesté, j'espère, va attester, prouver et certifier que ce gant est le gant d'Alençon que Votre Majesté m'a remis ; en conscience, la.

LE ROI HENRY, à Williams.

— Donne-moi ton gant, soldat ; tiens, voilà le pareil : — c'est moi effectivement que tu as promis de frapper ; — et tu m'as adressé les invectives les plus amères. —

FLUELLEN.

N'en déplaise à Votre Majesté, que son cou en réponde, s'il y a encore une loi martiale dans l'univers.

LE ROI HENRY, à Williams.

— Comment peux-tu me faire réparation ? —

WILLIAMS.

Toutes les offenses, mon suzerain, viennent du cœur ; et jamais il n'est rien venu de mien qui puisse offenser Votre Majesté.

LE ROI HENRY.

— C'est bien nous-même que tu as outragé. —

WILLIAMS.

Votre Majesté n'était plus elle-même ; vous m'aviez tout l'air d'un simple soldat ; j'en atteste la nuit, vos vêtements, votre humble apparence. Tout ce que Votre Altesse a souffert sous cette forme est, veuillez le croire, de sa faute et non de la mienne. Car, si vous aviez été ce que je vous supposais, il n'y aurait pas d'offense. Conséquemment, je supplie Votre Altesse de me pardonner.

LE ROI HENRY.

— Tenez, oncle Exeter, remplissez ce gant d'écus, — et donnez-le à ce compagnon.

A Williams.

Garde-le, compagnon; — et porte-le à ton chapeau, comme une marque d'honneur, — jusqu'à ce que je le réclame.

A Exeter.

Donnez-lui les écus.

A Fluellen.

— Et vous, capitaine, il faut vous raccommoder avec lui. —

FLUELLEN.

Par la lumière du jour, le kaillard a assez de cœur au ventre.

A Williams.

Tenez, voici douze pennys pour vous, et je vous invite à servir Tieu, et à éviter le pruit, la prouille, les querelles et les discussions, et je vous assure que vous vous en trouverez pien mieux.

WILLIAMS.

Je ne veux pas de votre argent.

FLUELLEN.

C'est de pon cœur. Je puis vous le dire, ça vous servira à faire raccommoder vos souliers. Allons, pourquoi tant de fergogne? Vos souliers ne sont déjà pas si pons. Le silling est pon; je le garantis, ou je vous le changerai.

Entre un HÉRAUT *anglais.*

LE ROI HENRY.

Eh bien, héraut, les morts sont-ils comptés ?

LE HÉRAUT.

— Voici le chiffre des Français tués.

Il remet un papier au roi.

LE ROI HENRY, à Exeter.

— Quels prisonniers de marque a-t-on faits, mon oncle ?

EXETER.

— Charles, duc d'Orléans, neveu du roi ; — Jean, duc de Bourbon, et le sire de Boucicault ; — quinze cents autres lords, barons, chevaliers et écuyers, — sans compter les simples soldats.

LE ROI HENRY.

— Cette note me parle de dix mille Français — restés morts sur le champ de bataille. Dans ce chiffre, les princes — et les nobles portant bannière comptent — pour cent vingt-six ; ajoutez — des chevaliers, des écuyers, des gentilshommes de distinction — au nombre de huit mille quatre cents, parmi lesquels — cinq cents n'ont été faits chevaliers que d'hier ; — en sorte que, sur les dix mille hommes qu'ils ont perdus, — il n'y a que seize cents mercenaires ; — les autres sont des princes, des barons, des seigneurs, des chevaliers, des écuyers — et des gentilshommes de naissance et de qualité. — Parmi les nobles qui sont restés morts, on nomme — Charles d'Albret, grand connétable de France ; — Jacques de Châtillon, amiral de France ; — le maître des arbalétriers, le seigneur de Rambures ; — le grand-maître de France, le brave sire Guischard Dauphin ; — Jean, duc d'Alençon ; Antoine, duc de Brabant, — frère du duc de Bourgogne, et Édouard, duc de Bar ; parmi les puissants comtes, — Grandpré et Rossi, Fauconberg et Foix, — Beaumont et Marle, Vaudemont et Lestrelle. — Voilà une royale compagnie de morts ! — Où est la liste des Anglais qui ont péri ?

Le héraut lui présente un autre papier.

— Édouard, duc d'York, le comte de Suffolk, — sir Richard Ketly, Davy Gam, écuyer ; — nul autre de renom ; et, parmi les soldats, — vingt-cinq seulement !... O Dieu, ton bras était là, — et ce n'est pas à nous, c'est à ton bras seul, — que nous attribuons tout. Sans stratagème, — dans un simple choc et dans un loyal jeu de guerre, — a-t-on jamais vu perte si grande d'un côté, — si petite de l'autre ! Prends-en l'honneur, ô Dieu, — car il est tout à toi.

EXETER.

C'est merveilleux.

LE ROI HENRY.

— Allons, rendons-nous en procession au village ; — et que la peine de mort soit proclamée dans notre armée — contre quiconque se vantera de cette victoire et retirera à Dieu une gloire qui est à lui seul.

FLUELLEN.

N'est-il pas permis, sous le pon plaisir de Votre Majesté, de dire le nombre des tués ?

LE ROI HENRY.

— Oui, capitaine, mais à condition de reconnaître — que Dieu a combattu pour nous.

FLUELLEN.

— Oui, en conscience, il nous a fait grand pien.

LE ROI HENRY.

— Observons tous les rites sacrés ; — qu'il soit chanté un *Non nobis* et un *Te Deum*. — Les morts une fois déposés pieusement dans la terre, — nous partirons pour Calais et puis pour l'Angleterre, — où jamais plus heureux hommes ne sont arrivés de France !

Ils sortent.

Entre le CHŒUR.

LE CHŒUR.

— Que ceux qui n'ont pas lu l'histoire me permettent — de la leur souffler ; quant à ceux qui l'ont lue, — je les prie humblement d'excuser cet abrégé — des temps, des nombres et du cours naturel des choses — qui ne sauraient être présentés ici — dans leur vaste plénitude. Maintenant nous transportons le roi — vers Calais ; admettez-le là ; puis — enlevez-le sur l'aile de vos pensées — à travers l'Océan. Voyez, la plage anglaise — borde le flot d'une masse d'hommes, de femmes et d'enfants — dont les acclamations et les applaudissements dominent la grande voix de l'Océan — qui, comme le formidable huissier du roi, — semble lui préparer le chemin. Sur ce, faites débarquer Henry, — et voyez-le marcher solennellement sur Londres. — La pensée a l'allure si rapide que déjà — vous pouvez vous le figurer à Blacheath. — Là, ses lords lui demandent de porter — son heaume brisé et son épée tordue, — devant lui, à travers la cité : il s'y oppose, — étant exempt de vanité et de gloriole ; — il se refuse tout trophée, toute distinction, tout apparat, — pour tout consacrer à Dieu seul. Mais voyez maintenant, — dans la rapide forge, dans l'atelier de la pensée, — comme Londres verse à flot ses citoyens ! — Le maire et tous ses confrères, dans leur plus bel attirail, — tels que les sénateurs de l'antique Rome, — ayant à leurs talons un essaim de plébéiens, — vont chercher leur triomphant César. — Ainsi, rapprochement plus humble, mais bien sympathique, — si le général de notre gracieuse impératrice — revenait d'Irlande, comme il le pourrait quelque heureux jour, — ramenant la rébellion passée au fil de son épée, — quelle foule quitterait la paisible cité — pour l'acclamer au retour ! La cause étant plus grande encore, plus grande est

la foule— qui acclame ce Henry. Maintenant installez-le
à Londres, —tandis que le deuil des Français — invite le
roi d'Angleterre à y prolonger son séjour, — tandis que
l'empereur intercède en faveur de la France — et tente
de rétablir la paix. Puis omettons—tous les événements,
quels qu'ils soient, —jusqu'au retour de Henry en France.
— C'est là que nous devons le ramener ; et moi-même
j'ai représenté — l'intérim en vous rappelant... ce qui est
passé. — Permettez-nous cette abréviation ; et que vos regards, — suivant vos pensées, reviennent droit en France.

Le chœur sort.

SCÈNE XX.

[En France. Un corps de garde.]

Entrent GOWER et FLUELLEN, empanaché d'un poireau.

GOWER.

Oui, c'est juste ; mais pourquoi portez-vous votre poireau aujourd'hui ? La Saint-David est passée.

FLUELLEN.

Il y a des occasions et des causes, des pourquoi et des
parce que pour toutes choses. Je vais vous le dire en ami,
capitaine Gower : ce chenapan, ce galeux, ce gueux, ce
pouilleux, ce pravache, ce drôle, Pistolet, que vous-même
savez, comme tout l'nivers, n'être qu'un gaillard, voyez-
vous, sans aucun mérite, eh bien, il est venu hier m'ap-
porter du pain et du sel, voyez-vous, et il m'a dit de
manger mon poireau ; c'était dans un endroit où je ne
pouvais pas lui chercher noise ; mais je prendrai la liberté
de porter ce poireau à mon ponnet jusqu'à ce que je le
revoie, et alors je lui signifierai une menue partie de mes
désirs.

Entre Pistolet.

GOWER.

Justement, le voici qui vient, se rengorgeant comme un dindon.

FLUELLEN.

Peu m'importent ses rengorgements et ses dindons.... Tieu vous pénisse, enseigne Pistolet! Galeux, pouilleux, coquin, Tieu vous pénisse!

PISTOLET.

— Hein! sors-tu de Bedlam? te tarde-t-il, vil Troyen, — que je rompe pour toi le fil fatal de la Parque? — Arrière! l'odeur du poireau me donne des nausées. —

FLUELLEN, offrant le poireau à Pistolet.

Je vous supplie en krâce, galeux et pouilleux coquin, de vouloir bien, à ma demande, à ma requête et à ma sollicitation, manger ce poireau, voyez-vous; justement, voyez-vous, parce que vous ne l'aimez pas, et parce qu'il n'agrée point avec vos goûts, votre appétit et votre digestion, je vous invite à le manger.

PISTOLET.

— Pas pour Cadwallader et tous ses boucs! —

FLUELLEN.

Je vous en donnerai des poucs!

Il le frappe et lui présente le poireau.

Voulez-vous être assez pon, galeux coquin, pour manger ceci?

PISTOLET.

Vil Troyen, tu mourras!

FLUELLEN.

Oui, vous dites vrai, galeux coquin, quand il plaira à Tieu. Mais en attendant je désire que vous viviez et mangiez vos victuailles; allons, en voici l'assaisonnement.

Il le frappe de nouveau.

Vous m'avez appelé hier écuyer de montagne; eh bien, je vais faire de vous aujourd'hui un écuyer de bas étage. Je vous en prie, mangez; si vous pouvez rire d'un poireau, vous pouvez bien en avaler un.

Il le frappe encore.

GOWER.

Assez, capitaine; vous l'avez étourdi.

FLUELLEN.

Je veux qu'il mange de mon poireau, ou je lui pâtonnerai la capoche quatre jours durant. Mordez, je vous prie; voilà qui est pon pour vos blessures fraîches et pour votre pravache en sang.

PISTOLET, prenant le poireau.

Faut-il que je morde?

FLUELLEN.

Oui, certainement, sans aucune espèce de doute, de discussion, ni d'ambiguïté.

PISTOLET, mangeant.

Par ce poireau, je me vengerai horriblement. Je mange, mais aussi je jure....

FLUELLEN, levant son bâton.

Mangez, je vous prie. Voulez-vous encore de l'aissaisonnement pour votre poireau? Il n'y a pas de quoi jurer par ce reste de poireau.

PISTOLET.

Calme ton gourdin; tu vois, je mange.

FLUELLEN.

Grand pien vous fasse, galeux coquin! je le souhaite de tout cœur. Çà, je vous prie, n'en jetez rien; la peau est bonne pour les contusions d'un pravache. Quand vous aurez dorénavant la chance de voir des poireaux, je vous prie de vous en moquer; voilà tout.

PISTOLET.

Bon.

FLUELLEN.

Oui, les poireaux, c'est pon. Tenez, voici un denier pour guérir votre caboche.

PISTOLET.

A moi un denier !

FLUELLEN.

Oui, vraiment, et vous le prendrez sur ma parole ; sinon, j'ai un autre poireau dans ma poche, que vous allez manger.

PISTOLET.

Je prends ton denier comme arrhes de vengeance.

FLUELLEN.

Si je vous dois quelque chose, je vous paierai avec du bâton ; vous ferez le commerce du bois vert, et vous n'aurez de moi que du bâton. Tieu soit avec vous, et vous garde, et guérisse votre caboche !

Il sort.

PISTOLET.

Tout l'enfer en retentira.

GOWER.

Allez, allez, vous êtes un lâche et vil grimacier. Vous vous moquez d'une ancienne tradition, fondée sur un honorable souvenir et perpétuée comme un mémorable trophée d'une valeur ensevelie, et vous n'osez pas soutenir par vos actes une seule de vos paroles ! Je vous ai vu narguer et piquer ce gentleman deux ou trois fois. Vous pensiez, parce qu'il ne sait pas parler anglais avec la prononciation du pays, qu'il ne saurait pas manier un bâton anglais ; vous reconnaissez votre erreur : et puisse pour l'avenir cette correction welche vous enseigner la bonne tenue anglaise ! Adieu.

Il sort.

PISTOLET.

— La fortune me jouerait-elle des tours à présent ? — Je reçois la nouvelle que mon Hélène est morte à l'hôpital — du mal français ; — et voilà mon refuge à jamais fermé. — Je me fais vieux, et de ma personne lasse — l'honneur fuit bâtonné. Eh bien, je vais me faire ruffian, — et m'adonner quelque peu à l'escamotage des bourses. — Je vais voler vers l'Angleterre, et là je volerai. — Je mettrai des emplâtres sur ces contusions, — et je jurerai les avoir reçues dans les guerres des Gaules.

Il sort.

SCÈNE XXI.

[Troyes en Champagne.]

Entrent par une porte le Roi Henry, Bedford, Glocester, Exeter, Warwick, Westmoreland et autres lords; par une autre porte, le Roi de France, la Reine Isabeau, la Princesse Catherine, des Seigneurs, des Dames ; puis le Duc de Bourgogne et sa suite,

LE ROI HENRY.

— Paix à cette assemblée réunie pour la paix ! — A notre frère de France, ainsi qu'à notre sœur, — salut et bonjour gracieux ! joie et prospérité — à notre belle et princière cousine Catherine ! — Et vous aussi, rameau et membre de cette royauté, — par qui a été ménagée cette grande entrevue, — duc de Bourgogne, nous vous saluons. — Princes et pairs de France, la santé à vous tous !

LE ROI DE FRANCE.

— Nous sommes bien joyeux de vous contempler en face, — très-digne frère d'Angleterre. Soyez le bienvenu, — ainsi que chacun de vous, princes anglais (38).

LA REINE ISABEAU.

— Frère d'Angleterre, puisse l'issue — de cette belle journée et de cette gracieuse entrevue être aussi heureuse — que nous sommes aises de contempler vos yeux, — ces yeux qui jusqu'ici ont lancé — contre les Français, placés à leur portée, — le fatal éclair du meurtrier basilic! — Nous espérons bien que le venin de ce regard — a perdu sa force, et que cette journée — changera tant de douleurs et de discordes en amour.

LE ROI HENRY.

— C'est pour crier *amen* à ce vœu que nous paraissons ici.

LA REINE ISABEAU.

— Princes anglais, je vous salue tous.

BOURGOGNE.

— Je vous offre à tous deux l'hommage d'une égale affection, — grands rois de France et d'Angleterre. J'ai usé — de toutes les forces de mon intelligence, de mon zèle et de mon activité — pour amener vos impériales majestés — à la barre de cette royale conférence : — vous pouvez tous deux de votre auguste bouche me rendre ce témoignage. — Donc, puisque mes bons offices ont réussi — à vous mettre face à face — dans ce royal tête-à-tête, excusez-moi — si je demande, en votre royale présence, — quel obstacle, quel empêchement s'oppose — à ce que la paix, aujourd'hui nue, misérable et mutilée, — la paix, — cette chère nourrice des arts, de l'abondance et des joyeuses générations, — revienne, dans le plus beau jardin de l'univers, — dans notre fertile France, montrer son aimable visage. — Hélas! elle est depuis trop longtemps chassée de France; — et toutes les végétations amoncelées, — s'y corrompent par leur fécondité même. — La vigne, ce gai cordial du cœur, — y meurt non émondée; les haies, naguère régulièrement taillées, — telles maintenant que des prisonniers follement échevelés. — y projettent partout des tiges désordonnées; dans les prairies en jachère — l'ivraie, la ciguë et la fumeterre grossière — prennent racine, tandis que se rouille le soc — qui devrait déraciner cette sauvagerie.

— Le champ même qu'embaumaient — la primevère tachetée, le trèfle verdoyant et la pimprenelle, devenu paresseux, ne produit plus rien — que d'irrégulier et de nauséabond; il n'engendre — que l'odieuse patience, le chardon épineux, la zizanie, le glouteron, — perd à la fois beauté et utilité. — Et de même que nos vignobles, nos prairies, nos champs et nos haies — s'altèrent, envahis par la jachère, — de même nos familles, nos enfants et nous mêmes, — nous avons perdu, faute de temps pour les apprendre, — les sciences qui devaient être l'ornement de notre contrée; — nous croissons en sauvages, comme des soldats — qui n'ont d'autre pensée que le sang, — blasphémant, la mine farouche, le costume extravagant, — habitués à tout ce qui semble monstrueux. — C'est pour nous rendre nos grâces d'autrefois — que vous êtes assemblés; et je vous adjure — de me faire savoir pourquoi la douce paix — ne dissiperait pas tous ces maux — en nous restituant ses divines faveurs.

LE ROI HENRY.

— Duc de Bourgogne, si vous désirez la paix, — dont l'absence donne naissance aux imperfections — que vous avez signalées, il vous faut acheter cette paix — par un plein acquiescement à toutes nos justes demandes, — dont la teneur et le détail — sont brièvement exposés dans la cédule remise entre vos mains.

BOURGOGNE.

— Le roi en a entendu la lecture, mais jusqu'ici — aucune réponse n'a été donnée.

LE ROI HENRY.

Eh bien, la paix, — ce que vous venez de réclamer s vivement, dépend de sa réponse.

LE ROI DE FRANCE.

— Je n'ai fait que parcourir les articles — d'un coup d'œil rapide. Que Votre Grâce daigne — désigner présentement quelques-uns de ses conseillers — pour conférer avec nous et les examiner de nouveau — avec une plus grande attention, et aussitôt, nous — signifierons notre agrément et notre réponse définitive.

LE ROI HENRY.

— Volontiers, frère. Allez, oncle Exeter, — frère Clarence, et vous, frère Glocester, — Warwick, Huntingdon, allez avec le roi; — vous avez plein pouvoir pour ratifier, — étendre ou modifier nos demandes, selon que vos sagesses — le jugeront conforme à notre dignité; — ajoutez ou retranchez, — nous y souscrivons d'avance. Voulez-vous, aimable sœur, — aller avec les princes ou rester céans avec nous?

LA REINE ISABEAU.

— Mon gracieux frère, j'irai avec eux. — La voix d'une femme pourra être bonne à quelque chose, — si l'on insiste sur certains articles trop rigoureux.

LE ROI HENRY.

— Au moins laissez-nous ici notre cousine Catherine. — Elle est pour nous l'article capital et figure — en tête de nos demandes.

LA REINE ISABEAU.

Elle est libre.

Tons sortent, excepté Henry, Catherine et sa dame d'honneur.

LE ROI HENRY.

Charmante, très-charmante Catherine, — daignerez-vous enseigner à un soldat de ces mots — qui pénètrent l'oreille d'une femme — et plaident la cause de l'amour près de son tendre cœur? —

CATHERINE.

Votre Majesté se moquera de moi; je ne sais pas parler votre Angleterre.

LE ROI HENRY.

O charmante Catherine, si vous voulez m'aimer de tout

votre cœur français, je serai bien aise de vous l'entendre confesser dans votre anglais estropié. Que vous semble de moi, Kate?

CATHERINE.

Pardonnez-moi, je ne sais ce que vous entendez par ces mot : *Que vous semble?*

LE ROI HENRY.

Un ange semble comme vous, Kate, et vous semblez comme un ange.

CATHERINE, à Alice.

Que dit-il? que je suis semblable à les anges?

ALICE.

Ouy, vrayment (sauf vostre grâce), ainsi dit-il.

LE ROI HENRY.

Je l'ai dit, chère Catherine, et je ne dois pas rougir de l'affirmer.

CATHERINE.

O bon Dieu! les langues des hommes sont pleines de tromperies.

LE ROI HENRY, à Alice.

Que dit-elle, belle dame? Que les langues des hommes sont pleines de tromperies?

ALICE.

Ouy, que les langues des hommes être pleines de tromperies, ainsi dire la princesse.

LE ROI-HENRY.

La princesse est encore la plus correcte! Ma foi, Kate, mon babil amoureux est juste à la hauteur de ton savoir. Je suis bien aise que tu ne saches pas mieux notre langue; car, si tu la savais mieux, tu trouverais en moi un roi tellement simple que tu me soupçonnerais d'avoir vendu ma ferme pour acheter me couronne. Je ne sais pas faire la petite bouche en amour; je dis tout net : *Je vous aime.* Et si vous exigez que j'ajoute autre chose que : *et vous?* je suis au bout de mon rouleau. Donnez-moi votre réponse, la, franchement ; puis tapons-nous dans la main, et marché conclu ! qu'en dites-vous, ma dame ?

CATHERINE.

Sauf vostre honneur, moi comprendre bien.

LE ROI DE FRANCE.

Morbleu ! si vous voulez que je fasse des vers, ou que je danse pour vous plaire, Kate, je suis un homme perdu. Pour les vers, je n'ai ni les paroles ni la mesure ; et, pour la danse, je ne suis pas assez fort sur la mesure, quoique j'aie une raisonnable mesure de force. Si je pouvais conquérir une belle au cheval fondu, en sautant en selle avec mon armure sur le dos, soit dit sans me vanter, je me serais bien vite colloqué en femme. Si j'avais à faire le coup de poing pour ma bien-aimée ou à faire caracoler mon cheval pour avoir ses faveurs, je pourrais boxer comme un boucher, ou me tenir en croupe comme un singe, sans jamais tomber ; mais, vive Dieu ! Kate, je ne puis faire le vert galant, ni user mon éloquence en soupirs, et je n'entends pas malice aux protestations. Rien qu'une bonne parole que je ne donne jamais que quand elle est exigée, et que je n'enfreins jamais, pour aucune exigence. Si tu peux, Kate, aimer un gaillard de cette trempe, dont la figure ne vaut plus la peine d'être brûlée du soleil, qui jamais ne jette les yeux dans son miroir pour le plaisir d'y voir quoi que ce soit, eh bien, fais de ton regard ton officier de bouche. Je te parle en franc soldat. Si tu peux m'aimer comme ça, prends-moi ; sinon, te dire que je mourrai, ce serait dire vrai ; mais, par amour pour toi, vrai Dieu ! non pas ! Pourtant je t'aime. Va, chère Kate, tant que tu vivras, prends un compagnon d'une constance simple et sans alliage, car il sera forcé de se bien conduire à ton égard, n'ayant pas le don de conter fleurette ailleurs. Quant à ces gaillards à la langue intarissable qui s'insinuent par la rime dans les faveurs des dames, toujours ils s'en font chasser par la raison. Bah! un parleur n'est qu'un babillard; la poésie n'est qu'une ballade. Une belle jambe doit s'affaisser; un dos droit doit se courber; une barbe doit devenir blanche; une tête bouclée doit devenir chauve; un joli visage doit se flétrir; un œil plein de vie doit devenir creux : mais un bon cœur, Kate, c'est le soleil et la lune, ou plutôt c'est le soleil et non la lune; car il brille sans jamais changer, et suit un cours immuable. Si tu veux un homme comme ça, prends-moi. Prends-moi, et tu prends un soldat; tu prends un soldat, et tu prends un roi. Et maintenant que dis-tu de mon amour? Parle, ma toute belle, et en toute franchise, je te prie.

CATHERINE.

Est-il possible que z'aime l'ennemi de la France?

LE ROI HENRY.

Non; il n'est pas possible que vous aimiez l'ennemi de la France, Kate; mais, en m'aimant, vous aimeriez l'ami de la France, car j'aime la France si fort que je n'en voudrais pas perdre un village; je la veux tout entière; et, Kate, dès que la France est à moi et moi à vous, la France est à vous, et vous êtes à moi.

CATHERINE.

Ze ne sais ce que vous voulez dire.

LE ROI HENRY.

Non, Kate? Je vais te dire ça en une phrase française qui, j'en suis sûr, restera suspendue à mes lèvres, comme une nouvelle mariée au cou de son époux, impossible à détacher : *Quand j'ai la possession de France, et quand vous avez la possession* de *moy* (voyons, après? saint Denis me soit en aide!...), *donc vostre est France et vous estes mienne.* Il me serait aussi aisé, Kate, de conquérir le royaume que d'en dire encore autant en français. Jamais je ne pourrai t'émouvoir en français, si ce n'est pour te faire rire de moi.

CATHERINE.

Sauf vostre honneur, le françois que vous parlez est meilleur que l'anglois lequel je parle.

LE ROI HENRY.

Non, ma foi, Kate, non pas; mais il faut avouer que nous parlons, toi ma langue, et moi la tienne, avec une imperfection également parfaite, et que nos deux cas se valent. Mais, Kate, es-tu capable de comprendre ceci : Peux-tu m'aimer?

CATHERINE.

Je ne saurais dire.

LE ROI HENRY.

Quelqu'une de vos voisines pourrait-elle me dire ça, Kate? Je le leur demanderai... Allons, je sais que tu m'aimes. Et ce soir, quand vous serez rentrée dans votre cabinet, vous questionnerez cette damoiselle sur mon compte; et je sais, Kate, que devant elle vous dénigrerez en moi tout ce qu'au fond du cœur vous aimez le mieux ; mais, bonne Kate, raille-moi miséricordieusement, d'autant plus, gente princesse, que je t'aime cruellement. Si jamais tu es mienne, Kate (et j'ai en moi cette foi tutélaire que tu le seras), je t'aurai conquise de haute lutte, et il faudra nécessairement que tu deviennes mère de fameux soldats. Est-ce que nous ne pourrons pas, toi et moi, entre saint Denis et saint Georges, faire un garçon, demi-français, demi-anglais, qui ira jusqu'à Constantinople tirer le grand Turc par la barbe? Pas vrai? Qu'en dis-tu, ma belle fleur de lis?

CATHERINE.

Ze ne sais pas ça.

LE ROI HENRY.

Non; c'est plus tard que vous le saurez, mais vous

pouvez le promettre dès à présent. Promettez-moi dès à présent, Kate, que vous ferez de votre mieux pour la partie française de cet enfant-là ; et, pour la moitié anglaise, acceptez ma parole de roi et de bachelier. Que répondez-vous à cela, *la plus belle Katharine du monde, mon très-chère et divine déesse?*

CATHERINE.

Votre *Majesté* posséder *fausse* français suffisamment pour décevoir *la plus sage damoiselle* qui soit *en France.*

LE ROI HENRY.

Ah! fi de mon faux français! Sur mon honneur, je t'aime en véritable Anglais, Kate. Je n'oserais jurer sur mon honneur que tu m'aimes ; mais mon cœur commence à s'en flatter, nonobstant le mince et impuissant attrait de mon visage. Maudite ambition de mon père! Il songeait à la guerre civile quand il m'engendra ; voilà pourquoi j'ai été mis au monde avec un rude extérieur, avec une physionomie de fer, si bien que, quand je viens faire ma cour aux dames, je leur fais peur. Mais, en vérité, Kate, plus je vieillirai, mieux je paraîtrai ; ma consolation est que l'âge, ce démolisseur de la beauté, ne peut plus faire de ravages sur ma figure : tu me prends, si tu me prends, dans mon pire état; mais à l'user, si tu uses de moi, tu me trouveras constamment meilleur. Ainsi, dites-moi, très-charmante Catherine, voulez-vous de moi? Mettez de côté ces virginales rougeurs ; révélez les pensées de votre cœur avec le regard d'une impératrice; prenez-moi par la main, et dites : Harry d'Angleterre, je suis à toi. Tu n'auras pas plutôt ravi mon oreille de ce mot que je te répondrai bien haut : L'Angleterre est à toi, l'Irlande est à toi, la France est à toi, et Henry Plantagenet est à toi! Et ce Henry, j'ose le dire en sa présence, s'il n'est pas le compagnon des meilleurs rois, est par excellence, tu le reconnaîtras pour tel, le roi des bons compagnons. Allons, réponds-moi avec ta mélodie estropiée, car ta voix est une mélodie, et ton anglais est estropié. Ainsi, reine des reines, Catherine, ouvre-moi ton cœur, dusses-tu estropier ma langue : veux-tu de moi ?

CATHERINE.

Ze fais comme il plaira *au roy mon père.*

LE ROI HENRY.

Va, ça lui plaira, Kate ; ça lui plaira, Kate.

CATHERINE.

Eh bien, z'en serai contente aussi.

LE ROI HENRY.

Cela étant, je vous baise la main, et vous appelle ma reine.

CATHERINE.

Laissez, monseigneur, laissez, laissez, laissez : ma foy, je ne veux point que vous abaissiez vostre grandeur en baisant la main d'une vostre indigne serviteure ; excusez-moy, je vous supplie, mon très-puissant seigneur.

LE ROI HENRY.

Eh bien, je vous baiserai aux lèvres, Kate.

CATHERINE.

Les dames et damoiselles, pour estre baisées devant leurs nopces, il n'est pas le coustume de France.

LE ROI HENRY, à la suivante.

Madame mon interprète, que dit-elle ?

ALICE.

Ça n'être point la fashion *pour les* ladies de France... Ze ne sais comment se dit *baiser* en english.

LE ROI HENRY.

To kiss.

ALICE.

Votre Majesté *entendre* plus bien *que moy.*

LE ROI HENRY.

Ce n'est point la coutume des damoiselles de France de

se laisser baiser avant d'être mariées; est-ce ça qu'elle veut dire?

ALICE.

Ouy, vrayment.

LE ROI HENRY.

Oh! Kate, les plus méticuleux usages fléchissent devant les grands rois. Chère Kate, vous et moi, nous ne saurions être enfermés dans la lice chétive de la coutume d'un pays; nous sommes les faiseurs de modes, Kate, et la liberté qui s'attache à notre rang ferme la bouche aux censeurs, comme je vais fermer la vôtre pour avoir soutenu, en me refusant un baiser, le prude usage de votre pays : ainsi patience et soumission!

Il l'embrasse.

Vous avez la sorcellerie à vos lèvres, Kate; il y a plus d'éloquence dans leur suave contact que dans toutes les bouches du conseil de France; et elles persuaderaient plus tôt Henry d'Angleterre qu'une pétition unanime de tous les monarques. Voici venir votre père.

Entrent le Roi et la REINE DE FRANCE, le DUC DE BOURGOGNE, BEDFORD, GLOCESTER, EXETER. WESTMORELAND, et autres seigneurs français et anglais.

BOURGOGNE.

Dieu garde Votre Majesté! mon royal cousin, enseigniez-vous l'anglais à notre princesse?

LE ROI HENRY.

Je voulais, beau cousin, lui apprendre combien je l'aime, et c'est là le bon anglais.

BOURGOGNE.

Est-ce qu'elle n'a pas de dispositions?

LE ROI HENRY.

Notre langue est rude, petit cousin, et ma nature n'a rien de doucereux; en sorte que, ne possédant ni l'accent ni l'instinct de la flatterie, je ne puis évoquer en elle l'esprit de l'amour et le faire apparaître sous ses traits véritables.

BOURGOGNE.

Pardonnez à la franchise de ma gaieté, si je vous réponds pour ça. Si vous voulez faire en elle une évocation, il faut que vous traciez un cercle ; si vous voulez évoquer l'Amour en elle sous ses traits véritables, il faut qu'il paraisse nu et aveugle. Pouvez-vous donc la blâmer, elle, une vierge encore toute rose de la pourpre virginale de la pudeur, si elle se refuse à se voir elle-même mise à nu pour laisser paraître un enfant nu et aveugle ? C'est imposer, milord, une condition bien dure à une vierge.

LE ROI HENRY.

Bah ! toutes ferment les yeux et se rendent, l'Amour étant aveugle et impérieux.

BOURGOGNE.

Elles sont alors tout excusées, milord, ne voyant pas ce qu'elles font.

LE ROI HENRY.

Alors, mon cher seigneur, engagez votre cousine à vouloir bien fermer les yeux.

BOURGOGNE.

Je veux bien l'y engager, si vous vous engagez à lui expliquer ma pensée ; car les vierges, que le plein été a dûment échauffées, sont, comme les mouches vers la Saint-Barthélemy, aveugles, quoique ayant des yeux ; et alors elles endurent l'attouchement, elles qui naguère ne pouvaient supporter un regard.

LE ROI HENRY.

Cet apologue m'oblige à attendre un chaud été, à la fin duquel j'attraperai la mouche, votre cousine, devenue elle-même fatalement aveugle.

BOURGOGNE.

Comme l'amour, milord, avant l'amour.

LE ROI HENRY.

C'est vrai; et plus d'un parmi vous doit remercier l'amour de l'aveuglement qui m'empêche de voir nombre de belles villes françaises, parce qu'une belle vierge française s'interpose entre elles et moi.

LE ROI DE FRANCE.

Effectivement, milord, vue en perspective, chacune de ces villes vous fait l'effet d'une vierge ; car toutes sont ceintes de murailles vierges que la guerre n'a jamais forcées.

LE ROI HENRY.

Catherine sera-t-elle ma femme ?

LE ROI DE FRANCE.

Comme il vous plaira.

LE ROI HENRY.

Je serai bien aise qu'elle le soit, pourvu que les villes vierges dont vous parlez soient destinées à l'accompagner. Ainsi la vierge qui interceptait le passage à mon désir, l'aura frayé à ma volonté.

LE ROI DE FRANCE.

Nous avons consenti à toutes les conditions raisonnables.

LE ROI HENRY.

Est-il vrai, milords d'Angleterre ?

WESTMORELAND.

Le roi a tout accordé; — sa fille d'abord, puis successivement — tous les articles proposés, dans leur stricte teneur. —

EXETER.

Le seul auquel il n'ait pas encore souscrit est celui où Votre Majesté demande que le roi de France, en toute occasion qu'il aura d'écrire pour octroi d'office, désigne Votre Altesse sous cette forme et avec ce titre, en français :

Notre très-cher fils Henry, roy d'Angleterre, héritier de France ; et ainsi en latin : Præclarissimus filius noster Henricus, rex Angliæ, et hæres Franciæ.

LE ROI DE FRANCE.

— Je ne l'ai pas refusé, frère, si formellement — que vos instances ne puissent le faire passer.

LE ROI HENRY.

— Eh bien, je vous en prie, au nom d'une affection et d'une alliance chère, — laissez figurer cet article avec les autres ; — et, sur ce, donnez-moi votre fille.

LE ROI DE FRANCE.

— Prenez-la, cher fils ; et de son sang donnez-moi — une postérité qui fasse que les royaumes rivaux — de France et d'Angleterre, dont les rivages mêmes semblent pâles — d'envie à la vue de leur bonheur respectif, — mettent fin à leur haine. Et puisse cette chère union — établir la fraternité et la concorde chrétienne — dans leur cœur adouci, si bien que jamais la guerre n'étende — son glaive sanglant entre l'Angleterre et la belle France !

TOUS.

Amen !

LE ROI HENRY.

— Maintenant, Kate, soyez la bienvenue !... Et soyez-moi tous témoins — que je l'embrasse ici comme ma reine et souveraine.

Il embrasse Catherine. Fanfares.

LA REINE ISABEAU.

— Que Dieu, le suprême faiseur de mariages, — confonde vos cœurs en un seul, vos royaumes en un seul ! — Comme le mari et la femme à eux deux ne font qu'un en amour, — ainsi puissent vos royaumes s'épouser si bien — que jamais un mauvais procédé, jamais la cruelle jalousie, — qui si souvent bouleverse le bienheureux lit conjugal, — ne se glisse dans le pacte de ces empires —

pour rompre par le divorce leur indissoluble union! — Que réciproquement l'Anglais soit accueilli comme un Français, — et le Français comme un Anglais!.... Puisse Dieu dire *amen* à ce vœu!

TOUS.

Amen!

LE ROI HENRY.

— Préparons tout pour notre mariage!... Ce jour-là, — monseigneur de Bourgogne, nous recevrons votre serment — et celui de tous les pairs, en garantie de notre alliance.

Se tournant vers Catherine.

— Puis je jurerai ma foi à Kate, et vous me jurerez la vôtre; — et puissent tous nos serments être, pour notre bonheur, fidèlement gardés!

Ils sortent (39).

LE CHŒUR.

— C'est jusqu'ici que d'une plume humble et inhabile — notre auteur incliné a poursuivi son histoire, — entassant de grands hommes en un petit espace, — et morcelant par des raccourcis l'ample champ de leur gloire. — Brève, mais immense dans sa brièveté, fut la vie — de Henry, cet astre d'Angleterre! La fortune avait forgé son épée, — cette épée avec laquelle il conquit le plus beau jardin de l'univers, — pour en laisser à son fils le souverain empire! — Henry sixième, couronné dans ses langes roi — de France et d'Angleterre, succéda à ce roi; — mais tant de gouvernants eurent la direction de ses États — qu'ils perdirent la France et ensanglantèrent son Angleterre. — Ces tableaux, notre scène les a souvent montrés; puisse, en leur faveur, — celui-ci être agréé de vos indulgents esprits!

FIN DE HENRY V.

though
LA PREMIÈRE PARTIE

DE

HENRY VI

PERSONNAGES.

LE ROI HENRY VI.

LE DUC DE GLOCESTER, oncle du roi et protecteur.

LE DUC DE BEDFORD, oncle du roi et régent de France.

LE DUC D'EXETER, grand-oncle du roi.

L'ÉVÊQUE DE WINCHESTER, Henry Beaufort, plus tard cardinal, grand-oncle du roi.

LE DUC DE SOMERSET, John Beaufort.

RICHARD PLANTAGENET, fils aîné de Richard, le feu comte de Cambridge, plus tard duc d'York.

LE COMTE DE WARWICK.

LE COMTE DE SALISBURY.

LE COMTE DE SUFFOLK.

LORD TALBOT.

JOHN TALBOT, son fils.

EDMOND MORTIMER, comte de March.

SIR JOHN FALSTAFF.

SIR WILLIAM LUCY.

SIR WILLIAM GLANSDALE.

SIR THOMAS GARGRAVE.

LE MAIRE DE LONDRES.

WOODVILLE, lieutenant de la Tour.

VERNON, de la Rose blanche ou faction d'York.

BASSET, de la Rose rouge, ou faction de Lancastre.

LE DUC DE BOURGOGNE.

CHARLES, dauphin, plus tard roi de France.

RENÉ, duc d'Anjou et roi titulaire de Naples.

LE DUC D'ALENÇON.

LE BATARD D'ORLÉANS.

LE GOUVERNEUR DE PARIS.

LE MAITRE CANONNIER d'Orléans et son fils.

LE GÉNÉRAL des troupes françaises à Bordeaux.

UN VIEUX BERGER, père de Jeanne d'Arc.

JEANNE D'ARC, surnommée LA PUCELLE.

MARGUERITE, fille de René, plus tard femme de Henry VI.

LA COMTESSE D'AUVERGNE.

DÉMONS QUI APPARAISSENT A LA PUCELLE.

LORDS, SEIGNEURS, GARDIENS DE LA TOUR, HÉRAUTS D'ARMES, OFFICIERS, SOLDATS, MESSAGERS, GENS DE SUITE, UN SERGENT, UN PORTIER, ETC.

La scène est tantôt en Angleterre, tantôt en France.

SCÈNE I.

[L'abbaye de Westminster.]

Marche funèbre. Le corps du roi Henry V est exposé dans un cercueil d'apparat, qu'entourent les ducs de BEDFORD, de GLOCESTER et d'EXETER, le comte de WARWICK, l'évêque de WINCHESTER, des hérauts, etc.

BEDFORD.

— Que les cieux soient tendus de noir! Que le jour fasse place à la nuit! — Comètes, qui amenez le changement des temps et des empires, — secouez dans le firmament vos tresses cristallines, — et fouettez-en les mauvaises étoiles rebelles — qui se sont liguées pour la mort de Henry! — Henry cinq, roi trop illustre pour vivre longtemps! L'Angleterre n'a jamais eu un si grand roi!

GLOCESTER.

— Avant lui l'Angleterre n'a jamais eu de roi! — Il avait la vertu digne du commandement; — l'épée qu'il brandissait aveuglait les hommes de ses rayons; — ses bras s'étendaient plus loin que les ailes du dragon. — Ses yeux étincelants, pleins du feu de la colère, — faisaient reculer ses ennemis éblouis, — mieux que le brûlant soleil de midi tombant sur leurs visages. — Que dirais-je? ses actes défient toute parole; — il n'a jamais levé le bras que pour vaincre.

EXETER.

— C'est en noir que nous portons le deuil : que ne le

portons-nous en sang! — Henry est mort, et ne revivra jamais. — C'est un cercueil de bois que nous entourons; — et nous glorifions de notre majestueuse présence — la victoire humiliante de la mort, — ainsi que des captifs enchaînés à un char de triomphe. — Eh quoi! maudirons-nous les planètes funestes — qui ont ainsi comploté la ruine de notre gloire? — ou croirons-nous que les Français subtils — sont des enchanteurs et des sorciers qui, effrayés de lui, — ont, par des vers magiques, amené sa fin?

WINCHESTER.

— C'était un roi béni par le roi des rois. — Pour les Français, le terrible jour du jugement — sera moins terrible que ne l'était sa vue. — Il a gagné les batailles du Dieu des armées. — Ce sont les prières de l'Église qui l'ont fait si prospère!

GLOCESTER.

— L'Église! où est-elle? Si les gens d'Église n'avaient pas tant prié, — le fil de son existence ne se serait pas si tôt usé. — Vous n'avez de goût que pour un prince efféminé, — que vous puissiez dominer comme un écolier.

WINCHESTER.

— Quel que soit notre goût, Glocester, tu es Protecteur; — et tu aspires à gouverner le prince et le royaume. — Tu as une femme altière qui a sur toi plus d'empire — que Dieu et les saints ministres de la religion.

GLOCESTER.

— Ne parle pas de religion, car tu aimes la chair; — et, l'année durant, tu ne vas jamais à l'église, — si ce n'est pour prier contre tes ennemis.

BEDFORD.

— Terminez, terminez ces querelles, et tenez vos esprits en paix. — Rendons-nous à l'autel.... Hérauts, suivez-nous. — Au lieu d'or, nous offrirons à Dieu nos armes, — devenues inutiles depuis que Henry est mort! — Postérité, attends-toi à des années malheureuses, — où les enfants téteront les yeux humides de leurs mères, — où notre île ne sera plus qu'une nourrice de larmes amères, — et où pour pleurer les morts il ne restera que des femmes. — Henry cinq! j'invoque ton ombre; — protége ce royaume, garde-le des discordes civiles! — Combats les planètes hostiles dans les cieux! — Ton âme doit faire un astre plus glorieux — que Jules César ou le splendide....

Entre un MESSAGER.

LE MESSAGER.

— Mes honorables lords, salut à vous tous! — Je vous apporte de France de tristes nouvelles — de désastres, de massacres, de revers: — la Guyenne, la Champagne, Reims, Orléans, — Paris, Gisors, Poitiers, sont complétement perdus.

BEDFORD.

— Que dis-tu donc, l'homme, devant le cadavre de Henry? — Parle bas, ou à la nouvelle de ces grandes villes perdues, — il va crever le plomb et s'arracher de la mort.

GLOCESTER.

— Paris est-il perdu? Rouen s'est-il rendu? — Si Henry était rappelé à la vie, — ces nouvelles lui feraient une fois de plus rendre l'âme.

EXETER.

— Comment ont eu lieu ces pertes? Quelle trahison les a causées?

LE MESSAGER.

— Ce n'est pas la trahison, mais le manque d'hommes et d'argent. — Il se murmure parmi les soldats — que vous fomentez ici diverses factions, — et que, quand il faudrait expédier et soutenir une campagne, — vous vous disputez sur le choix des généraux. — L'un voudrait prolonger la guerre à peu de frais ; — un autre voudrait voler au plus vite, mais manque d'ailes ; — un troisième pense que, sans aucune dépense, — la paix pourrait être obtenue par de belles et spécieuses paroles. — Réveillez-vous, réveillez-vous, noblesse d'Angleterre ! — Ne laissez pas l'oisiveté ternir votre gloire récente ; — les fleurs de lis sont fauchées dans vos armes, — et une moitié du blason d'Angleterre est coupée.

EXETER.

— Si nos larmes manquaient à ces funérailles, — ces nouvelles en feraient déborder le flot.

BEDFORD.

— C'est moi qu'elles intéressent : je suis régent de France. — Donnez-moi ma cotte d'acier, je vais combattre pour reprendre la France. — Arrière ces vêtements déshonorants du désespoir ! — Je veux que les Français pleurent, non avec leurs yeux, mais par leurs blessures, — sur leurs misères un instant interrompues.

Entre UN AUTRE MESSAGER.

DEUXIÈME MESSAGER.

— Milords, lisez ces lettres, pleines de désastreux événements. — La France s'est tout entière révoltée contre l'Anglais, — excepté quelques petites villes sans importance. — Le Dauphin Charles est couronné roi à Reims ; — le bâtard d'Orléans s'est joint à lui ; — René, duc d'Anjou, prend parti pour lui ; — le duc d'Alençon vole à ses côtés.

EXETER.

— Le Dauphin couronné roi ! tous volent à lui ! — Oh ! où voler nous-mêmes pour échapper à tant de honte ?

GLOCESTER.

— Nous ne volerons qu'à la gorge de nos ennemis. — Bedford, si tu es indécis, je ferai, moi, cette guerre.

BEDFORD.

— Glocester, pourquoi doutes-tu de mon ardeur? — J'ai dans ma pensée rassemblé une armée — dont la France est déjà inondée.

Entre UN TROISIÈME MESSAGER.

TROISIÈME MESSAGER.

— Mes gracieux lords, dussé-je ajouter aux larmes — que vous versez en ce moment sur le cercueil du roi Henry, — je dois vous instruire d'un terrible combat — entre le grand lord Talbot et les Français.

WINCHESTER.

— Un combat où Talbot a triomphé, n'est-ce pas ?

TROISIÈME MESSAGER.

— Oh! non, où lord Talbot a eu le dessous. — Je vais vous en conter plus au long les détails. — Le dix août dernier, ce redoutable lord, — venant de lever le siége d'Orléans, — et ayant à peine six mille hommes de troupes, — a été enveloppé et attaqué — par vingt-trois mille Français ; — il n'a pas eu le temps de ranger ses hommes ; — il n'avait pas de piques à placer devant ses archers ; — on les a remplacées par des pieux pointus, arrachés aux haies, — qu'on a plantés en terre confusément — pour empêcher la cavalerie de briser nos lignes. — Le combat a duré plus de trois heures ; — Talbot, d'une vaillance inimaginable, — faisait des prodiges avec son épée et sa lance ; — il envoyait aux enfers des centaines d'ennemis, et nul n'osait lui tenir tête ; — ici, là, partout, il tuait avec rage ; — les Français s'écriaient que le diable était dans la mêlée ; — toute leur armée demeurait ébahie de lui ; — ses soldats, remarquant sa valeur indomptée, — criaient en masse : *Talbot! Talbot!* — et se jetaient dans les entrailles du combat. — Cet élan eût mis le sceau à la victoire, — si sir John Falstaff n'avait agi comme un lâche. — Étant à l'arrière-garde placé en réserve — afin d'appuyer et de suivre les autres, — il s'enfuit lâchement, sans avoir frappé un coup. — De là la déroute et le massacre général. — Nous étions cernés par l'ennemi. — Un infâme Wallon, pour gagner les bonnes grâces du Dauphin, — a frappé Talbot par derrière d'un coup de lance, — Talbot que la France entière, avec toutes ses forces vives réunies, — n'eût jamais osé regarder en face.

BEDFORD.

— Talbot est tué ! Eh bien, je vais me tuer moi-même, — pour avoir vécu ici oisif dans la pompe et dans l'aisance, — tandis qu'un si vaillant chef, par défaut de secours, — était traîtreusement livré à ses lâches ennemis !

TROISIÈME MESSAGER.

— Oh ! non, il vit ; mais il a été fait prisonnier, — ainsi que lord Scales et lord Hungerford ; — les autres ont pour la plupart été massacrés ou pris.

BEDFORD.

— Ce sera moi seul qui paierai sa rançon. — Je précipiterai le Dauphin de son trône, — et sa couronne sera la rançon de mon ami ; — j'échangerai quatre de leurs seigneurs contre un des nôtres. — Adieu, mes maîtres, je vais à mon devoir. — Il faut que j'allume sur-le-champ des feux de joie en France, — pour célébrer la fête de notre grand saint Georges. — Je vais prendre avec moi dix mille soldats, — dont les sanglants exploits feront trembler l'Europe entière.

TROISIÈME MESSAGER.

— Vous en aurez besoin, car Orléans est assiégée ; — l'armée anglaise est affaiblie et abattue ; — le comte de Salisbury implore du secours, — et c'est à grand'peine qu'il empêche ses hommes de se mutiner, — quand ils se voient si peu nombreux pour surveiller une telle multitude.

EXETER.

— Lords, rappelez-vous le serment que vous avez fait à Henry, — ou d'anéantir complétement le Dauphin, — ou de le ramener à l'obéissance sous notre joug.

BEDFORD.

— Je me le rappelle ; et je prends ici congé — pour aller faire mes préparatifs.

Il sort.

GLOCESTER.

— Je vais au plus vite à la Tour — pour inspecter l'artillerie et les munitions ; en ensuite je proclamerai roi le jeune Henry.

Il sort.

EXETER.

— Étant nommé gouverneur particulier du jeune roi, — je me rends auprès de lui à Eltham, — et je prendrai là les meilleures mesures pour sa sûreté.

Il sort.

WINCHESTER.

— Chacun a son poste et ses fonctions, — je suis laissé de côté ; il ne reste rien pour moi. — Mais je ne serai pas longtemps un Jeannot sans place ; — je compte tirer le roi d'Eltham, — et m'installer au gouvernail des affaires publiques.

Il sort.

SCÈNE II.

[En France. Devant Orléans.]

Entrent CHARLES, avec ses troupes, ALENÇON, RENÉ et autres.

CHARLES.

— La marche véritable de Mars, dans les cieux — comme sur la terre, est restée jusqu'ici inconnue. — Naguère il brillait pour les Anglais ; — maintenant que nous sommes vainqueurs, il nous sourit. — Quelles sont les villes de quelque importance que nous ne possédions pas? — Nous sommes ici en récréation sous Orléans, et les faméliques Anglais, tels que de pâles spectres, — nous assiégent mollement une heure par mois.

ALENÇON.

— Ils ont besoin de leur potage et de leur bœuf gras; — il faut qu'ils soient nourris comme des mulets — et qu'ils aient leur sac de provende à la bouche, — ou ils ont l'air piteux de souris qui se noient.

RENÉ.

— Faisons-leur lever le siége. Pourquoi restons-nous ici inactifs? — Talbot est pris, lui que nous étions habitués à redouter; — il ne reste plus que l'écervelé Salisbury; — et il peut bien épuiser sa bile en vaine colère : — il n'a ni hommes ni argent pour faire la guerre.

CHARLES.

— Sonnez, sonnez l'alarme; nous allons fondre sur eux!... — Combattons pour l'honneur des Français humiliés! — Je pardonne ma mort à celui qui me tue, — s'il me voit reculer d'un pas ou fuir...

Ils sortent.

Fanfare d'alarme. Les Français sont repoussés par les Anglais avec de grandes pertes.

Rentrent CHARLES, ALENÇON, RENÉ *et d'autres.*

CHARLES.

— Qui vit jamais chose pareille? Quels hommes ai-je donc là? — Chiens! couards! poltrons!... Je n'aurais jamais fui, — s'ils ne m'avaient laissé au milieu de mes ennemis.

RENÉ.

— Salisbury est un homicide désespéré. — Il combat comme un homme las de vivre. — Les autres lords, tels que des lions ayant faim, — fondent sur nous comme sur leur proie.

ALENÇON.

— Froissard, un de nos compatriotes, rapporte — que l'Angleterre n'enfantait que des Oliviers et des Rolands, — du temps où régnait Édouard III. — Aujourd'hui, cela est plus vrai que jamais : — ce ne sont que Samsons et Goliaths — qu'elle envoie en cette escarmouche ! Un contre dix ! — De maigres drôles n'ayant que la peau sur les os ! Qui aurait jamais supposé — qu'ils eussent tant de courage et d'audace !

CHARLES.

— Laissons cette ville, car ces coquins-là sont des cerveaux fêlés, — et la faim va les rendre plus acharnés encore. — Je les connais depuis longtemps ; ils déchireraient les murs — avec leurs dents plutôt que d'abandonner le siége.

RENÉ.

— Je crois que leurs bras sont mus par un ressort ou un mécanisme étrange — pour frapper régulièrement comme des battants d'horloge ; — autrement ils ne pourraient pas tenir comme ils le font. - Si l'on m'en croit, nous les laisserons seuls.

ALENÇON.

— Soit !

Entre le BATARD D'ORLÉANS.

LE BATARD.

Où est le Dauphin ? J'ai des nouvelles pour lui.

CHARLES.

— Bâtard d'Orléans, vous êtes trois fois le bienvenu.

LE BATARD.

— Il me semble que vous avez l'air triste, la mine alarmée. — Est-ce le dernier revers qui produit ce fâcheux effet ? — Cessez de vous effrayer, car le secours est proche ; — j'amène avec moi une vierge sainte — qui, par une vision que lui a envoyée le ciel, — a reçu mission de faire lever ce siége fastidieux, — et de chasser l'Anglais par delà les frontières de France. — Elle possède un esprit de prophétie plus puissant — que les neuf sybilles de la vieille Rome. — Le passé et l'avenir, elle peut tout révéler. — Dites, la ferai-je venir? Croyez-en mes paroles, — car elles sont certaines et infaillibles.

CHARLES.

— Allez, faites-la venir.

Le Bâtard sort.

Mais d'abord, pour mettre son savoir à l'épreuve, — René, prends ma place et représente le Dauphin. — Interroge-la fièrement, que tes regards soient sévères. — Par ce moyen nous sonderons sa science.

Il se met à l'écart.

Entrent la PUCELLE, *le* BATARD D'ORLÉANS, *et autres.*

RENÉ.

— Belle fille, est-ce toi qui prétends accomplir ces merveilleux hauts faits ?

LA PUCELLE.

— René, est-ce toi qui crois me mystifier ? — Où est le Dauphin ?...

Allant à Charles.

Allons, sors de ta retraite.

Charles s'avance.

— Je te connais sans t'avoir jamais vu. — Ne sois pas ébahi; rien ne m'est caché. — Je veux te parler en particulier. — Écartez-vous, seigneurs, et laissez-nous seuls un moment.

RENÉ.

— Pour son premier début, elle se comporte hardiment.

Les seigneurs se mettent à l'écart.

LA PUCELLE.

Dauphin, je suis, par ma naissance, la fille d'un berger, — et mon esprit n'a été initié à aucune espèce d'art. — Il a plu au ciel et à Notre-Dame-de-Grâce — d'illuminer ma misérable condition. — Un jour que je gardais mes tendres agneaux, — exposant mes joues à la brûlante chaleur du soleil, — la mère de Dieu daigna m'apparaître, — et, dans une vision pleine de majesté, — m'enjoignit de quitter ma basse condition — et d'affranchir mon pays de ses calamités. — Elle me promit son aide et m'assura le succès : — elle se révéla dans toute sa gloire ; — jusque-là j'étais noire et basanée ; — les rayons splendides qu'elle a répandus sur moi — m'ont parée de cette beauté que vous me voyez. — Adresse-moi toutes les questions possibles, — et j'y répondrai à l'improviste. — Éprouve mon courage, si tu l'oses, par le combat, — et tu reconnaîtras que je suis au-dessus de mon sexe ! — Sois-en convaincu, tu seras fortuné, — si tu me reçois pour ta martiale compagne.

CHARLES.

— Tu m'as étonné par ton fier langage. — Je ne mettrai ta valeur qu'à cette seule épreuve : — tu joûteras avec moi en combat singulier ; — et, si tu es victorieuse, tes paroles sont vraies ; — autrement, je renonce à toute confiance.

LA PUCELLE.

— Je suis prête ; voici mon épée à la lame affilée, — qu'ornent de chaque côté cinq fleurs de lis. — C'est en Touraine, dans le cimetière de l'église Sainte-Catherine, — que je l'ai choisie parmi un tas de vieille ferraille.

CHARLES.

— Viens donc au nom de Dieu, je ne crains pas une femme.

LA PUCELLE.

— Et moi, tant que je vivrai, je ne fuirai jamais devant un homme.

Ils se battent.

CHARLES.

— Arrête, arrête ton bras, tu es une Amazone, — et tu combats avec l'épée de Déborah.

LA PUCELLE.

— La mère du Christ m'assiste; sans elle, je serais trop faible.

CHARLES.

— Quel que soit l'être qui t'assiste, c'est toi qui dois m'assister. — Je brûle pour toi d'un impatient désir. — Tu as triomphé à la fois et de mon cœur et de mon bras. — Excellente Pucelle, si tel est ton nom, — permets que je sois ton serviteur, et non ton souverain; — c'est le Dauphin de France qui te sollicite ainsi.

LA PUCELLE.

— Je ne dois pas sacrifier aux rites de l'amour, — car je tiens d'en haut une mission sacrée. — Quand j'aurai chassé d'ici tous tes ennemis, — alors je songerai à une récompense.

CHARLES.

— En attendant, accorde un gracieux regard à ton esclave prosterné.

RENÉ, à part, à Alençon.

— Monseigneur, il me semble, cause bien longuement.

ALENÇON, à part, à René.

— Sans doute il confesse cette femme jusqu'à sa chemise : — autrement il ne prolongerait pas si longuement cet entretien.

RENÉ.

— L'interromprons-nous, puisqu'il n'en finit pas ?

SCÈNE II.

ALENÇON.

— Il pourrait bien avoir d'autres fins que celles que nous croyons, nous autres pauvres humains ; — ces femmes sont de rusées tentatrices avec leur langue !

René et Alençon s'avancent.

RENÉ.

— Monseigneur, où en êtes-vous ? Que décidez-vous ?
— Abandonnerons-nous Orléans, oui ou non ?

LA PUCELLE.

— Eh bien, non, vous dis-je, pusillanimes sans foi ! — Combattez jusqu'au dernier soupir, je serai votre égide.

CHARLES.

— Ce qu'elle dit, je le confirme : nous combattrons à outrance.

LA PUCELLE.

— Je suis prédestinée à être le fléau des Anglais. — Cette nuit je ferai sûrement lever le siége ; — comptez sur un été de la Saint-Martin, sur des jours alcyoniens, — du moment que je suis engagée dans cette guerre. — La gloire est comme un cercle dans l'eau, — qui va toujours s'élargissant, — jusqu'à ce qu'à force de s'étendre il s'évanouit dans le néant. — A la mort de Henry finit le cercle de la grandeur anglaise, — et toutes les gloires qu'il renfermait se sont évanouies. — Maintenant je suis comme la barque fière et insolente — qui jadis porta César et sa fortune.

CHARLES.

— Mahomet était-il inspiré par une colombe ? — Toi, alors, tu es inspirée par un aigle. — Ni Hélène, la mère du grand Constantin, — ni les filles de saint Philippe ne te valaient. — Brillante étoile de Vénus, tombée sur la terre, — comment puis-je te révérer assez dévotement ?

ALENÇON.

— Abrégeons les délais, et faisons lever le siége.

RENÉ.

— Femme, fais ce que tu pourras pour sauver notre honneùr ; — chasse les Anglais d'Orléans, et immortalise-toi.

CHARLES.

— Essayons immédiatement... Allons, en marche et à l'œuvre ! — Je ne me fie plus à aucun prophète, si elle trompe mon attente.

Ils sortent (40).

SCÈNE III.

[Londres. Les hauteurs devant la Tour.]

Le duc de Glocester se présente aux portes de la Tour, suivi de ses gens en livrée bleue.

GLOCESTER.

— Je suis venu inspecter la Tour aujourd'hui ; — depuis la mort de Henry, je crains quelque enlèvement. — Où sont donc les gardiens? Pourquoi ne sont-ils pas ici à leur poste ?

Haussant la voix.

— Ouvrez les portes ; c'est Glocester qui appelle.

Les domestiques frappent à la porte.

PREMIER GARDIEN, de l'intérieur.

— Qui est-ce qui frappe si impérieusement ?

PREMIER DOMESTIQUE.

— C'est le noble duc de Glocester.

DEUXIÈME GARDIEN, de l'intérieur.

— Qui que vous soyez, vous ne pouvez être admis céans.

PREMIER DOMESTIQUE.

— Est-ce ainsi que vous répondez au lord Protecteur, marauds !

PREMIER GARDIEN, de l'intérieur.

— Que le Seigneur le protége ! voilà notre réponse. — Nous ne faisons que ce qui nous est commandé.

GLOCESTER.

— Et qui vous a commandé ? Qui donc doit commander, si ce n'est moi ? — Il n'y a d'autre Protecteur du royaume que moi.... — Enfoncez les portes, je serai votre garant. — Serai-je ainsi bafoué par une immonde valetaille ?

Les gens de Glocester se précipitent sur les portes. Le lieutenant de la Tour, WOODWILLE, s'en approche de l'intérieur.

WOODVILLE, de l'intérieur.

— Que signifie ce bruit ? Quels traîtres avons-nous là ?

GLOCESTER.

— Lieutenant, est-ce vous dont j'entends la voix ? — Ouvrez les portes ; voici Glocester qui veut entrer.

WOODVILLE, de l'intérieur.

— Prends patience, noble duc, je ne puis ouvrir ; — le cardinal de Winchester le défend ; — j'ai de lui commandement exprès — de ne laisser entrer ni toi ni aucun des tiens.

GLOCESTER.

— Pusillanime Woodville, le mets-tu donc au-dessus de moi, — lui, l'arrogant Winchester, ce prélat hautain, — que Henry, notre feu souverain, n'a jamais pu souffrir ? — Tu n'es l'ami ni de Dieu ni du roi. — Ouvre les portes, ou je vais te jeter dehors tout à l'heure.

PREMIER DOMESTIQUE.

— Ouvrez les portes au lord Protecteur, — ou je vais les enfoncer, si vous ne sortez pas sur-le-champ.

Entre le CARDINAL DE WINCHESTER, escorté par une suite de domestiques en livrée jaune.

WINCHESTER.

— Eh bien, ambitieux Humphroy, que signifie ceci

GLOCESTER.

— Prêtre tondu, est-ce toi qui commandes qu'on me ferme les portes ?

WINCHESTER.

— C'est moi, ô perfide oppresseur — et non Protecteur du roi et du royaume.

GLOCESTER.

— Arrière, conspirateur éhonté, — toi qui as machiné le meurtre de notre feu roi, — toi qui donnes aux putains des indulgences pour leurs péchés. — Je te bernerai dans ton large chapeau de cardinal, — si tu persistes dans ton insolence.

WINCHESTER.

— Ah ! arrière toi-même ! je ne reculerai pas d'un pied. — Que ceci soit un autre Damas ; sois le Caïn maudit, — et tue ton frère Abel, si tu veux !

GLOCESTER.

— Je ne veux pas t'égorger, mais je te chasserai d'ici : — je t'emporterai de ces lieux — dans ta robe écarlate, comme un enfant dans ses langes.

WINCHESTER.

— Fais ce que tu voudras ; je te brave à ta barbe.

GLOCESTER.

— Eh quoi ! serai-je défié et bravé ainsi à ma barbe ? — Dégainez, mes gens, en dépit des priviléges de ce lieu : — habits bleus contre habits jaunes.

Glocester et ses gens attaquent le Cardinal.

Prêtre, gare à votre barbe, — je vais vous l'allonger, et vous houspiller solidement ! — Je foule aux pieds ton chapeau de cardinal ; — en dépit du pape et des dignités de l'Église, — je vais te secouer par les oreilles.

WINCHESTER.

— Glocester, tu répondras de ceci devant le pape.

GLOCESTER.

— Winchester oison !... vite, une corde ! une corde !
A ses gens.

— Maintenant, expulsez-les d'ici. Pourquoi les laissez-vous rester ?...
Au Cardinal.

— Je vais te chasser de céans, loup déguisé en agneau ! Hors d'ici, habits jaunes !... hors d'ici, hypocrite écarlate !

Ici un grand tumulte, au milieu duquel entrent le MAIRE DE LONDRES et ses officiers.

LE MAIRE.

— Fi, milords ! vous, les magistrats suprêmes, — troubler ainsi outrageusement la paix publique !

GLOCESTER.

— Paix, maire ! tu ne sais pas l'affront qui m'est fait ; — voici ce Beaufort, qui ne respecte ni Dieu ni le roi, — et qui a confisqué la Tour pour son usage !

WINCHESTER.

— Et voici ce Glocester, l'ennemi des citoyens, — celui qui toujours pousse à la guerre, et jamais à la paix, — qui impose à vos libres bourses d'énormes amendes, — qui cherche à renverser la religion, — sous prétexte qu'il est Protecteur du royaume, — et qui voudrait s'emparer de l'arsenal de la Tour, — pour se faire couronner roi et supprimer le prince.

GLOCESTER.

— Je ne te répondrai pas par des paroles, mais par des coups.

L'escarmouche recommence.

LE MAIRE.

— Dans cette tumultueuse bagarre, il ne me reste plus — qu'à faire la proclamation publique. — Avance, officier, et élève la voix autant que tu pourras.

L'OFFICIER.

Hommes de tout rang, assemblés ici en armes aujourd'hui contre la paix de Dieu et du roi, nous vous sommons et commandons, au nom de Son Altesse, de retourner à vos logis respectifs, et de ne plus porter, manier ou employer désormais épée, arme ou dague, sous peine de mort.

GLOCESTER.

— Cardinal, je ne veux pas enfreindre la loi ; — mais nous nous retrouverons, et nous nous expliquerons complétement.

WINCHESTER.

— Glocester, nous nous retrouverons ; il t'en coûtera cher, sois-en sûr ; — je veux avoir le sang de ton cœur pour la besogne d'aujourd'hui.

LE MAIRE.

— Je vais appeler les pertuisanes, si vous ne vous retirez pas. — Ce cardinal est plus hautain que le diable.

GLOCESTER.

— Maire, adieu ; tu n'as fait que ton devoir.

WINCHESTER.

— Abominable Glocester ! garde bien ta tête, — car je prétends l'avoir avant longtemps.

Ils sortent.

LE MAIRE.

— Faites évacuer les remparts, et puis nous partirons. — Dieu bon ! que ces nobles ont de rancune ! — Moi, je ne me bats pas une fois en quarante ans.

Ils sortent.

SCÈNE IV.

[En France. Devant Orléans.]

Arrivent sur les remparts le MAITRE CANONNIER et son FILS.

LE MAITRE CANONNIER.

— Tu sais, mon gars, comment Orléans est assiégé,

SCÈNE IV.

— et comment les Anglais ont pris les faubourgs.

LE FILS.

— Je le sais, père, et j'ai souvent tiré sur eux ; — mais, malheureusement, j'ai manqué mon coup.

LE MAITRE CANONNIER.

— Mais maintenant tu ne le manqueras pas. Écoute mes instructions. — Je suis le premier maître canonnier de cette ville. — Il faut que je fasse un acte d'éclat pour me distinguer. — Les espions du prince m'ont informé — que les Anglais, solidement retranchés dans les faubourgs, — pénètrent par une grille secrète — dans la tour là-bas, pour dominer la ville, — et découvrir les points d'où ils peuvent, avec le plus d'avantage, — nous harasser de leur artillerie ou de leurs assauts. — Pour couper court à cet inconvénient, — j'ai braqué contre cette tour une pièce de canon, — et je veille incessamment depuis trois jours — pour tâcher de les voir. Maintenant, mon garçon, veille à ton tour, — car je ne puis rester plus longtemps. — Si tu aperçois quelqu'un, cours m'avertir ; — tu me trouveras chez le gouverneur.

LE FILS.

— Père, reposez-vous sur moi, soyez sans inquiétude, — je ne vous dérangerai pas, si je puis les apercevoir.

Le maître canonnier sort.

Entrent, par la plate-forme supérieure d'une tourelle, les lords SALISBURY *et* TALBOT, *sir William* GLANSDALE, *sir Thomas* GARGRAVE *et autres.*

SALISBURY.

— Talbot, ma vie, ma joie, te voilà revenu ! — Et comment as-tu été traité pendant ta captivité ? — Et par quels moyens as-tu été rendu à la liberté ? — Causons, je te prie, au haut de cette tourelle.

TALBOT.

— Le duc de Bedford avait un prisonnier, — appelé le

brave sire Ponton de Xaintrailles ; — j'ai été échangé contre lui. — Tout d'abord c'est contre un homme d'armes subalterne — que, par mépris, ils voulaient me troquer ; — mais je m'y suis dédaigneusement refusé, et j'ai réclamé la mort — plutôt que d'être ainsi ravalé. — Enfin, j'ai été racheté comme je le désirais. — Mais, oh ! la trahison de Falstaff me déchire le cœur ! — Et je l'exécuterais de mes propres mains, — si je le tenais maintenant en mon pouvoir.

SALISBURY.

— Mais tu ne nous dis pas comment tu as été accueilli.

TALBOT.

— Avec des outrages, des insultes, d'humiliants sarcasmes. — Ils m'ont mené en pleine place publique, — et m'ont offert en spectacle à toute la population ! — « Voilà, disaient-ils, la terreur des Français, — l'épouvantail qui effraie tant nos enfants ! » — Alors je me suis violemment dégagé des officiers qui me conduisaient, — et avec mes ongles j'ai arraché des pierres du chemin — pour les lancer aux spectateurs de ma honte. — Ma contenance terrible a fait fuir tout le monde ; — personne n'osait m'approcher dans la crainte d'une mort soudaine. — Ils ne me croyaient pas suffisamment gardé entre des murs de fer ; — si grande était parmi eux la terreur répandue par mon nom — qu'ils me supposaient capable de briser des barreaux d'acier — et de mettre en pièces des poteaux de diamant. — Aussi avais-je une garde de tireurs choisis — qui sans cesse marchaient autour de moi ; — et, si seulement je bougeais de mon lit, — ils étaient prêts à me tirer au cœur.

SALISBURY.

— Je souffre d'entendre quels tourments vous avez endurés ; — mais nous serons suffisamment vengés. —

C'est maintenant l'heure du souper à Orléans : — d'ici, à travers cette grille, je puis compter tous leurs hommes, — et voir où les Français se fortifient ; — regardons, ce spectacle te fera grand plaisir. — Sir Thomas Gargrave, sir William Glansdale, — faites-moi connaître vos opinions expresses : — sur quel point notre prochain feu peut-il être le plus efficacement dirigé ?

GARGRAVE.

— Je pense que c'est à la porte nord, car il y a là des seigneurs.

GLANSDALE.

— Et moi, ici, au boulevard du pont.

TALBOT.

— D'après tout ce que je vois, il faut affamer cette ville, — ou l'affaiblir par une succession de légères escarmouches.

Un coup de canon part des remparts, Salisbury et sir Thomas Gargrave tombent.

SALISBURY.

— O Seigneur, ayez pitié de nous, misérables pécheurs !

GARGRAVE.

— O Seigneur, ayez pitié de moi, malheureux homme !

TALBOT.

— Quelle catastrophe traverse soudainement nos projets ! — Parle, Salisbury, si du moins tu peux parler encore. — Comment es-tu, miroir de tous les hommes de guerre ! — Un de tes yeux et un côté de ta joue emportés ! — Maudite tour ! Maudite main fatale — qui a perpétré cette lamentable tragédie ! — Dans treize batailles Salisbury triompha ; — le premier il forma Henri V à la guerre ! — Tant que sonnait une trompette ou que battait un tambour, — son épée ne cessait de frapper sur le champ de bataille... — Vis-tu encore,

Salisbury? Si la parole te manque, — tu peux encore lever un œil vers le ciel pour implorer sa merci : — le soleil avec un œil unique embrasse tout l'univers. — Ciel, n'aie de clémence pour aucun vivant, — si Salisbury n'obtient pas grâce devant toi! — Qu'on emporte d'ici son corps, j'aiderai à l'ensevelir... — Sir Thomas Gargrave, es-tu vivant encore ? — Parle à Talbot ; du moins, lève les yeux vers lui... — Salisbury, console ton âme avec cette pensée : — tu ne mourras pas tant que...
— Il me fait signe de la main, et me sourit, — comme pour me dire : *Quand je serai mort et parti, souviens-toi de me venger des Français*. — Plantagenet, je m'y engage : comme Néron, — je jouerai du luth en regardant brûler les villes : — je veux que ma renommée fasse le malheur de la France.

Coup de tonnerre. Ensuite une fanfare d'alarme.

— Quel est ce fracas ? Quel est ce tumulte dans les cieux ? — D'où viennent cette alarme et ce bruit ?

Entre un Messager.

LE MESSAGER.

— Milord, milord, les Français ont concentré leurs forces. — Le Dauphin, secondé d'une certaine Jeanne la Pucelle, — une sainte prophétesse, nouvellement apparue, — arrive avec une grande armée pour faire lever le siége.

Salisbury pousse un gémissement (41).

TALBOT.

— Écoutez, écoutez, comme Salisbury gémit ! — Il a le cœur navré de ne pouvoir se venger. — Français, je serai pour vous un Salisbury ; pucelle ou putain, dauphin ou requin, — j'imprimerai dans vos cœurs les sabots de mon cheval, — et je ferai une bourbe de toutes vos cervelles broyées. — Qu'on porte Salisbury dans sa tente. — Et puis nous verrons ce qu'oseront ces lâches Français.

Ils sortent emportant les corps.

SCÈNE V.

[Devant une des portes d'Orléans.]

Le combat commence. Fanfare d'alarme. Escarmouches. TALBOT *passe sur la scène poursuivant le Dauphin, et le chassant devant lui; puis la* PUCELLE *passe, chassant les Anglais devant elle. Alors rentre* TALBOT.

TALBOT.

— Où est mon énergie, ma valeur, ma force ! — Nos troupes anglaises se retirent; je ne puis les arrêter; — une femme, revêtue d'une armure, leur donne la chasse !

Rentre LA PUCELLE.

— La voici ! La voici qui vient... Je veux me battre avec toi ; — diable ou diablesse, je veux t'exorciser ; — je veux te tirer du sang, sorcière que tu es, — et envoyer vite ton âme à celui que tu sers.

LA PUCELLE.

— Viens, viens. C'est à moi qu'il est réservé de t'humilier.

Ils se battent.

TALBOT.

— Cieux, pouvez-vous laisser l'enfer prévaloir ainsi ! Dût sous l'effort de mon courage ma poitrine éclater, — dussent mes bras se disloquer de mes épaules, — je châtierai cette arrogante gourgandine.

LA PUCELLE.

— Talbot, adieu. Ton heure n'est pas encore venue. — Il faut que j'aille sur-le-champ ravitailler Orléans. — Atteins-moi, si tu peux ; je me moque de ta force. — Va, va ranimer tes soldats exténués par la faim ; — aide Salisbury à faire son testament ; — cette victoire est à nous, comme bien d'autres à venir.

La Pucelle entre dans la ville avec ses soldats.

TALBOT.

— Ma tête tourne comme la roue d'un potier ; — je ne sais où je suis ni ce que je fais ; — une sorcière, par la terreur et non par la force, ainsi qu'Annibal, — met en déroute nos troupes et triomphe comme il lui plaît ! — Ainsi les abeilles, par la fumée, les colombes, par une émanation infecte, — sont chassées de leurs ruches, de leurs logis. — On nous appelle, pour notre acharnement, les dogues anglais ; — maintenant, comme de petits chiens, nous nous sauvons en criant.

Courte fanfare d'alarme.

— Écoutez, compatriotes ! ou renouvelez le combat, — ou arrachez les lions du blason d'Angleterre ; — renoncez à votre sol natal, remplacez les lions par des moutons ; — les moutons fuient moins timidement devant le loup, — le cheval ou le bœuf devant le léopard, — que vous devant ces marauds tant de fois soumis par vous. — Cela ne sera pas.

Fanfare. Nouvelle escarmouce.

Retirez-vous dans vos retranchements : — vous êtes tous complices de la mort de Salisbury, — car nul de vous ne veut frapper un coup pour le venger. — La Pucelle est entrée dans Orléans, — en dépit de nous et de tous nos efforts. — Oh ! que je voudrais mourir avec Salisbury ! — Une telle honte me forcera à cacher ma tête.

Fanfare d'alarme. Retraite. Sortent Talbot et ses troupes, poursuivis par les Français.

Paraissent sur les remparts LA PUCELLE, CHARLES, RENÉ, ALENÇON *et des soldats.*

LA PUCELLE.

— Arborez sur les murs nos flottantes couleurs ; —

Orléans est délivré des loups anglais : — ainsi Jeanne la Pucelle a tenu sa parole.

CHARLES.

— Divine créature, brillante fille d'Astrée, — quels honneurs te rendrai-je pour ce succès ? — Tes promesses sont comme les jardins d'Adonis, — hier donnant des fleurs, aujourd'hui des fruits. — France, triomphe dans ta glorieuse prophétesse ! — La ville d'Orléans est sauvée ; — jamais notre empire n'a vu un événement plus heureux.

RENÉ.

— Pourquoi ne pas faire sonner toutes les cloches de la ville ? — Dauphin, commandez aux citoyens d'allumer des feux de joie, — et de festoyer et de banqueter en pleines rues, — pour célébrer le triomphe que Dieu nous a donné.

ALENÇON.

— Toute la France.sera pleine d'allégresse et de joie, — quand elle apprendra quels hommes nous nous sommes montrés.

CHARLES.

— C'est par Jeanne, et non par nous, que la journée est gagnée. — En reconnaissance, je veux partager ma couronne avec elle : — tous les prêtres et tous les moines de mon royaume — chanteront en procession ses louanges infinies. — Je lui élèverai une pyramide plus majestueuse — que celle de Rhodope ou de Memphis. — En mémoire d'elle, quand elle sera morte, — ses cendres, renfermées dans une urne plus précieuse — que le coffret richement incrusté de Darius, — seront portées aux grandes fêtes — devant les rois et les reines de France. — Nous ne crierons plus par saint Denis; mais Jeanne la Pucelle sera la patronne de la France. — Rentrons, et banquetons royalement, — après cette splendide journée de victoire.

         Fanfares : ils sortent.

SCÈNE VI.

[Même lieu.]

La nuit est venue; paraissent à la porte de la ville un SERGENT FRANÇAIS et deux sentinelles.

LE SERGENT.

— Camarades, prenez vos postes et soyez vigilants. — Si vous remarquez quelque bruit, quelque soldat — s'approchant des murailles, fais-nous-le savoir — au corps de garde par quelque signal éclatant.

PREMIÈRE SENTINELLE.

— C'est dit, sergent.

        Le sergent se retire.

Ainsi les pauvres subalternes, — pendant que les autres dorment tranquillement dans leurs lits, — sont contraints de veiller dans les ténèbres, sous la pluie, par le froid.

Arrivent TALBOT, BEDFORD, BOURGOGNE et des soldats portant des échelles : leurs tambours font entendre un sourd roulement.

TALBOT.

— Lord régent, et vous, Bourgogne redouté, — dont l'alliance nous rend amis — la contrée d'Artois, le pays wallon et la Picardie, — pendant cette nuit propice, les Français reposent en toute sécurité, — ayant bu et banqueté tout le jour. — Saisissons donc cette occasion — pour châtier leur imposture, — qui n'a réussi que grâce à un art et à une sorcellerie sinistres.

BEDFORD.

— Ce couard de Français ! quel tort il fait à son nom,

— en désespérant ainsi de la force de son bras, — pour s'aider des sorcières et des secours de l'enfer.

BOURGOGNE.

— Les traîtres n'ont pas d'autres associés. — Mais qu'est-ce donc que cette Pucelle, qu'on dit si pure ?

TALBOT.

— Une vierge, dit-on.

BEDFORD.

Une vierge ! et si martiale !

BOURGOGNE.

— Dieu veuille qu'avant longtemps nous ne la trouvions pas bien masculine, — pour peu qu'elle continue de porter les armes, comme elle a commencé, — sous l'étendard de la France !

TALBOT.

— Eh bien, laissons-les conspirer et converser avec les esprits infernaux ; — Dieu est notre forteresse ; en son nom triomphant, — décidons-nous à escalader leurs boulevards de pierre.

BEDFORD.

— Monte, brave Talbot, nous te suivrons.

TALBOT.

— Pas tous ensemble. Il vaut bien mieux, je crois, — que nous fassions notre entrée par différents points ; — afin que, si par hasard l'un de nous échoue, — les autres puissent s'élancer sur les forces ennemies.

BEDFORD.

— C'est convenu ; je vais à cet angle-là.

BOURGOGNE.

Et moi à celui-ci.

TALBOT.

— Et c'est ici que Talbot va monter ou faire sa tombe. — Maintenant, Salisbury, c'est pour toi et pour les droits

— de Henry d'Angleterre que je combats. Cette nuit montrera — combien je vous suis attaché à tous deux.

Les Anglais escaladent les murailles, en criant : Saint Georges! Talbot! et tous pénètrent dans la ville.

UNE SENTINELLE, de l'intérieur.

— Aux armes ! aux armes ! l'ennemi donne l'assaut !

Les Français sautent sur les murs en chemise. Arrivent par différents côtés LE BATARD, ALENÇON, RENÉ, *à demi déshabillés.*

ALENÇON.

— Eh bien ! messeigneurs !!!... quoi, tous ainsi déshabillés !

LE BATARD.

— Déshabillés ? Oui, et bien aises de l'avoir ainsi échappé belle !

RENÉ.

— Il était temps, ma foi, de nous éveiller et de quitter nos lits, — entendant l'alarme à la porte de nos chambres.

ALENÇON.

— En fait d'exploits, depuis que je suis la carrière des armes, — je n'ai jamais ouï parler d'une entreprise — plus aventureuse et plus désespérée que celle-ci.

LE BATARD.

— Je crois que Talbot est un démon de l'enfer.

RENÉ.

— Si ce n'est pas l'enfer, c'est sûrement le ciel qui le favorise.

ALENÇON.

— Voici Charles qui vient : je suis émerveillé de sa diligence.

Entrent CHARLES *et* LA PUCELLE.

LE BATARD.

— Bah ! la sainte Jeanne a été sa gardienne tutélaire.

CHARLES, à Jeanne.

— Est-ce là ton savoir, perfide donzelle? — Ne nous as-tu leurrés tout d'abord, — en nous procurant un léger gain, — que pour nous infliger en ce moment une perte décuple?

LA PUCELLE.

— Pourquoi Charles s'impatiente-t-il contre son amie? — Voulez-vous qu'à tout moment mon pouvoir soit égal? — Endormie ou réveillée, faut-il que je triomphe toujours, — sous peine d'être blâmée et accusée par vous? — Imprévoyants soldats, si vous aviez fait bonne garde, ce revers soudain ne serait pas arrivé.

CHARLES.

— Duc d'Alençon, c'est votre faute : — étant capitaine du guet cette nuit, — vous auriez dû mieux veiller à votre importante fonction.

ALENÇON.

— Si tous vos quartiers avaient été aussi sûrement gardés — que celui dont j'avais le commandement, — nous n'aurions pas été aussi honteusement surpris.

LE BATARD.

— Le mien était sûrement gardé.

RENÉ.

Et le mien aussi, monseigneur.

CHARLES.

— Quant à moi, la plus grande partie de cette nuit, — je l'ai employée à parcourir en tous sens — le quartier de la Pucelle et ma propre division, — relevant partout les sentinelles. — Comment donc et par où ont-ils pu pénétrer?

LA PUCELLE.

— Ne demandez plus, messeigneurs, — comment et par où. Il est sûr qu'ils ont trouvé un point — faiblement gardé, où s'est effectuée l'escalade. — Et maintenant il ne reste plus d'autre ressource — que de rallier nos soldats épars et déroutés, — et de former de nouveaux plans pour entamer l'ennemi.

Alarme. Entre un SOLDAT ANGLAIS, criant : Talbot! Talbot! Les Français fuient, laissant derrière eux leurs vêtements, que le soldat ramasse.

LE SOLDAT.

—Je me permettrai de prendre ce qu'ils ont laissé. — Le cri de *Talbot* me sert de glaive. — Car me voici chargé de dépouilles, — sans avoir employé d'autre arme que son nom.

Il sort.

SCÈNE VII.

[Orléans. La place du Marché.]

Entrent TALBOT, BEDFORD, BOURGOGNE, un CAPITAINE et d'autres.

BEDFORD.

Le jour commence à poindre, et met en fuite la nuit, — dont le noir manteau voilait la terre. — Sonnons ici la retraite, et arrêtons notre ardente poursuite.

On sonne la retraite.

TALBOT.

—Apportez le corps du vieux Salisbury ; — et déposez-le ici, sur la place du marché, — au centre même de cette ville maudite. — Maintenant j'ai accompli le vœu fait à son âme : — pour chaque goutte de sang tirée de lui, — il est mort cette nuit cinq Français au moins. — Et, afin que les âges futurs voient — par quels ravages il a été vengé, — je veux ériger dans leur principal temple — une tombe où sera enseveli son corps, — et sur laquelle une inscription lisible pour tous — racontera le sac d'Orléans, — le guet-apens qui a causé sa mort déplorable, — et quelle terreur il a été pour la France. — Mais, milords, dans notre sanglante tuerie, — je m'étonne que nous n'ayons rencontré ni Sa Grâce le Dauphin, — ni son nouveau champion, la vertueuse Jeanne d'Arc, — ni aucun de ses perfides confédérés.

BEDFORD.

— On croit, lord Talbot, qu'au commencement de la bataille, — chassés soudain de leurs lits somnolents, — ils ont, en perçant les rangs des hommes d'armes, — sauté par-dessus les remparts pour se réfugier dans la campagne.

BOURGOGNE.

— Moi-même, autant que j'ai pu distinguer — à travers la fumée et les vapeurs crépusculaires de la nuit, — je suis sûr d'avoir mis en fuite le Dauphin et sa ribaude, — comme ils accouraient bras dessus bras dessous, — ainsi qu'un couple de tendres tourtereaux, — qui ne peuvent se séparer ni jour ni nuit. — Quand tout sera mis en ordre ici, — nous les poursuivrons avec toutes nos forces.

Entre un Messager.

LE MESSAGER.

— Salut, milords ! Quel est dans ce cortége princier — celui qu'on nomme le martial Talbot, pour tant de hauts faits — vantés par tout le royaume de France ?

TALBOT.

— Voici Talbot : qui veut lui parler ?

LE MESSAGER.

— Une vertueuse dame, la comtesse d'Auvergne, — modeste admiratrice de ta renommée, — te supplie par ma voix, bon lord, de daigner — la visiter dans son pauvre château, — afin qu'elle puisse se vanter d'avoir vu l'homme — dont la gloire remplit le monde de son bruyant éclat.

BOURGOGNE.

—Serait-il vrai? Allons, je vois que nos guerres — vont devenir un jeu comiquement pacifique, — si les dames implorent ainsi des rencontres. — Vous ne pouvez, milord, faire fi de cette aimable requête.

TALBOT.

— Ne vous fiez plus à moi, si j'en fais fi. Ce qu'une masse d'hommes — ne pourrait obtenir de moi avec toute leur éloquence, — la courtoisie d'une femme me l'impose.

Au Messager.

—Dites-lui donc que je lui rends grâces, — et que je me présenterai respectueusement chez elle.

Au duc de Bourgogne et à Bedford.

—Est-ce que vos seigneuries ne veulent pas m'accompagner?

BEDFORD.

—Non, vraiment; ce serait plus que n'exige la bienséance, — et j'ai souvent ouï dire que les hôtes inattendus — ne sont guère les bienvenus que quand ils sont partis.

TALBOT.

—Eh bien donc, puisque la chose est sans remède, — j'irai seul mettre à l'épreuve la courtoisie de cette dame.
—Venez ici, capitaine.

Il parle bas au capitaine.

Vous comprenez mon intention?

LE CAPITAINE.

—Oui, milord, et j'agirai en conséquence.

Ils sortent

SCÈNE VIII.

[En Auvergne. La cour d'un château.]

Entrent LA COMTESSE et LE PORTIER.

LA COMTESSE.

— Portier, rappelez-vous mes instructions ; — et, quand vous les aurez exécutées, rapportez-moi les clefs.

LE PORTIER.

— Oui, madame.

Il sort.

LA COMTESSE.

— Le plan est dressé ; si tout réussit, — je serai aussi fameuse par cet exploit — que Thomyris de Scythie par la mort de Cyrus. — Grande est la renommée de ce redoutable chevalier, — et ses hauts faits ne sont pas moins grands. — Je voudrais joindre au témoignage de mes oreilles celui de mes yeux — pour juger la valeur de ces étonnants récits.

Entrent le MESSAGER et TALBOT.

LE MESSAGER.

Madame, — conformément au désir de votre excellence, — appelé par votre message, lord Talbot est venu.

LA COMTESSE.

— Et il est le bienvenu. Quoi ! est-ce là l'homme ?

Elle montre Talbot.

LE MESSAGER.

— Oui, madame.

LA COMTESSE.

Est-ce là le fléau de la France ? — Est-ce là ce Talbot, partout si redouté — qu'avec son nom seul les mères font taire leurs enfants ? — Je le vois, les rapports sont fabuleux et faux : — je croyais voir un Hercule, —

un second Hector, à l'aspect farouche, — aux vastes proportions, aux membres robustes. — Eh! mais c'est un enfant, un grotesque nain : — il n'est pas possible que ce nabot faible et noué — frappe ses ennemis d'une telle terreur.

TALBOT.

— Madame, j'ai pris la liberté de vous importuner; — mais, puisque Votre Excellence n'est pas de loisir, — je trouverai quelque autre moment pour vous faire visite.

Il va pour se retirer.

LA COMTESSE.

— Que prétend-il donc?

Au messager.

Allez lui demander où il va.

LE MESSAGER.

— Arrêtez, milord, car madame désire — savoir la cause de votre brusque départ.

TALBOT.

— Morbleu! pour ça, elle est dans l'erreur; — je vais lui prouver que Talbot est ici.

Le portier rentre avec des clefs.

LA COMTESSE.

— Si tu es Talbot, eh bien, tu es prisonnier.

TALBOT.

— Prisonnier! De qui?

LA COMTESSE.

De moi, lord altéré de sang. — Et c'est dans ce but que je t'ai attiré chez moi. — Il y a longtemps que ton ombre est en mon pouvoir, — car ton portrait est pendu dans ma galerie. — Mais aujourd'hui ta personne même subira le même sort; — et je vais enchaîner tes jambes et tes bras, — tyran qui depuis tant d'années — dévastes

SCÈNE VIII.

notre pays, tues nos citoyens, — et envoies en captivité nos fils et nos maris.

TALBOT, éclatant de rire.

— Ha ! ha ! ha !

LA COMTESSE.

— Tu ris, misérable ! Ton hilarité se dissipera en gémissements.

TALBOT.

— Je ris de vous voir si simple, madame ; — vous vous figurez que vous possédez autre chose que l'ombre de Talbot — pour objet de vos rigueurs !

LA COMTESSE.

— Quoi ! tu n'es pas l'homme !

TALBOT.

Je le suis en effet.

LA COMTESSE.

— J'ai donc la substance, comme l'ombre.

TALBOT.

— Non, non, je ne suis que l'ombre de moi-même. — Vous vous trompez, ma substance n'est pas ici ; — car ce que vous voyez n'est que la plus mince fraction, — la plus petite portion de l'homme. — Je vous le déclare, madame, s'il était ici tout entier, — son envergure est si vaste et si grandiose — que votre toit ne suffirait pas à le contenir.

LA COMTESSE.

— Ce manant parle par énigmes : — il est ici, et n'y est pas. — Comment ces contradictions peuvent-elles se concilier?

TALBOT.

— Je vais vous le montrer sur-le-champ.

Il sonne du cor. Roulement de tambour, puis décharge d'artillerie Les portes du château sont enfoncées, et des soldats entrent.

TALBOT, continuant.

— Qu'en dites-vous, madame ? Êtes-vous convaincue

maintenant — que vous ne voyiez que l'ombre de Talbot? — Voici sa substance; voici les muscles, les bras, les forces, — avec lesquels il met sous le joug vos cous rebelles, — rase vos cités, renverse vos villes — et les rend en un moment désolées.

LA COMTESSE.

— Victorieux Talbot! pardonne mon outrage; — je le vois, tu n'es pas au-dessous de ce que raconte la renommée, — et tu es au-dessus de ce qu'annonce ta taille. — Que ma présomption ne provoque pas ta colère, — car je suis fâchée de ne t'avoir pas traité — avec le respect qui t'est dû.

TALBOT.

— Ne vous alarmez, pas belle dame; ne méconnaissez pas — l'âme de Talbot, comme vous vous êtes méprise — sur l'extérieur de sa personne. — Ce que vous avez fait ne m'a point offensé; — la seule satisfaction que je vous demande, — c'est de souffrir que nous — goûtions de votre vin et que nous voyions quelles friandises vous avez, — car l'appétit des soldats est toujours excellent.

LA COMTESSE.

— De tout mon cœur; et je me tiens pour honorée — de festoyer chez moi un si grand guerrier.

Ils sortent.

SCÈNE IX.

[Londres. Les jardins du Temple.]

Entrent les comtes de Somerset, de Suffolk et de Warwick, Richard Plantagenet, Vernon et un autre homme de loi.

PLANTAGENET.

— Milords et messieurs, que signifie ce silence? — Personne n'ose-t-il rendre témoignage à la vérité?

SCÈNE IX.

SUFFOLK.

— Dans la salle du Temple, nous faisions trop de bruit; — ce jardin est un lieu plus convenable.

PLANTAGENET.

— Déclarez donc sur-le-champ si j'ai soutenu la vérité, — ou si ce querelleur de Somerset n'est pas dans l'erreur.

SUFFOLK.

— Ma foi, je suis un méchant étudiant en droit; — je n'ai jamais pu plier ma volonté à la loi; — et aussi ai-je toujours plié la loi à ma volonté.

SOMERSET.

— Jugez donc entre nous, vous, milord de Warwick.

WARWICK.

— De deux faucons, lequel vole le plus haut? — De deux chiens, lequel a le plus fort aboiement? — De deux lames, laquelle a la meilleure trempe? — De deux chevaux, lequel se manie le mieux? — De deux filles, laquelle a la plus sémillante œillade? — J'ai peut-être assez de jugement pour décider tout cela; — mais dans ces subtiles et fines arguties de la loi, — ma foi, je n'en sais pas plus long qu'une buse.

PLANTAGENET.

— Bah! bah! c'est une échappatoire polie. — La vérité est si visiblement nue de mon côté — qu'un myope la reconnaîtrait.

SOMERSET.

— Et de mon côté elle est si bien démontrée, — si claire, si éclatante, si évidente, — qu'elle resplendirait même aux yeux d'un aveugle.

PLANTAGENET.

— Puisque vous restez bouche close et répugnez tant à parler, — proclamez votre pensée par un muet témoignage. — Que celui qui, né vrai gentilhomme, tient à l'honneur de sa naissance, — et croit que j'ai défendu la vérité, — cueille avec moi sur ce buisson une rose blanche.

SOMERSET.

— Que celui qui n'est ni un couard ni un flatteur, — et ose soutenir le parti de la vérité, — cueille avec moi sur cette épine une rose rouge.

WARWICK.

— Je n'aime pas les couleurs ; et, sans couleur aucune — d'insinuante et basse flatterie, — je cueille cette rose blanche avec Plantagenet.

SUFFOLK

— Je cueille cette rose rouge avec le jeune Somerset, — en ajoutant qu'il a soutenu le droit.

VERNON.

— Arrêtez, milords et messieurs ; avant de continuer, — convenons que celui des deux qui de son côté — aura le moins de roses cueillies, — reconnaîtra que l'autre a raison.

SOMERSET.

— Cher maître Vernon, c'est une bonne motion ; — si j'en ai le moins, je souscris en silence.

PLANTAGENET.

Moi aussi.

VERNON.

— Eh bien, au nom de la vérité et de la justice, — je cueille aussi cette fleur pâle et virginale, — donnant mon verdict en faveur de la rose blanche.

SOMERSET.

— Ne vous piquez pas le doigt en la cueillant, — de peur de la teindre en rouge avec votre sang, — et de vous ranger de mon côté malgré vous.

VERNON.

— Milord, si je verse mon sang pour mon opinion, —

mon opinion pansera ma blessure, — et me maintiendra du côté où je suis.

SOMERSET.

— Bien, bien, allons : qui cueille encore ?

L'HOMME DE LOI, à Sommerset.

— Si mes études et mes livres ne me trompent, — le système que vous avez soutenu est faux ; — en foi de quoi je cueille aussi une rose blanche.

PLANTAGENET.

— Maintenant, Somerset, où est ton argument ?

SOMERSET.

— Ici, dans mon fourreau : je n'ai qu'à y recourir — pour colorer votre rose blanche en rouge sanglant.

PLANTAGENET.

— En attendant, vos joues plagient nos roses ; — car elles pâlissent de frayeur en reconnaissant — la vérité de notre côté.

SOMERSET.

Non, Plantagenet, — ce n'est pas de frayeur, mais de colère, en voyant tes joues — rougir de honte et plagier nos roses, — tandis que ta bouche se refuse à confesser ton erreur.

PLANTAGENET.

— Est-ce qu'il n'y a pas un ver dans ta rose, Somerset ?

SOMERSET.

— Est-ce qu'il n'y a pas une épine à ta rose, Plantagenet ?

PLANTAGENET.

— Oui, une épine acérée et perçante pour défendre la vérité, — tandis que ton ver rongeur se repaît d'imposture.

SOMERSET.

— Eh bien, je trouverai des amis pour porter mes

roses sanglantes — et soutenir que j'ai dit vrai, — alors que le fourbe Plantagenet n'osera pas se montrer.

PLANTAGENET.

— Eh bien, par la fleur virginale que je tiens à la main, — je te méprise toi et ton insigne, revêche enfant.

SUFFOLK.

— Ne tourne pas ton mépris de ce côté, Plantagenet.

PLANTAGENET.

— Si fait, orgueilleux Poole, je vous méprise tous deux, lui et toi.

SUFFOLK.

— Ce mépris, je te le rejetterai à la gorge.

SOMERSET.

— Assez, assez, cher William de la Poole! — nous faisons trop d'honneur à ce manant, en conversant avec lui.

WARWICK.

— Ah! pardieu, tu lui fais injure, Somerset. — Son grand-père était Lionel, duc de Clarence, — troisième fils du troisième Édouard, roi d'Angleterre. — Sort-il des manants sans blason d'une aussi noble souche?

PLANTAGENET.

— Il se prévaut du privilége de ce lieu; — autrement, dans la lâcheté de son cœur, il n'eût pas osé parler ainsi.

SOMERSET.

— Par celui qui m'a créé, je soutiendrai mes paroles — sur n'importe quel terrain de la chrétienté. — Ton père, Richard, comte de Cambridge, — n'a-t-il pas été exécuté pour trahison du temps de notre feu roi? — Et, par sa trahison, ne demeures-tu pas flétri, — dégradé et déchu de ton ancienne noblesse? — Son crime vit toujours infâme dans ton sang; — et, jusqu'à ce que tu sois réhabilité, tu n'es qu'un manant.

PLANTAGENET.

— Mon père fut accusé, mais non flétri ; — condamné à mort pour trahison, mais non traître ; — et cela, je le prouverai contre de plus illustres que Somerset, — quand le moment sera mûr pour mes desseins. — Quant à Poole, votre affidé, et à vous-même, — je vous note sur le registre de ma mémoire, — pour vous punir de cette insulte. — Prenez-y bien garde, et tenez-vous pour bien avertis.

SOMERSET.

— Oui-dà, tu nous trouveras toujours prêts ; — et tu nous reconnaîtras pour tes ennemis à ces couleurs, — que mes amis porteront en dépit de toi.

PLANTAGENET.

— Sur mon âme, cette rose pâle de colère, — insigne de ma haine altérée de sang, — je la porterai, moi, ainsi que mes partisans, — jusqu'à ce qu'elle se flétrisse avec moi dans la tombe, — ou s'épanouisse à la hauteur de mon rang !

SUFFOLK.

— Poursuis, et que ton ambition t'étouffe ! — Et sur ce, adieu jusqu'à notre prochaine rencontre.

Il sort.

SOMERSET.

— Je te suis, Poole... Adieu, ambitieux Richard.

Il sort.

PLANTAGENET.

— Comme je suis bravé ! Et il faut que je l'endure !

WARWICK.

— Cette tache, qu'ils reprochent à votre maison, — sera effacée dans le prochain parlement, — convoqué pour prononcer la trêve entre Winchester et Glocester. — Si alors tu n'es pas créé duc d'York, — je ne veux plus être qualifié Warwick. — En attendant, comme gage de mon affection pour toi — et de mon inimitié contre le fier Somerset et William Poole, — je veux porter cette rose, rangé dans ton parti... — Et voici ce que je prédis : l'altercation — qui a produit dans le jardin du Temple cette division — entre la rose rouge et la rose blanche — enverra des milliers d'hommes à la mort et dans la nuit funèbre.

PLANTAGENET.

— Cher maître Vernon, je vous suis obligé — d'avoir bien voulu cueillir une fleur en ma faveur.

VERNON.

— Et en votre faveur je veux la porter toujours.

L'HOMME DE LOI.

— Et moi aussi.

PLANTAGENET.

— Merci, cher monsieur. — Allons dîner tous les quatre : j'ose dire — que cette querelle s'abreuvera de sang un jour à venir.

Ils sortent.

SCÈNE X.

[Dans la tour de Londres.]

Entre MORTIMER, porté dans un fauteuil par deux GARDIENS.

MORTIMER.

— Bons gardiens de ma vieillesse défaillante, — laissez Mortimer mourant se reposer ici. — Un long emprisonnement m'a rendu boiteux, — comme un homme qu'on vient de retirer du chevalet. — Vieilli, comme Nestor, dans un âge de soucis, — ces cheveux blancs, hérauts de la mort, — annoncent la fin d'Edmond Mortimer. — Ces yeux, tels que des lampes dont l'huile est consumée, — s'obscurcissent, comme s'ils allaient s'éteindre ; — mes faibles épaules sont accablées par le poids du chagrin ; — j'ai les bras énervés, comme une vigne flétrie, — qui laisse tomber à terre ses branches desséchées. — Et cependant ces pieds, sans force, engourdis, — incapables de supporter cette masse d'argile, — ont des ailes pour atteindre la tombe, — comme s'ils savaient que je n'ai pas d'autre refuge. — Mais, dis-moi, gardien, mon neveu viendra-t-il ?

PREMIER GARDIEN.

— Richard Plantagenet va venir, milord. — Nous avons envoyé au Temple, à son appartement ; — et il a été répondu qu'il allait venir.

MORTIMER.

— Cela suffit ; mon âme sera donc satisfaite ! — Pauvre gentilhomme ! Son injure égale la mienne. — Depuis le commencement du règne de Henry de Monmouth, — dont ma grandeur militaire a précédé la gloire, — j'ai subi cette odieuse séquestration ; — et, depuis la même époque, Richard a été réduit à l'obscurité, — privé d'honneurs et d'héritage. — Mais, maintenant, l'arbitre des désespoirs, — la bienfaisante réparatrice des misères humaines, — la Mort impartiale va m'élargir d'ici par une douce libération. — Je voudrais également que ses tribulations eussent expiré, — et qu'il pût recouvrer ce qu'il a perdu.

Entre RICHARD PLANTAGENET.

PREMIER GARDIEN, à Mortimer.

— Milord, votre bien-aimé neveu vient d'arriver.

MORTIMER.

— Richard Plantagenet, mon parent ! Il est arrivé !

PLANTAGENET.

— Oui, mon noble oncle qu'on traite si ignoblement,

— votre neveu Richard arrive sous le coup d'un récent outrage.

MORTIMER.

— Dirigez mes bras, que je puisse étreindre son cou, — et exhaler dans son sein mon dernier soupir. — Oh! dites-moi quand mes lèvres toucheront ses joues, — que je puisse dans ma tendresse lui donner un baiser défaillant! — Et maintenant explique-toi, doux rejeton de la grande souche d'York, — tu disais que tu étais sous le coup d'un récent outrage.

PLANTAGENET.

— Commence par appuyer sur mon bras ton corps vieillissant, — et, dans cette position plus aisée, je te dirai mon malaise. — Aujourd'hui, dans un débat sur une question de droit, — quelques mots ont été échangés entre Somerset et moi; — et, tout en prodiguant les invectives, — il m'a reproché la mort de mon père. — Cette accusation m'a fermé la bouche; — sans quoi je lui eusse dûment répliqué. — Ainsi, mon bon oncle, au nom de mon père, — pour l'honneur d'un vrai Plantagenet, — enfin au nom de notre parenté, apprends-moi pour quelle cause — mon père, le comte de Cambridge, a été décapité.

MORTIMER.

— La même cause, beau neveu, qui m'a emprisonné ici — et qui m'a, dès la fleur de ma jeunesse, relégué, — pour y languir, dans un hideux cachot, — a été le motif maudit de sa mort.

PLANTAGENET.

— Expliquez-moi cette cause plus en détail, — car je l'ignore et ne puis la deviner.

MORTIMER.

— Je le veux bien, si mon souffle débile me le permet — et si la mort ne survient pas avant la fin de mon récit : — Henry IV, grand-père du présent roi. — déposa son neveu Richard, fils d'Édouard, — le premier-né et le légitime héritier — du roi Édouard, troisième du nom. — Durant son règne, les Percys du Nord, — trouvant son usurpation souverainement injuste, — tentèrent de m'élever au trône. — Le motif qui déterminait à cela ces lords belliqueux, — était que, le jeune roi Richard ainsi écarté — et ne laissant pas d'héritier engendré de son corps, — j'étais le plus proche du trône par la naissance et la parenté ; — car par ma mère je descends — de Lionel, duc de Clarence, troisième fils — du roi Édouard III, tandis que lui — tire sa lignée de Jean de Gand, — qui n'était que le quatrième de cette génération héroïque. — Mais suis-moi. Dans cette haute et grande entreprise — où ils travaillaient à restaurer l'héritier légitime, — ils perdirent la vie, et moi la liberté. — Longtemps après, quand Henry V, — qui succéda à son père Bolingbroke, régnait, — ton père le comte de Cambridge, descendant — du fameux Edmond Langley, duc d'York, — ayant épousé ma sœur, qui fut ta mère, — fut ému de ma cruelle détresse — et leva une nouvelle armée, dans le but de me délivrer — et de m'investir du diadème. — Mais ce noble comte échoua, comme les autres, — et fut décapité. Ainsi les Mortimers, — en qui reposait le droit, ont été anéantis.

PLANTAGENET.

— Et Votre Honneur, milord, est le dernier d'entre eux.

MORTIMER.

— C'est vrai, et tu vois que je n'ai pas d'enfants ; — et ma parole défaillante annonce ma mort imminente : — tu es mon héritier ; je te prie de conclure le reste ; — mais sois circonspect dans ta laborieuse tâche.

PLANTAGENET.

— Tes graves conseils prévaudront sur moi ; — mais il me semble que l'exécution de mon père — n'a été qu'un acte sanglant de tyrannie.

MORTIMER.

— Garde, mon neveu, un silence politique. — La maison de Lancastre est fortement établie — et, telle qu'une montagne, ne peut être déplacée. — Mais maintenant ton oncle transfère son existence ailleurs, — comme un prince sa cour, alors qu'il est fatigué — d'un trop long séjour dans la même demeure.

PLANTAGENET.

— O mon oncle ! que ne puis-je d'une partie de mes jeunes années — prolonger la période de ta vieillesse !

MORTIMER.

— Tu veux donc, pour mon malheur, faire comme le boucher — qui assène plusieurs coups, quand un seul suffirait. — Ne te lamente que si mon bonheur t'afflige. — Donne seulement des ordres pour mes funérailles. — Et sur ce, adieu. Puissent toutes tes espérances être réalisées, — et ta vie être prospère dans la paix et dans la guerre !

Il expire.

PLANTAGENET.

— Que la paix, et non la guerre, accompagne ton âme qui s'en va ! — Tu as fait ton pèlerinage en prison, — et tu y as fini tes jours, ainsi qu'un ermite... — Oui, j'enfermerai ses conseils dans mon cœur ; — et j'y laisserai reposer ce que je rêve. — Gardiens, emportez-le d'ici ; et moi-même — je lui ferai des funérailles plus belles que sa vie.

Les gardiens sortent, emportant Mortimer.

— Ici s'éteint la sombre torche de Mortimer, — qu'une ambition subalterne a étouffée. — Quant à ces outrages, quant à ces injures amères — que Somerset a lancées contre ma maison, — je compte bien, pour mon honneur, en faire justice. — Et dans ce but, je me rends vite au parlement ; — ou je serai rétabli dans tous les droits de mon sang, — ou je ferai du mal même l'instrument de mon bien.

Il sort.

SCÈNE XI.

[Londres. La salle du Parlement.]

Fanfares. Entrent le ROI HENRY, EXETER, GLOCESTER, WARWICK, SOMERSET et SUFFOLK; L'ÉVÊQUE DE WINCHESTER, RICHARD, PLANTAGENET et autres.

Glocester va présenter un bill d'accusation; Winchester le lui arrache et le déchire.

WINCHESTER.

— Tu viens avec un écrit profondément prémédité, — avec un pamphlet minutieusement élaboré, — Homfroy de Glocester ! Si tu as à m'accuser, — si tu as quelque chose à dire à ma charge, — fais-le immédiatement, sans préparation, — comme je compte moi-même répondre à toutes tes objections — par une réfutation immédiate et improvisée.

GLOCESTER.

— Prêtre présomptueux ! Ce lieu m'impose la patience, — sans quoi tu sentirais combien tu m'as insulté. — Ne crois pas, si j'ai mis par écrit — l'exposé de tes crimes outrageusement infâmes, — que j'aie rien inventé, ou que je sois incapable — de répéter *verbatim* l'œuvre de ma plume. — Non, prélat ! telle est ton audacieuse perversité, — ton impudence délétère, ton extravagance anarchique, — que les enfants même parlent de ton orgueil. — Tu es le plus pernicieux usurier, — méchant par nature, ennemi de la paix, — lascif et libertin, plus qu'il ne sied certes — à un homme de ta profession et de ton rang. — Et quant à ta trahison, quoi de plus manifeste? — N'as-tu pas tenté de m'ôter la vie par un guet-apens, — aussi bien au pont de Londres qu'à la Tour? — En outre, si l'on sondait tes pensées, je craindrais fort — que le roi, ton souverain, ne fût pas lui-même tout à fait à l'abri — de l'envieuse perfidie de ton cœur arrogant.

WINCHESTER.

— Glocester, je te défie... Milords, daignez — prêter l'oreille à ma réplique. — Si je suis rapace, ambitieux ou pervers, — comme il le prétend, comment suis-je si pauvre? — Comment se fait-il que je ne cherche ni mon avancement, — ni mon élévation, mais que je me renferme dans l'exercice de mon ministère? — Et quant à l'anarchie, qui donc est attaché à la paix — plus que moi, à moins que je ne sois provoqué? — Non, mes bons lords, ce n'est pas là ce qui offense le duc, — ce n'est pas là ce qui l'a irrité; — le fait est qu'il voudrait gouverner seul, — qu'il voudrait être seul auprès du roi; — et voilà ce qui provoque tant de tonnerres dans son cœur, — et ce qui lui fait rugir ces accusations. — Mais il saura qu'étant son égal...

GLOCESTER.

Mon égal! — toi, bâtard de mon grand-père!

WINCHESTER.

— Oui, hautain seigneur : car qu'êtes-vous, je vous prie, — sinon l'impérieux occupant du trône d'un autre?

GLOCESTER.

— Ne suis-je pas le Protecteur, prêtre insolent?

WINCHESTER.
— Et ne suis-je pas un prélat de l'Église ?
GLOCESTER.
— Oui, comme un bandit qui, retranché dans un château, — en fait le boulevard de son brigandage.
WINCHESTER.
— Irrévérent Glocester !
GLOCESTER.
Ce qu'on doit révérer en toi, — c'est ta fonction spirituelle, ce n'est pas ta vie.
WINCHESTER.
— Rome remédiera à cela.
WARWICK.
Allez-y donc, rare homme !
SOMERSET, à Warwick.
— Milord, il serait de votre devoir de vous abstenir.
WARWICK, à Somerset.
— Veillez donc à ce que l'évêque ne dépasse pas les bornes.
SOMERSET.
— Il me semble, en effet, que milord devrait être religieux — et connaître les devoirs imposés par cette qualité.
WARWICK.
—Il me semble, à moi, que Sa Seigneurie devrait être plus humble ; — il ne sied pas à un prélat de discuter de la sorte.
SOMERSET.
— Si fait, quand on touche de si près à son caractère sacré.
WARWICK.
— Sacré ou profane, qu'importe ?
Montrant Glocester.
— Sa Grâce n'est-elle pas le protecteur du roi ?

PLANTAGENET, à part.

— Plantagenet, je le vois, doit retenir sa langue, — de peur qu'on ne lui dise : *Parlez, l'ami, quand vous le devez; — votre impertinent verdict doit-il trouver place dans le débat des lords ?* — Autrement j'aurais frondé Winchester.

LE ROI HENRY.

— Oncles de Glocester et de Winchester, — gardiens spéciaux de la chose publique, — je voudrais, si les prières ont quelque pouvoir sur vous, pouvoir — vous réconcilier dans une affectueuse amitié. — Oh! quel scandale pour notre couronne — que deux nobles pairs tels que vous soient en désaccord ! — Croyez-moi, milords, mes tendres années peuvent le dire, — la discorde civile est une vipère — qui ronge les entrailles de la république.

Cris au dehors : A bas les habits jaunes !

— Quel est ce tumulte ?

WARWICK.

C'est une émeute, j'ose le dire, — soulevée par la malveillance des gens de l'évêque.

Nouveaux cris : Des pierres ! des pierres !

Entre LE MAIRE DE LONDRES, avec son escorte.

LE MAIRE.

— O mes bons lords, et vous, vertueux Henry, — ayez pitié de la cité de Londres, ayez pitié de nous ! — Les gens de l'évêque et du duc de Glocester, — à qui il a été défendu récemment de porter des armes, — ont rempli leurs poches de pierres, — et, partagés en deux bandes contraires, — ils se les jettent à la tête si violemment — que déjà beaucoup de ces cerveaux exaltés ont été broyés. — Nos fenêtres sont brisées dans toutes les rues, — et nous sommes forcés, par prudence, de fermer nos boutiques.

Entrent, en se battant et la tête ensanglantée, LES GENS *de Glocester et ceux de Winchester.*

LE ROI HENRY.

— Nous vous sommons, par l'allégeance qui nous est due, — de retenir vos mains meurtrières et de respecter la paix. — Je vous en prie, mon oncle Glocester, — calmez cette émeute.

PREMIER SERVITEUR.

Ah! si l'on nous — interdit les pierres, nous lutterons avec nos dents.

DEUXIÈME SERVITEUR.

— Osez ce que vous voudrez, nous sommes aussi résolus.

La lutte recommence.

GLOCESTER.

— Vous, gens de ma maison, cessez cette fâcheuse querelle, — et laissez là cette lutte indécente.

TROISIÈME SERVITEUR.

— Milord, nous savons que Votre Grâce est un homme — juste et droit, et que, par la royauté de votre naissance, — vous n'êtes inférieur qu'à Sa Majesté. — Aussi, plutôt que de souffrir qu'un prince tel que vous, — un si bon père de la république, — soit outragé par un cuistre, — nous, nos femmes et nos enfants, nous combattrons tous, — et nous nous ferons massacrer par vos ennemis.

PREMIER SERVITEUR.

— Oui, et nos ongles même — fouilleront le champ de bataille, quand nous serons morts.

Nouvelle rixe.

GLOCESTER.

Arrêtez, arrêtez, vous dis-je ! — Si vous m'aimez comme vous le dites, — veuillez, à ma persuasion, vous contenir un peu.

LE ROI HENRY.

— Oh! que cette discorde afflige mon âme ! — Pouvez-vous, milord de Winchester, voir — mes soupirs et mes larmes, sans vous laissez toucher ! — Qui donc sera miséricordieux, si vous ne l'êtes pas ? — Oh ! qui s'occupera de préserver la paix, — si les saints hommes d'Église se plaisent aux querelles ?

WARWICK.

— Milord protecteur, cédez ; cédez, Winchester, — si vous ne voulez, par un refus obstiné, — tuer votre souverain et ruiner le royaume. — Vous voyez que de malheurs, que de meurtres même — ont été causés par votre inimitié. — Faites donc la paix, si vous n'avez pas soif de sang.

WINCHESTER, montrant Glocester.

— Il se soumettra ou je ne céderai jamais.

GLOCESTER.

— Ma compassion pour le roi me commande de fléchir ; — autrement, je verrais arracher le cœur de ce prêtre, — avant qu'il obtînt de moi cette concession.

WARWICK.

— Voyez, milord de Glocester, le duc — a banni la sombre furie du mécontentement ; — son front rasséréné l'annonce. — Pourquoi gardez-vous cet air farouche et tragique ?

GLOCESTER.

— Tiens, Winchester, je t'offre la main.

LE ROI HENRY.

— Fi ! mon oncle Beaufort : Je vous ai ouï prêcher — que la haine était un grand et grave péché : — voulez-vous donc ne pas pratiquer la leçon que vous enseignez, — et être au contraire le premier à l'enfreindre ?

WARWICK.

— Bon roi ! comme il gronde doucement l'évêque !... — Quelle honte, milord de Winchester ! rendez-vous. — Quoi ! faut-il qu'un enfant vous apprenne votre devoir !

WINCHESTER.

— Eh bien, duc de Glocester, je te cède ; — je te rends amour pour amour, serrement de main pour serrement de main.

GLOCESTER.

— Oui, mais je crains fort que ce ne soit à contrecœur. — Voyez, mes amis, mes bien-aimés compatriotes ; — ce gage est un signal de trêve — entre nous deux et tous nos serviteurs. — Que Dieu m'assiste, comme il est vrai que je ne dissimule pas !

WINCHESTER, à part.

— Que Dieu m'assiste, comme il est vrai que mon intention n'est pas sérieuse !

LE ROI HENRY.

— O mon oncle bien-aimé, bon duc de Glocester, — combien me rend joyeux cet accommodement !

Aux gens du duc et de l'évêque.

— Partez, mes maîtres ! ne nous troublez plus ; — mais réconciliez-vous, comme vos seigneurs.

PREMIER SERVITEUR.

— Soit ! je vais chez le chirurgien.

DEUXIÈME SERVITEUR.

Et moi aussi.

TROISIÈME SERVITEUR.

— Et moi, je vais voir quelle médecine offre la taverne.

Le maire, les gens du duc et de l'évêque sortent.

WARWICK.

— Très-gracieux souverain, accueillez cette requête, — qu'au nom de Richard Plantagenet, — nous présentons à Votre Majesté.

Il présente un placet au roi.

GLOCESTER.

— Excellente motion, milord de Warwick.

Au roi.

En effet, cher prince, — si Votre Grâce pèse toutes

les circonstances, — vous aurez hautement raison de faire droit à Richard, — spécialement pour les motifs — que j'ai dits à Votre Majesté à Eltham-Place.

LE ROI HENRY.

— Et ces motifs, mon oncle, étaient puissants. — Ainsi donc, mes bien-aimés lords, notre bon plaisir est — que Richard soit restauré dans tous les droits de sa naissance.

WARWICK.

— Que Richard soit restauré dans tous les droits de sa naissance; — ainsi seront réparées les injures de son père.

WINCHESTER.

— Ce que veulent tous les autres, Winchester le veut.

LE ROI HENRY.

— Si Richard est fidèle, je ne m'arrêterai pas là, — mais je lui rendrai tout l'héritage — qui appartient à la maison d'York, dont il descend en ligne directe.

PLANTAGENET, au roi.

— Ton humble serviteur fait vœu de t'obéir — et de te servir humblement jusqu'à la mort.

LE ROI HENRY.

— Incline-toi donc, et mets ton genou contre mon pied ; — et, en retour de cet hommage, — je te ceins de la vaillante épée d'York. — Relève-toi, Richard, en vrai Plantagenet ; — relève-toi, prince et duc d'York.

PLANTAGENET.

— Puisse Richard prospérer comme tes ennemis succomber! — Puissent, comme ma fidélité grandira, périr tous ceux — qui nourrissent une seule pensée contre Votre Majesté.

TOUS.

— Salut, grand prince, puissant duc d'York !

SOMERSET, à part.

— Périsse ce prince vil, l'ignoble duc d'York !

GLOCESTER, au roi.

— Maintenant il est urgent que Votre Majesté — passe les mers et se fasse couronner en France. — La présence d'un roi engendre l'amour — chez ses sujets et ses loyaux amis, — comme elle décourage ses ennemis.

LE ROI HENRY.

— Quand Glocester parle, le roi Henry marche, — car un conseil ami détruit bien des adversaires.

GLOCESTER.

— Vos vaisseaux sont déjà prêts.

Tous sortent, excepté Exeter.

EXETER.

— Oui, que nous marchions en Angleterre ou en France, — nous ne voyons pas l'avenir probable. — Cette dernière dissension, allumée entre les pairs, — brûle sous les cendres trompeuses d'une amitié forgée, — et finira par éclater en un incendie. — Comme des membres gangrenés pourrissent par degrés, — jusqu'à ce que les os, la chair et les nerfs se dissolvent, — ainsi se propagera cette basse et jalouse discorde. — Et c'est maintenant que je redoute cette fatale prophétie, — qui, au temps de Henry, dit le cinquième, — était dans la bouche de tous les enfants à la mamelle :

> Henry, né à Monmouth, gagnera tout.
> Henry, né à Windsor, perdra tout.

— Cela est si évident qu'Exeter souhaite — de finir ses jours avant cette désastreuse époque.

Il sort.

SCÈNE XII.

[En France. Devant les remparts de Rouen.]

Entrent LA PUCELLE, déguisée, et des SOLDATS vêtus en paysans, portant des sacs sur le dos.

LA PUCELLE.

— Voici les portes de la cité, les portes de Rouen, — par lesquelles notre adresse doit faire une brèche. — Faites attention ; prenez garde à la manière dont vous placerez vos paroles ; parlez comme le commun des gens du marché — qui viennent faire argent de leur blé. — Si nous obtenons accès, comme je l'espère, — et que nous trouvions le poste négligent et faible, — j'en avertirai nos amis par un signal, — pour que le Dauphin Charles puisse les attaquer.

PREMIER SOLDAT.

— Nos sacs vont servir au sac de la ville, — et nous serons bientôt seigneurs et maîtres de Rouen ; en conséquence frappons.

Ils frappent aux portes.

LA SENTINELLE, de l'intérieur.

— *Qui est là ?*

LA PUCELLE.

Paysans, pauvres gens de France : — de pauvres gens du marché qui viennent vendre leur blé.

LA SENTINELLE.

— Entrez, venez ; la cloche du marché a sonné.

Il ouvre les portes.

LA PUCELLE.

— Maintenant, Rouen, je vais ébranler tes boulevards jusqu'au fondement.

La Pucelle et ses soldats entrent dans la cité.

Entrent en avant des remparts, Charles, *le* Batard d'Orleans, Alençon, *et les forces françaises.*

CHARLES.

— Saint Denis bénisse cet heureux stratagème ! — Et encore une fois nous dormirons tranquilles dans Rouen.

LE BATARD.

— Voici par où la Pucelle et ses affidés sont entrés ; — maintenant qu'elle est là, comment nous indiquera-t-elle — où est le meilleur et le plus sûr passage ?

CHARLES.

— En brandissant une torche du haut de cette tour ; ce signal voudra dire — que le point le plus faible est celui par où elle est entrée.

La Pucelle apparaît au haut d'une tour, tenant une torche allumée.

LA PUCELLE.

— Regardez, voici l'heureuse torche nuptiale — qui unit Rouen à ses compatriotes, — flambeau fatal aux talbotistes !

LE BATARD.

— Voyez, noble Charles, le fanal de notre amie ; — la torche allumée est sur cette tourelle.

CHARLES.

— Qu'elle brille donc comme une comète vengeresse, — prophétisant la chute de tous nos ennemis !

ALENÇON.

— Ne perdons pas de temps. Les délais ont de dangereux résultats. — Entrons sur-le-champ en criant : *Le Dauphin !* — Et puis exterminons le poste.

Ils entrent dans la ville.

Fanfares d'alarme. Entrent Talbot *et des Anglais.*

TALBOT.

— France, tu expieras cette trahison avec tes larmes,

— pour peu que Talbot survive à ta perfidie. — La Pucelle, cette sorcière, cette enchanteresse damnée, — nous a surpris si inopinément par cet infernal guet-apens — que nous avons à grand'peine échappé à la gloriole de la France.

Ils entrent dans la ville.

Fanfares d'alarme. Mouvements de troupes. Sortent de la ville BEDFORD, *malade, porté dans une chaise, suivi de* TALBOT, *de* BOURGOGNE *et des troupes anglaises. Alors paraissent sur les remparts la* PUCELLE, CHARLES, *le* BATARD, ALENÇON *et autres.*

LA PUCELLE, aux Anglais.

— Bonjour, mes galants ! Avez-vous besoin de blé pour faire du pain ? — Je crois que le duc de Bourgogne jeûnera quelque temps, — avant d'en acheter encore à pareil prix. — Il était plein d'ivraie ; quel goût lui trouvez-vous ?

BOURGOGNE.

— Raille à ta guise, infâme démon, courtisane éhontée ! — J'espère avant peu t'étouffer avec ton blé, — et te faire maudire cette récolte-là.

CHARLES.

— Votre Grâce pourrait bien mourir de faim avant ce temps-là.

BEDFORD.

— Oh ! vengeons-nous de cette trahison par des actes et non par des mots !

LA PUCELLE.

— Qu'entendez-vous faire, bonne barbe grise? Rompre une lance, — et soutenir une joûte à outrance au fond d'une chaise !

TALBOT.

— Hideuse diablesse de France, stryge de tous les opprobres, — entourée de tes impudiques amants, il te sied bien de narguer sa vaillante vieillesse, — et de taxer de couardise un homme à demi mort! — Donzelle, si je ne fais pas encore assaut avec toi, — que Talbot meure de honte.

LA PUCELLE.

— Êtes-vous aussi ardent, messire?... Mais silence, Pucelle! — Pour peu que Talbot tonne, la pluie va tomber.

Talbot et ses amis délibèrent ensemble.

— Dieu bénisse le parlement! Qui sera l'orateur?

TALBOT.

— Osez donc sortir et nous affronter dans la plaine!

LA PUCELLE.

— Votre seigneurie, apparemment, nous croit donc assez fous — pour remettre en question ce qui est à nous.

TALBOT.

— Je ne parle pas à cette moqueuse Hécate, — mais à toi, Alençon, et aux autres; — voulez-vous, comme des soldats, sortir et combattre?

ALENÇON.

Non, signor.

TALBOT.

— A la potence, signor!... Ces vils muletiers de France! — Ils restent derrière les murs comme d'ignobles marauds, — et n'osent prendre les armes comme des gentilshommes.

LA PUCELLE.

— Capitaine, retirons-nous : quittons les remparts, — car les regards de Talbot ne nous annoncent rien de bon.

A Talbot.

— Dieu soit avec vous, milord! Nous sommes venus uniquement pour vous dire — que nous sommes ici.

La Pucelle et les Français quittent les remparts.

TALBOT.

— Et nous y serons aussi avant peu, — ou je veux que

l'opprobre soit la plus grandre gloire de Talbot. — Duc de Bourgogne, par l'honneur de ta maison, — offensée des outrages publiquement soutenus par la France, — jure de reprendre la ville ou de mourir. — Et moi, aussi vrai que Henry d'Angleterre est vivant, — et que son père a passé ici en conquérant, — aussi vrai que dans cette cité où vient d'entrer la trahison — le cœur du grand Cœur de Lion est inhumé, — je jure de reprendre la ville ou de mourir.

BOURGOGNE.

—Mes vœux s'associent à tes vœux.

TALBOT.

—Mais, avant de partir, prenons soin de ce prince mourant, — le vaillant duc de Bedford.

A Bedford.

Venez, milord, — nous allons vous placer dans un lieu plus sûr, — et plus approprié à la maladie et au grand âge.

BEDFORD.

— Lord Talbot, ne me déshonorez pas ainsi. — Je veux demeurer ici devant les murs de Rouen, — et m'associer à votre heur ou à votre malheur.

BOURGOGNE.

—Courageux Bedford, laissez-nous vous persuader.

BEDFORD.

— De partir d'ici? non! J'ai lu dans le temps — que le grand Pendragon, étant malade, se présenta — dans sa litière sur le champs de bataille et vainquit ses ennemis. — Il me semble que je pourrais de même ranimer l'ardeur de nos soldats ; — car je les ai toujours trouvés d'accord avec moi.

TALBOT.

—Esprit indompté dans un corps mourant ! — Eh bien, soit ; que le ciel protége le vieux Bedford ! — Et, maintenant, assez de discussion, brave Bourgogne. — réunissons nos forces éparses, — et fondons sur notre insolent ennemi.

Sortent Bourgogne, Talbot et leurs troupes, laissant Bedford et sa garde. Fanfare d'alarme. Mouvements de troupes.

Entrent Sir John Falstaff et un capitaine.

LE CAPITAINE.

—Où allez-vous si vite, sir John Falstaff?

FALSTAFF.

—Où je vais? me sauver par la fuite; — il est probable que nous aurons encore le dessous.

LE CAPITAINE.

Quoi! vous allez fuir et laisser lord Talbot!

FALSTAFF.

—Oui, tous les Talbots du monde, pour sauver ma vie.

Il sort.

LE CAPITAINE.

—Chevalier couard! que la mauvaise fortune te suive!

Fanfare de retraite. Mouvements de troupes. La Pucelle, Alençon, Charles et les Français sortent de la ville en déroute.

BEDFORD.

—Maintenant, mon âme, pars en paix quand il plaira au ciel! — Car j'ai vu la déroute de nos ennemis. — Qu'est-ce donc que la confiance ou la force de l'homme insensé! — Ceux qui naguère nous bravaient de leurs sarcasmes — sont trop heureux de se sauver par la fuite.

Il expire. On l'emporte dans sa chaise.

Fanfare d'alarme. Entrent Talbot, Bourgogne et d'autres.

TALBOT.

— Perdue et reprise en un jour! — C'est une double gloire, Bourgogne. — Mais que le ciel ait tout l'honneur de cette victoire!

BOURGOGNE.

— Belliqueux et martial Talbot, Bourgogne — t'enchâsse dans son cœur et y exalte — tes nobles exploits, monuments d'héroïsme.

TALBOT.

— Merci, gentil duc. Mais où est la Pucelle à présent? Je pense que son démon familier est endormi. — Où sont maintenant les bravades du Bâtard et les brocarts de Charles? — Quoi! tous mortifiés! Rouen baisse la tête, en déplorant — la fuite d'une si vaillante compagnie. — Maintenant nous allons prendre nos dispositions dans la ville, — et y placer des officiers expérimentés. — Puis nous partirons pour Paris, pour rejoindre le roi; — car c'est là qu'est le jeune Henry avec sa noblesse.

BOURGOGNE.

— Ce que veut lord Talbot plaît à Bourgogne.

TALBOT.

— Toutefois, avant de partir, n'oublions pas — le noble duc de Bedford qui vient de mourir. — Faisons-lui dans Rouen de dignes obsèques. — Jamais plus brave soldat ne tendit la lance; — jamais cœur plus noble ne régna sur une cour. — Mais les rois et les plus puissants potentats doivent mourir, — car tel est le terme de l'humaine misère.

Ils sortent.

SCÈNE XIII

[Une plaine près de Rouen.]

Entrent Charles, le Bâtard, Alençon, la Pucelle et leurs troupes.

LA PUCELLE.

— Ne vous alarmez pas, princes, de cet accident, — et ne vous attristez pas de voir Rouen ainsi repris. — L'affliction n'est pas un remède, mais plutôt un corrosif, — pour tout ce qui est incurable. — Laissez le frénétique Talbot triompher un moment, — et étaler sa queue comme un paon ; — nous lui arracherons ses plumes et nous détruirons sa pompe, — pour peu que le Dauphin et les autres veuillent se laisser diriger.

CHARLES.

— Nous avons été guidés par toi jusqu'ici, — et nous ne doutons pas de ton habileté. — Un revers imprévu ne saurait produire la méfiance.

LE BATARD.

— Cherche dans ton esprit de secrets expédients, — et nous te rendrons fameuse dans le monde.

ALENÇON.

— Nous mettrons ta statue dans quelque saint lieu, — et nous te révérerons comme une bienheureuse sainte. — Emploie-toi donc, douce vierge, pour notre bien.

LA PUCELLE.

— Eh bien, voici ce qu'il faut faire ; voici l'idée de Jeanne : — par de beaux arguments mêlés à de mielleuses paroles, — nous déciderons le duc de Bourgogne — à quitter Talbot, et à nous suivre.

CHARLES.

— Ah ! pardieu, ma mie, si nous réussissions à faire cela — les guerriers de Henry ne pourraient plus tenir en France. — Cette nation-là cesserait d'être aussi insolente avec nous — et serait extirpée de nos provinces.

ALENÇON.

— Elle serait pour toujours expulsée de France, — et n'y posséderait même plus un titre de comté

LA PUCELLE.

— Vos seigneuries vont voir ce que je vais faire — pour amener la chose à la conclusion désirée.

Le tambour bat.

— Écoutez! vous pouvez reconnaître, au son de ce tambour, — que leurs troupes marchent sur Paris.

Marche anglaise. Talbot et ses troupes traversent la scène à distance.

— Voilà Talbot qui passe, enseignes déployées, — et toute l'armée anglaise à sa suite.

Marche française. Entrent le DUC DE BOURGOGNE et ses forces.

— Maintenant, à l'arrière-garde, viennent le duc et les siens. — La fortune favorable le fait ainsi rester en arrière. — Demandons un pourparler ; nous conférerons avec lui.

On sonne en parlementaire.

CHARLES.
— Un pourparler avec le duc de Bourgogne !

BOURGOGNE.
— Qui réclame un pourparler avec le Bourguignon ?

LA PUCELLE.
— Le prince Charles de France, ton compatriote.

BOURGOGNE.
— Dis vite, Charles, car je pars d'ici.

CHARLES.
— Parle, Pucelle, et que tes paroles l'enchantent.

LA PUCELLE.
— Brave Bourguignon, infaillible espoir de la France ! Arrête, que ton humble servante te parle.

BOURGOGNE.
— Parle, mais ne sois pas trop prolixe.

LA PUCELLE.
— Regarde ton pays, regarde la fertile France, — et vois les cités et les villes défigurées — par les ruineuses dévastations d'un cruel ennemi ! — Comme une mère contemple son enfant épuisé — dont la mort ferme les yeux tendres et déjà éteints, — vois, vois l'agonie de la France.

— Regarde les plaies, les plaies monstrueuses — que tu as toi-même faites à son sein douloureux! — Oh! tourne ailleurs la pointe de ton glaive; — frappe ceux qui la blessent, et ne blesse pas ceux qui la défendent! — Une seule goutte de sang, tirée du sein de ta patrie, — devrait te faire plus de mal que des torrents de sang étranger. — Reviens donc, avec des flots de larmes, — laver les affreuses blessures de ta patrie!

BOURGOGNE.

— Ou elle m'a ensorcelé par ses paroles, — ou c'est la nature qui soudain m'attendrit.

LA PUCELLE.

— Et puis tous les Français et toute la France se récrient contre toi, — doutant de ta naissance et de ta légitimité. — A qui t'es-tu allié? A une nation hautaine, — qui ne se fiera à toi que selon son intérêt. — Quand Talbot se sera une fois installé en France — et aura fait de toi un instrument de désastres, — quel autre que l'Anglais Henry sera maitre? — Et toi tu seras expulsé comme un fugitif! — Rappelons-nous le passé et médite-le pour te convaincre: — le duc d'Orléans n'était-il pas ton ennemi? — et n'était-il pas prisonnier en Angleterre? — Eh bien, quand ils ont su qu'il était ton ennemi, — ils l'ont mis en liberté sans rançon, — en haine du Bourguignon et de tous ses amis. — Vois donc! tu te bats contre tes compatriotes, — et tu te joins à ceux qui seront tes bouchers. — Allons, allons, reviens; reviens, noble égaré; — Charles et tous les autres vont te serrer dans leurs bras.

BOURGOGNE.

— Je suis vaincu; ces hautes paroles — m'ont battu en brèche comme de foudroyants coups de canon — et m'ont fait presque tomber à genoux. — Pardonnez-moi, patrie, et vous chers compatriotes! — Et vous, seigneurs, recevez ce cordial et affectueux embrassement. — Mes forces et mes hommes sont à vous. — Ainsi, Talbot, adieu ; je ne me fierai plus à toi.

LA PUCELLE.

— Voilà bien le Français : il tourne, et tourne sans cesse.

CHARLES.

— Sois le bienvenu, brave duc ! ton amitié nous ranime.

LE BATARD.

— Et inspire un nouveau courage à nos cœurs.

ALENÇON.

— La Pucelle a magnifiquement joué son rôle, — et mérite une couronne d'or.

CHARLES.

— Maintenant, marchons, messeigneurs, et joignons nos forces, — et cherchons comment nous pourrions nuire à l'ennemi.

Ils sortent.

SCÈNE XIV.

[Paris. Un palais.]

Entrent Le roi Henry, Glocester et d'autres seigneurs; Vernon, Basset, etc. A leur rencontre viennent Talbot et quelques-uns de ses officiers.

TALBOT.

— Mon gracieux prince, et vous, honorables pairs, — ayant appris votre arrivée dans ce royaume, — j'ai un moment fait trêve à mes labeurs guerriers — pour venir rendre hommage à mon souverain. — En foi de quoi, ce bras qui a remis — sous votre obéissance cinquante forteresses, — douze cités et sept villes ceintes de puissantes murailles, — outre cinq cents prisonniers de marque, — laisse tomber son épée aux pieds de Votre Altesse, — et, avec la loyauté d'un cœur soumis, — rapporte la gloire de ces conquêtes — à mon Dieu d'abord, puis à Votre Grâce.

SCÈNE XIV.

LE ROI HENRY.

— Oncle Glocester, est-ce là ce lord Talbot — qui a si longtemps résidé en France ?

GLOCESTER.

— Oui, mon suzerain, sous le bon plaisir de Votre Majesté.

LE ROI HENRY.

— Soyez le bienvenu, brave capitaine, victorieux lord ! — Quand j'étais jeune (et je ne suis pas vieux encore), — je me rappelle avoir ouï dire à mon père — que jamais plus fier champion ne mania l'épée. — Depuis longtemps nous apprécions votre loyauté, — vos fidèles services et votre labeur guerrier ; — pourtant vous n'avez jamais reçu de nous une récompense, — ni même un remercîment, — parce que jusqu'aujourd'hui nous ne vous avons jamais vu face à face. — Donc relevez-vous; et, pour ces bons services, — nous vous créons ici comte de Shrewsbury ; — vous prendrez ce rang à notre couronnement.

Sortent le roi Henry, Glocester, Talbot et les nobles.

VERNON, à Basset.

— Maintenant, monsieur, vous qui étiez si exalté sur mer, — et narguiez les couleurs que je porte — en l'honneur de mon noble lord d'York, — oserez-vous maintenir les paroles que vous avez dites ?

BASSET.

— Oui, monsieur, si vous osez justifier — les invectives que votre langue insolente aboyait — contre mon noble lord le duc de Somerset.

VERNON.

— Maraud, j'honore ton lord pour ce qu'il est.

BASSET.

— Eh ! qu'est-il donc ? Il vaut bien York.

VERNON.

— Non certes; tu m'entends ! Comme preuve, reçois ceci.

Il frappe Basset.

BASSET.

— Misérable, tu sais que, d'après la loi des armes, — c'est la mort pour qui tire ici l'épée ; — autrement, ce coup ferait jaillir le plus pur de ton sang. — Mais je vais trouver Sa Majesté, et lui demander — la liberté de venger cet affront. — Tu verras alors : je te rejoindrai, et tu me le paieras cher.

VERNON.

— C'est bon, mécréant, je serai près du roi aussitôt que toi, — et ensuite, je te rejoindrai plus tôt que tu ne voudras.

Ils sortent.

SCÈNE XV.

[Paris. La salle du couronnement.]

Entrent le roi HENRY, GLOCESTER, EXETER, YORK, SUFFOLK, SOMERSET, WINCHESTER,, WARWICK, TALBOT, *le* GOUVERNEUR DE PARIS *et autres.*

GLOCESTER.

— Lord évêque, mettez la couronne sur sa tête.

WINCHESTER.

— Dieu sauve le roi Henry, sixième du nom !

GLOCESTER.

— Maintenant, gouverneur de Paris, prononcez votre serment.

Le gouverneur s'agenouille.

— Jurez de ne reconnaître d'autre roi que lui, — de n'estimer comme amis que ses amis, — et comme ennemis que ceux qui méditeraient — de malicieux attentats contre son pouvoir. — Vous tiendrez parole, et que le Dieu juste vous assiste !

Sortent le gouverneur et sa suite.

Entre sir JOHN FALSTAFF.

FALSTAFF.

—Mon gracieux souverain, comme je venais de Calais à franc étrier, — pour arriver vite à votre couronnement, — on m'a remis dans les mains une lettre, — écrite à Votre Grâce par le duc de Bourgogne.

TALBOT.

—Honte au duc de Bourgogne et à toi ! — Infâme chevalier, j'ai juré, la première fois que je te rencontrerais, — d'arracher la Jarretière de ta jambe poltronne...

Il lui arrache sa Jarretière.

—Et je le fais, parce que tu es indigne — d'être promu à cette haute qualité. — Pardonnez-moi, royal Henry, ainsi que vous tous. — Ce lâche, à la bataille de Patay, — quand je n'avais en tout que six mille hommes, — et que les Français étaient près de dix contre un, — avant le premier choc, avant qu'un coup eût été donné, — s'est enfui comme un peureux écuyer ; — dans ce combat nous avons perdu douze cents hommes ; — moi-même et plusieurs autres gentilshommes, — nous avons été surpris et faits prisonniers. — Jugez donc, nobles lords, si j'ai mal agi, — ou si de tels couards doivent porter, — oui ou non, cet insigne de chevalerie.

GLOCESTER.

—A dire vrai, cet acte était infâme, — il eût déshonoré un homme du commun, — à plus forte raison un chevalier, un capitaine, un chef.

TALBOT.

—Quand cet ordre fut institué tout d'abord, milords, — les chevaliers de la Jarretière étaient de noble naissance, — vaillants et vertueux, pleins d'un haut courage, — de ces hommes ayant gagné leur crédit à la guerre, — ne craignant pas la mort, inflexibles à la détresse, — mais toujours résolus dans les plus graves extrémités. — Celui-là donc qui n'est pas doué de la sorte — usurpe le nom sacré de chevalier, — profanant cet ordre très-honorable, — et devrait (si je suis apte à en juger) — être à jamais dégradé, comme un rustre né sous la haie — qui prétendrait être d'un noble sang.

LE ROI HENRY, à Falstaff.

— Opprobre de tes compatriotes! tu entends ton arrêt ; — plie donc vite bagage, toi qui fus chevalier ; — désormais nous te bannissons sous peine de mort.

Falstaff sort (42).

— Et maintenant, milord protecteur, voyez la lettre — qui nous vient de notre oncle le duc de Bourgogne.

GLOCESTER, lisant la suscription.

— Que veut dire Sa Grâce, qu'elle a changé sa formule? — Rien que cette adresse familière et leste : *Au Roi!* — A-t-il oublié que ce roi est son souverain ? — Cette suscription insolente — indique-t-elle un changement dans ses sympathies ? — Qu'y a-t-il là ?

Il lit.

Pour des causes spéciales, — ému de compassion par le désastre de mon pays, — ainsi que par les plaintes touchantes — de ceux que dévore votre oppression, — j'ai abandonné votre faction funeste, — et me suis allié à Charles, le roi légitime de France.

— O monstrueuse trahison ! se peut-il — que l'alliance, l'amitié, les serments — aient pu recéler une aussi perfide intrigue !

LE ROI HENRY.

— Quoi! mon oncle de Bourgogne déserte !

GLOCESTER.

— Oui, milord, et il est devenu votre ennemi.

LE ROI HENRY.

— Est-ce là tout ce que cette lettre contient de plus mauvais?

SCÈNE XV.

GLOCESTER.

— Oui, milord, c'est tout ce qu'il écrit.

LE ROI HENRY.

— Eh bien, lord Talbot ira lui parler, — et le punira de cette vilenie.

A Talbot.

— Qu'en dites-vous, milord? Cela vous convient-il?

TALBOT.

— A moi, mon suzerain? Oui, certes ; si vous ne m'aviez prévenu, — j'aurais imploré de vous cette mission.

LE ROI HENRY.

— Rassemblez donc vos forces, et marchez vite contre lui ; — qu'il sache comme nous prenons mal sa trahison — et quel crime il y a à se jouer de ses amis.

TALBOT.

— Je pars, milord, désirant de tout cœur – que vous puissiez voir la confusion de vos ennemis.

Il sort.

Entrent VERNON ET BASSET.

VERNON.

— Accordez-moi le combat, gracieux souverain !

BASSET.

— Et à moi aussi, milord, accordez-moi le combat !

YORK, *montrant Vernon.*

— C'est un de mes gens ; écoutez-le, noble prince !

SOMERSET, *montrant Basset.*

— Et c'est un des miens. Bien-aimé Henry, soyez-lui favorable.

LE ROI HENRY.

— Patience, milords, et laissez-les parler.

à Vernon et à Basset.

— Dites, messieurs, quel est le motif de ces clameurs?
— Pourquoi demandez-vous le combat? Et avec qui?

VERNON, montrant Basset.

— Avec lui, milord, car il m'a outragé.

LE ROI HENRY.

— Quel est cet outrage dont vous vous plaignez tous deux ? — Commencez par me le faire connaître, et puis je vous répondrai.

BASSET.

— En traversant la mer d'Angleterre en France, — cet homme, dans un langage acerbe et moqueur, — m'a reproché la rose que je porte, — disant que la couleur sanguine de ses feuilles — représentait le rouge qui monta aux joues de mon maître, — un jour qu'il s'obstinait à contester la vérité, — dans une certaine question de droit, — débattue entre le duc d'York et lui ; — il a ajouté bien d'autres paroles indignes et offensantes ; — et c'est pour faire justice de ces grossières insultes, — et pour défendre l'honneur de mon seigneur, — que je réclame le bénéfice de la loi des armes.

VERNON.

— Et je fais la même demande, noble lord. — Car il a beau, par une explication menteuse et spécieuse, — mettre un vernis sur son insolence ; — sachez, milord, que j'ai été provoqué par lui ; — et il s'est le premier récrié contre cet emblème....

Il montre la rose blanche qu'il porte.

— En déclarant que la pâleur de cette fleur — trahissait la pusillanimité de mon maître.

YORK.

— Cette malveillance ne cessera donc jamais, Somerset ?

SOMERSET.

— Votre rancune personnelle percera toujours, milord d'York, — si hypocritement que vous la refouliez.

LE ROI HENRY.

— Dieu bon ! quelle frénésie domine le cerveau malade des hommes, — quand, pour une cause si légère et si frivole, — surgissent de si factieuses rivalités! — Mes bons cousins d'York et de Somerset, — calmez-vous, je vous prie, et vivez en paix.

YORK.

— Que ce différend soit d'abord vidé par les armes, — et ensuite Votre Altesse imposera la paix.

SOMERSET.

— La querelle ne touche que nous seuls; — permettez donc que nous la décidions entre nous.

YORK, jetant son gant.

— Voici mon gage; accepte-le, Somerset.

VERNON.

— Non, que la querelle reste où elle a commencé.

BASSET.

— Veuillez y consentir, mon honorable lord.

GLOCESTER.

— Y consentir! Maudite soit votre dispute! — Et puissiez-vous périr, avec votre effronté bavardage! — Présomptueux vassaux! n'avez-vous pas honte de venir, — avec ces indécentes et outrageuses clameurs, — troubler et importuner le roi et nous?

A York et à Somerset.

— Et vous, milords, il me semble que vous avez grand tort — d'encourager leurs coupables récriminations, — et plus grand tort de prendre occasion de leurs invectives — pour susciter une altercation entre vous; — écoutez-moi, suivez un plus sage parti.

EXETER.

— Cela afflige Son Altesse. Mes bons lords, soyez amis.

LE ROI HENRY, à Basset et à Vernon.

— Approchez, vous qui voudriez combattre, — je vous

enjoins désormais, si vous tenez à notre faveur, — d'oublier entièrement cette querelle et sa cause.

    A York et à Somerset.

— Et vous, milords, rappelez-vous où nous sommes, — en France, au milieu d'un peuple capricieux et chancelant. — S'ils reconnaissent la discorde dans nos regards, — et que nous sommes divisés entre nous, — comme leurs cœurs mécontents seront provoqués — à une désobéissance opiniâtre à la révolte ! — En outre, quel opprobre pour vous, — quand les princes étrangers sauront — que, pour une vétille, une chose sans importance, — les pairs et les principaux nobles du roi Henry — se sont entre-détruits, et ont perdu le royaume de France ! — Oh ! songez aux conquêtes de mon père, — à mes tendres années ; et ne perdons pas — pour une bagatelle ce qui a coûté tant de sang. — Laissez-moi être l'arbitre de ce douteux litige.

    Il prend une rose rouge.

— Si je porte cette rose, je ne vois pas là de raison — pour qu'on me soupçonne — d'incliner pour Somerset plutôt que pour York. — Tous deux sont mes parents, et je les aime tous deux. — Aussi bien pourrait-on me reprocher de porter une couronne — parce que, ma foi, le roi d'Écosse est couronné ! — Mais votre discernement vous convaincra mieux — que mes instructions ou mes arguments. — Ainsi donc, comme nous sommes venus en paix, — continuons à vivre en paix et en harmonie. — Cousin d'York, nous choisissons Votre Grâce — pour régent de nos États de France. — Vous, mon bon lord de Somerset, unissez — vos escadrons de cavalerie à ses bandes d'infanterie. — Et, en loyaux sujets, dignes fils de vos aïeux, — marchez bravement d'accord, et déchargez — votre brûlante colère sur vos ennemis. — Nous-même, milord protecteur, et le reste, — après un

SCÈNE XV.

court répit, nous retournerons à Calais, — de là en Angleterre, où j'espère qu'avant peu — vos victoires me livreront — Charles, Alençon et cette clique de traîtres.

Fanfare. Sortent le roi Henry, Glocester, Somerset, Winchester, Suffolk et Basset.

WARWICK.

— Milord d'York, sur ma parole, le roi — a, ce me semble, joliment joué l'orateur.

YORK.

— En effet; mais ce qui me déplaît, — c'est qu'il porte l'insigne de Somerset.

WARWICK.

— Bah! c'est une simple fantaisie, ne l'en blâmez pas — j'ose affirmer, cher prince, qu'il n'a pas songé à mal.

YORK.

— Si je le croyais... Mais laissons cela. — Nous avons à nous occuper d'autres affaires.

Sortent York, Warwick et Vernon.

EXETER.

— Tu as bien fait, Richard, de t'arrêter court; — car, si les passions de ton cœur avaient éclaté, — on y eût, je le crains, découvert — plus d'animosité rancuneuse, plus d'hostilité furieuse et frénétique — qu'on ne peut l'imaginer ou le supposer. — Quoi qu'il en soit, l'homme le plus simple ne saurait voir — ces discordes choquantes de la noblesse, — ces alliances d'hommes de cour s'épaulant les uns les autres, — cette division des favoris en bandes factieuses, — sans augurer quelque fatal événement. — C'est un malheur quand le sceptre est aux mains d'un enfant; — mais c'en est un plus grand quand la jalousie engendre de si monstrueuses dissensions. — Alors vient la ruine, alors commence la confusion.

Il sort.

SCÈNE XVI.

[En France. Devant Bordeaux.]

Entre TALBOT avec ses troupes.

TALBOT.

—Trompette, va aux portes de Bordeaux, — et somme le général de paraître sur les remparts.

Le trompette sonne une chamade.

—Capitaines, celui qui vous appelle est l'Anglais John Talbot, — homme d'armes au service de Henry, roi d'Angleterre, — et voici ce qu'il dit : Ouvrez les portes de votre cité; — humiliez-vous devant nous; acclamez mon souverain comme le vôtre, — rendez-lui hommage en sujets obéissants, — et je m'éloignerai, moi et mes forces sanguinaires. — Mais, si vous faites fi de la paix que je vous offre, — vous provoquerez la furie de mes trois satellites, — la famine étique, l'acier tranchant et le feu dévorant, — qui, dans un moment, raseront au niveau du sol — vos tours majestueuses et bravant le ciel, — pour peu que vous repoussiez cette offre d'amitié.

LE GÉNÉRAL.

—Sinistre et affreux hibou de la mort, — terreur et sanglant fléau de notre nation, — le terme de ta tyrannie approche. — Tu ne peux entrer chez nous que par la mort. — Car, je te le déclare, nous sommes bien fortifiés, — et en état de faire des sorties et de combattre. — Si tu te retires, le Dauphin, bien escorté, — est prêt à t'envelopper dans les lacs de la guerre. — Partout autour de toi des escadrons sont postés — pour opposer une muraille à tes velléités de fuite. — Tu ne peux te tourner d'aucun côté pour te sauver, — que la mort ne te fasse front avec ses imminents ravages, — et que tu ne te trouves face à face

SCÈNE XVI.

avec la pâle destruction. — Dix mille Français ont fait serment — de ne décharger leur formidable artillerie — que sur une seule tête chrétienne, l'Anglais Talbot! — Donc te voilà debout, plein de vie, dans toute la vaillance — d'un esprit invincible et indompté! — Eh bien, c'est le dernier hommage — que moi, ton ennemi, je rends à ta gloire. — Car, avant que l'horloge de verre qui maintenant commence à s'emplir — ait achevé le cours de son heure sablonneuse, — les yeux qui maintenant te voient si brillant de santé — te verront flétri, sanglant, pâle et mort.

Roulement lointain de tambour.

— Écoute! écoute! le tambour du Dauphin! c'est la cloche d'alarme, — qui sonne le glas funèbre pour ton âme effarée! — Et mon tombour va donner le signal de ton terrible trépas.

Le général et ses soldats se retirent du rempart.

TALBOT.

— Ce n'est point une fable! j'entends l'ennemi. — Vite, quelques cavaliers alertes pour aller reconnaître leurs ailes! — Oh! négligente et imprudente manœuvre! — Comme nous voilà parqués et cernés de toutes parts! — Petit troupeau de timides daims anglais, — traqué par la meute glapissante des molosses français! — Anglais, si nous sommes des daims, soyons de la bonne race, — et non de ces maigres bêtes qu'une morsure fait tomber; — soyons plutôt de ces cerfs furieux et exaspérés — qui se retournent avec un cimer d'acier sur les limiers sanguinaires — et mettent les lâches aux abois! — Que chacun vende sa vie aussi chèrement que la mienne, — et ils paieront cher notre chair, mes amis. — Dieu et saint Georges! Talbot et le droit de l'Angleterre! — Que nos couleurs prospèrent dans ce périlleux combat!

Ils sortent.

SCÈNE XVII.

[Une plaine en Gascogne.]

Entre YORK avec ses troupes; un MESSAGER vient à lui.

YORK.

— Sont-ils de retour, les éclaireurs agiles — lancés sur la piste de la puissante armée du Dauphin ?

LE MESSAGER.

— Ils sont de retour, milord, et ils annoncent—que e Dauphin s'est porté sur Bordeaux avec ses forces — pour combattre Talbot. Comme il était en marche, — vos espions ont aperçu — deux armées, plus considérables que celle du Dauphin, — qui se sont jointes à lui et se dirigent sur Bordeaux.

YORK.

— Peste soit de ce misérable Somerset — qui retarde ainsi le renfort tant promis—de cavalerie qui a été levé pour ce siége ! — L'illustre Talbot attend mes secours ; — et je suis joué par un méchant traître, — et ne puis venir en aide au noble chevalier. — Que Dieu le soutienne en cette extrémité ! — S'il échoue, adieu les guerres de France !

Entre sir WILLIAM LUCY.

LUCY, à York.

— Chef princier des forces anglaises, — jamais vous n'avez été plus nécessaire sur la terre de France ! — Courez à la rescousse du noble Talbot, — qui en ce moment est entouré d'une ceinture de fer — et cerné par la sinistre destruction. — A Bordeaux, duc belliqueux ! à Bordeaux, York ! — Sinon, adieu Talbot, la France et l'honneur de l'Angleterre !

YORK.

— O Dieu ! ce Somerset qui, dominé par son orgueil, — retient mes cornettes, que n'est-il à la place de Talbot ! — Nous sauverions ainsi un vaillant gentilhomme, —en perdant un traître et un couard. —Je pleure de rage et de fureur, —en voyant que nous périssons ainsi, tandis que des traîtres s'endorment dans l'indolence.

LUCY.

—Oh! envoyez du secours à ce seigneur en détresse !

YORK.

— Il meurt, nous perdons tout ; je manque à ma parole de guerrier ; —nous pleurons, la France sourit ; nous succombons, ils triomphent, ils triomphent toujours ; —et tout cela par la faute de l'infâme traître Somerset!

LUCY.

— Que Dieu donc étende sa merci sur l'âme du brave Talbot, —et sur son jeune fils John, qu'il y a deux heures — j'ai rencontré allant rejoindre son martial père ! —Depuis sept ans Talbot n'a pas vu son fils, — et ils ne se rencontrent aujourd'hui que pour mourir tous deux.

YORK.

— Hélas ! quelle joie aura le brave Talbot —à souhaiter à son fils la bienvenue dans la tombe? — Assez !... Je suis presque suffoqué de douleur, —en songeant à ces amis si longtemps séparés qui se saluent à l'heure de la mort ! —Lucy, adieu. Tout ce que la fortune me permet, — c'est de maudire la cause qui m'empêche d'aider cet homme. —Le Maine, Blois, Poiters et Tours sont perdus pour nous —par la faute de Somerset et de son retard.

Il sort.

LUCY.

— Ainsi, tandis que le vautour de la discorde —ronge le cœur de nos premiers généraux, — une inerte négligence livre à l'ennemi — les conquêtes de ce conquérant

à peine refroidi, — de cet homme d'impérissable mémoire,
— Henri cinq! Tandis qu'ils se traversent l'un l'autre,
— existences, honneurs, territoires, tout se précipite à
l'abîme.

Il sort.

SCÈNE XVIII.

[Une autre plaine en Gascogne.]

Entre SOMERSET avec ses forces; UN DES OFFICIERS de Talbot l'accompagne.

SOMERSET.

— Il est trop tard, je ne puis les envoyer maintenant;
— cette expédition a été trop témérairement conçue — par
York et par Talbot; toutes nos forces réunies — pourraient être enveloppées par une simple sortie — de la ville
assiégée. Le téméraire Talbot — a terni tout l'éclat de son
ancienne gloire — par cette aventure imprudente, désespérée, folle. — C'est York qui l'a envoyé combattre et
mourir ignominieusement, — afin que, Talbot mort, le
grand York fût le premier en renom.

L'OFFICIER.

— Voici sir William Lucy qui a été avec moi — député
par notre trop faible armée pour chercher du secours.

Entre sir WILLIAM LUCY.

SOMERSET.

— Eh bien, sir William, qui vous envoie?

LUCY.

— Qui, milord? lord Talbot, sacrifié par la trahison!
— Traqué par une adversité acharnée, — il appelle à grands
cris le noble York et Somerset, — pour repousser de ses
légions affaiblies l'assaut de la mort. — Et tandis que le
noble capitaine, — suant le sang de ses membres haras-

sés, — prolonge la résistance en attendant du secours, — vous, son faux espoir, vous, le dépositaire de l'honneur de l'Angleterre, — vous vous tenez à l'écart par une indigne jalousie. — Que vos rancunes personnelles ne le privent pas — des renforts qui lui doivent leur aide, — au moment même où lui, cet illustre et noble gentilhomme, — joue sa vie contre des forces écrasantes. — Le bâtard d'Orléans, Charles, Bourgogne, — Alençon, René l'enveloppent, — et Talbot périt par votre faute.

SOMERSET.

— C'est York qui l'a engagé ; c'est à York de lui porter secours.

LUCY.

— York, de son côté, se récrie contre Votre Grâce, — et jure que vous retenez les levées — réunies pour cette expédition.

SOMERSET.

— York ment ; il n'avait qu'à faire demander la cavalerie, et il l'aurait eue. — Je lui dois peu de respect, encore moins d'affection, — et je considérerais comme une indigne bassesse de devancer son caprice par un envoi.

LUCY.

— C'est la perfidie de l'Angleterre, et non la force de la France, — qui aujourd'hui prend au piége le magnanime Talbot. — Jamais il ne retournera vivant en Angleterre ; — il meurt, sacrifié à la fatalité par vos discordes.

SOMERSET.

— Allons, partez ; je vais expédier la cavalerie sur-le-champ ; — dans six heures elle lui apportera son aide.

LUCY.

— Ce secours arrive trop tard ; il est déjà pris ou tué, — car il ne pouvait fuir, quand il l'aurait voulu, — et

Talbot n'eût jamais voulu fuir, lors même qu'il l'eût pu.

SOMERSET.

— S'il est mort, adieu donc le brave Talbot !

LUCY.

— Sa gloire vit dans l'univers, son déshonneur en vous !

Ils sortent.

SCÈNE XIX.

[Le camp anglais devant Bordeaux.]

Entrent Talbot et John, son fils.

TALBOT.

— O jeune Talbot, je t'avais envoyé chercher — pour t'initier aux stratagèmes de la guerre, — afin que le nom de Talbot pût revivre en toi, — quand l'âge, ayant épuisé la séve dans mes membres infirmes et débiles, — aurait relégué ton père sur sa chaise de langueur. — Mais, ô malignité des funestes étoiles ! — voici que tu arrives pour le festin de la mort, — dans un terrible et inévitable danger. — Aussi, cher enfant, monte mon cheval le plus vif, — et je te dirai le moyen d'échapper — par une fuite soudaine ; allons, ne flâne pas, pars.

JOHN.

— Mon nom est-il Talbot ? Et suis-je votre fils ? — Et je fuirais ! Oh ! si vous aimez ma mère, — ne déshonorez pas son nom honorable — en faisant de moi un bâtard et un misérable. — Le monde dira : « Il n'est pas du sang de Talbot — celui qui a fui lâchement, quand le noble Talbot restait ! »

TALBOT.

— Fuis, pour venger ma mort, si je suis tué.

JOHN.

— Celui qui fuit ainsi ne reviendra jamais sur ses pas.

TALBOT.

— Si nous restons tous deux, nous sommes tous deux sûrs de mourir.

JOHN.

— Eh bien, laissez-moi rester; et vous, père, fuyez.
— Grande serait votre perte, grande doit être votre prudence ; — mon mérite est inconnu, ma perte serait inaperçue. — Les Français seraient peu fiers de ma mort ; — ils le seraient de la vôtre ! En vous toutes nos espérances sont perdues. — La fuite ne saurait ternir l'honneur que vous avez acquis ; — elle ternirait mon honneur, à moi qui n'ai pas fait d'exploit. — Chacun jugera que vous avez fui pour mieux faire ; — mais, si je plie, on dira : C'était par peur ! — Plus d'espoir que jamais je tiendrai ferme, si, à la première heure, je recule et me sauve. — Ici j'implore à genoux la mort — plutôt qu'une vie préservée par l'infamie.

TALBOT.

— Tu veux donc ensevelir toutes les espérances de ta mère dans une seule tombe !

JOHN.

— Oui, plutôt que de déshonorer le sein de ma mère !

TALBOT.

— Par ma bénédiction, je te somme de partir.

JOHN.

— Oui, pour combattre, mais non pour fuir l'ennemi.

TALBOT.

— Une portion de ton père peut être sauvée en toi.

JOHN.

— Tout ce que j'en sauverais serait déshonoré.

TALBOT.

— Tu n'as jamais eu de gloire, et tu n'en peux pas perdre.

######## JOHN.

— Eh ! j'ai la gloire de votre nom ; dois-je l'outrager par ma fuite ?

######## TALBOT.

— L'ordre de ton père te lavera de cette tache.

######## JOHN.

— Vous ne pourrez, tué, me rendre témoignage. — Si la mort est si sûre, alors fuyons tous deux.

######## TALBOT.

— Que je laisse ici mes compagnons combattre et mourir ! — Jamais ma vieillesse ne fut souillée d'une telle honte.

######## JOHN.

— Et ma jeunesse serait coupable d'une telle vilenie ! — Je ne puis pas plus me détacher de votre côté — que vous ne pouvez vous-même vous partager en deux. — Restez, partez, faites ce que vous voudrez, je ferai de même. — Je ne veux pas vivre, si mon père meurt.

######## TALBOT.

— Eh bien, je prends congé de toi, cher fils, — radieux être né pour t'éclipser dans cette journée. — Viens, combattons ensemble et mourons côte à côte ; — et, l'âme avec l'âme, nous fuirons de France vers le ciel !

Ils sortent.

SCÈNE XX.

[Le champ de bataille.]

Fanfares d'alarme. Escarmouches. Le fils de Talbot est enveloppé, et Talbot le délivre.

######## TALBOT.

— Saint Georges et victoire ! combattez, soldats, combattez ! — Le régent a manqué de parole à Talbot, — et nous a livrés à la furie de l'épée de la France. — Où est John Talbot?... Arrête-toi, et reprends haleine, —je t'ai donné la vie, et je viens de t'arracher à la mort.

JOHN.

— O toi, deux fois mon père, je suis deux fois ton fils ! — C'en était fait de la vie que tu m'avais donnée, — lorsque, avec ta martiale épée, en dépit du destin, — tu as assigné un nouveau terme à mon existence condamnée.

TALBOT.

— Quand ton épée a fait jaillir l'étincelle du cimier du Dauphin, — le cœur de ton père s'est enflammé du fier désir — d'obtenir la victoire au front hardi. Alors ma vieillesse de plomb, — vivifiée par une ardeur juvénile et une rage belliqueuse, — a fait reculer Alençon, Orléans, Bourgogne, — et t'a soustrait à l'orgueil de la France. — Le fougueux bâtard d'Orléans avait fait couler — ton sang, mon enfant, et avait eu la virginité — de ta première lutte ; je l'ai attaqué soudain, — et, dans l'échange des coups, j'ai vite fait jaillir — son sang bâtard ; puis dédaigneusement, — je lui ai dit : *Ton sang impur, vil — et infâme, je le fais couler, — chétif et misérable, en retour de mon sang pur — que tu as tiré de Talbot, mon brave enfant.* — A ce moment je comptais anéantir le Bâtard, — quand un puissant renfort est venu à sa rescousse. Parle, suprême souci de ton père, —n'es-tu pas fatigué, John ? Comment te trouves-tu ? — Veux-tu quitter le champ de bataille et fuir, mon enfant, — maintenant que tu es sacré fils de la chevalerie ? — Fuis pour venger ma mort, quand je serai mort ; — l'aide d'un seul bras ne m'est guère utile. — Oh ! c'est trop de folie, je le sais bien, — de hasarder nos deux existences sur une si frêle barque. — Si je ne succombe pas aujourd'hui à la rage des Français, —je succomberai demain à l'excès de l'âge. —Ils ne gagnent rien à ma mort ; rester ici, — ce n'est qu'abréger ma vie d'un jour. — En toi meurent ta mère et le nom de notre famille, — et la vengeance de ma mort, et ta jeunesse, et la gloire de l'Angleterre ! — Nous hasardons tout cela et plus encore, si tu restes ; — tout cela est sauvé, si tu veux fuir.

JOHN.

— L'épée d'Orléans ne m'a pas fait de mal ; — vos paroles me font saigner le cœur. — Avant qu'un tel avantage soit acheté par une pareille infamie, — avant qu'une gloire éclatante soit sacrifiée pour sauver une vie chétive, — avant que le jeune Talbot fuie le vieux Talbot, — puisse le cheval couard qui m'emporte tomber et mourir ! — Puissé-je devenir l'égal du plus vil paysan de France, — pour être le rebut de l'opprobre et l'esclave de la détresse ! — Non, par toute la gloire que vous avez acquise, si je fuis, je ne suis plus le fils de Talbot ; — ne me parlez donc plus de fuite, c'est inutile. — Le fils de Talbot doit mourir aux pieds de Talbot.

TALBOT.

— Suis, toi, ton père en cette Crète désespérée, — ô mon Icare ! Ta vie m'est douce ! — Si tu veux combattre, combats à côté de ton père ; — et, après avoir fait nos preuves, mourons fièrement.

Ils sortent.

SCÈNE XXI.

[Une autre partie du champ de bataille.]

Fanfare d'alarme. Escarmouches. Entre TALBOT, blessé, soutenu par un SERVITEUR.

TALBOT.

— Où est ma seconde vie ? C'en est fait de la mienne. — Oh ! où est le jeune Talbot ? Où est le vaillant John ? —

Mort triomphante, sous la souillure de la captivité, — la valeur du jeune Talbot me fait te sourire ! — Quand il m'a vu défaillant et à genoux, — il a brandi au-dessus de moi son épée sanglante, — et, tel qu'un lion affamé, il a multiplié — les actes d'âpre fureur et de farouche emportement. — Mais dès que mon défenseur en courroux s'est vu seul, — veillant mon agonie sans qu'aucun l'attaquât, — un vertige de furie, un accès de rage — l'ont fait soudain bondir de mon côté — au plus épais des rangs français ; — et c'est dans cette mer de sang que mon enfant à noyé — sa transcendante ardeur ; c'est là qu'est mort — mon Icare dans sa fleur et dans sa fierté.

Entrent des soldats portant le corps de JOHN TALBOT.

LE SERVITEUR, à Talbot.

— O mon cher lord ! Las ! voilà votre fils qu'on apporte.

TALBOT.

— O mort bouffonne qui nous nargues de ton ricanement, — bientôt nous serons affranchis de ton insolente tyrannie. — Accouplés dans les liens de l'éternité, — et fendant à tire-d'aile l'ondoyant azur, les deux Talbots, — en dépit de toi, échapperont à la mortalité... — O toi, dont les blessures siéent à l'horreur de ta mort, — parle à ton père, avant d'expirer... — Brave le trépas en parlant, qu'il le veuille ou non. — Suppose que c'est un Français et ton ennemi... — Pauvre enfant ! on dirait qu'il sourit, comme pour dire : — « Si la mort avait été française, la mort serait morte aujourd'hui. » — Approchez, approchez, et déposez-le dans les bras de son père ; — mes esprits ne peuvent plus supporter tant de maux. — Soldats, adieu ! j'ai ce que je voulais avoir, — maintenant que mes vieux bras sont le tombeau du jeune Talbot.

Il meurt (43).

Fanfares. Sortent les soldats et les serviteurs, laissant les deux cadavres. Entrent CHARLES, ALENÇON, BOURGOGNE, LE BATARD, LA PUCELLE *et ses forces.*

CHARLES.

— Si York et Somerset avaient amené du renfort, — nous aurions eu une journée bien sanglante.

LE BATARD.

— Avec quelle rage frénétique ce louveteau de Talbot — gorgeait son épée novice de sang français !

LA PUCELLE.

— Je l'ai rencontré une fois, et lui ai dit : — *O jeunesse vierge, sois vaincue par une vierge !* — Mais lui, avec un superbe et majestueux dédain, — il m'a répondu : *Le jeune Talbot n'est pas né.* — *pour être le butin d'une gourgandine !* — Sur ce, s'élançant aux entrailles de l'armée française, — il m'a laissée fièrement, comme une indigne adversaire.

BOURGOGNE.

— Certes, il aurait fait un noble chevalier. — Voyez-le enseveli dans les bras — du sanglant nourricier de ses malheurs.

LE BATARD.

— Taillons-les en pièces, hâchons leurs os : — leur vie fut la gloire de l'Angleterre, la stupeur de la France !

CHARLES.

— Oh ! non, n'en faites rien : ceux que nous avons fuis — vivants, ne les outrageons pas morts.

Entre SIR WILLIAM LUCY, *accompagné d'une escorte.* UN HÉRAUT FRANÇAIS *le précède.*

LUCY.

— Héraut, conduis-moi à la tente du Dauphin, — que je sache à qui revient la gloire de cette journée.

CHARLES.

— Pour quel message de soumission es-tu envoyé?

LUCY.

— Soumission, Dauphin! c'est un mot purement français; — et nous autres, guerriers anglais, nous ne savons ce qu'il signifie. — Je viens pour savoir quels prisonniers tu as faits, — et pour reconnaître nos morts.

CHARLES.

— Tu parles de prisonniers! Notre prison, c'est l'enfer. — Mais dis-moi qui tu cherches.

LUCY.

— Où est le grand Alcide du champ de bataille, — le vaillant lord Talbot, comte de Shrewsbury, — créé, pour ses rares succès dans la guerre, — grand comte de Washford, Waterford et Valence, — lord Talbot de Goodrig et d'Urchinfield, — lord Strange de Blackmere, lord Verdun d'Alton, — lord Cromwell de Wingfield, lord Furnival de Sheffield, — le trois fois victorieux lord de Falconbrigde, — chevalier du très-noble ordre de de Saint-Georges, — du digne Saint-Michel et de la Toison d'or, — grand maréchal des armées de Henry VI — dans le royaume de France?

LA PUCELLE.

— Voilà un style bien sottement emphatique! — Le Turc, qui a cinquante-deux royaumes, — n'écrit pas en style aussi fastidieux. — Celui que tu décores de tous ces titres — est ici à nos pieds, infect et déjà mangé des mouches.

LUCY.

— Il est tué, ce Talbot, fléau unique des Français, — terrible et sombre Némésis de votre royaume! — Oh! si mes prunelles étaient des boulets, — avec quelle rage je vous les lancerais à la face! — Oh! que ne puis-je rappeler ces morts à la vie! — C'en serait assez pour épouvanter la terre de France. — Si seulement son image était restée parmi vous, — le plus fier d'entre vous en serait terrifié. — Donnez-moi leurs corps ; que je puisse les emporter d'ici, — et leur donner la sépulture qui convient à leur mérite.

LA PUCELLE.

— On croirait que cet insolent est le fantôme du vieux Talbot, — si fièrement impérieux est le ton dont il parle. — Au nom du ciel ! qu'il emporte ces cadavres ; si nous les gardions ici, — ils ne feraient qu'infecter et putréfier l'air.

CHARLES, à Lucy.

— Va, enlève ces corps d'ici.

LUCY.

Je vais les emporter, — mais de leurs cendres surgira — un phénix qui fera frémir toute la France.

CHARLES.

— Pourvu que nous en soyons débarrassés, fais-en ce que tu voudras. — Et maintenant que nous sommes en veine de conquête, à Paris ! — Tout est à nous, maintenant qu'est tué le sanguinaire Talbot.

Ils sortent.

SCÈNE XXII.

[Un palais royal à Londres.]

Entrent le ROI HENRY, GLOCESTER *et* EXETER.

LE ROI HENRY.

— Avez-vous lu les lettres du pape, — de l'empereur et du comte d'Armagnac ?

GLOCESTER.

— Oui, milord, et en voici la teneur : — elles supplient humblement Votre Excellence — de faire qu'une

SCÈNE XXII.

sainte paix soit conclue — entre les royaumes de France et d'Angleterre.

LE ROI HENRY.

— Que pense Votre Grâce de cette motion ?

GLOCESTER.

— Je l'approuve, milord, comme le seul moyen — d'arrêter l'effusion de notre sang chrétien, — et de rétablir la tranquillité des deux côtés.

LE ROI HENRY.

— Oui, ma foi, mon oncle ; car je l'ai toujours pensé, — c'est une chose impie et contre nature, — qu'un conflit si barbare et si sanguinaire — règne entre les adeptes de la même foi.

GLOCESTER.

— De plus, milord, pour former plus vite — et resserrer plus solidement le nœud de cette alliance, — le comte d'Armagnac, qui touche de près à Charles, — un homme de grande autorité en France, — offre à Votre Grâce sa fille unique — en mariage avec une dot large et somptueuse.

LE ROI HENRY.

— En mariage, mon oncle ! hélas ! je suis bien jeune ; — et mes études et mes livres me conviennent bien mieux — que de tendres ébats avec une amante. — Pourtant, faites entrer les ambassadeurs, — et que chacun reçoive la réponse qui vous plaira ; — je serai satisfait de tout choix — tendant à la gloire de Dieu et au bien de mon pays.

Entrent un LÉGAT *et deux* AMBASSADEURS, *accompagnés de* WINCHESTER, *en habit de cardinal.*

EXETER.

— Quoi ! milord de Winchester est installé, et élevé au rang de cardinal ! — Je m'attends alors à l'accomplis-

sement — de la prédiction faite un jour par Henry V :
— *Si jamais cet homme devient cardinal, — son chapeau sera égal à la couronne.*

LE ROI HENRY.

— Seigneurs ambassadeurs, vos requêtes respectives — ont été examinées et débattues. — Votre proposition est bonne autant que raisonnable ; — en conséquence nous sommes fermement résolus — à arrêter les conditions d'une paix amicale ; — et c'est par milord de Winchester que nous les ferons — immédiatement transmettre en France.

GLOCESTER, à un ambassadeur.

— Et quant à l'offre de mon seigneur votre maître, — j'en ai instruit son altesse en détail, — si bien que, satisfait des vertus de la dame, — de sa beauté et de sa dot, — le roi entend la faire reine d'Angleterre.

LE ROI HENRY, à l'ambassadeur.

— Pour preuve de cet agrément, — portez-lui ce joyau, gage de mon affection.

A Glocester.

— Et sur ce, milord protecteur, faites-les escorter — et conduire en toute sûreté jusqu'à Douvres ; là, qu'on les embarque — et qu'on les confie à la fortune de la mer.

Sortent le roi Henry et sa suite, puis Glocester, Exeter et les ambassadeurs.

WINCHESTER.

— Arrêtez, monseigneur le légat; vous recevrez, avant de partir, la somme d'argent que j'ai promis — de présenter à Sa Sainteté — en échange des graves insignes dont elle m'a revêtu.

LE LÉGAT.

— J'attendrai le bon plaisir de votre seigneurie.

WINCHESTER.

— Maintenant j'espère bien que Winchester ne se sou-

mettra pas, — et ne le cédera pas au pair le plus fier.
— Homphroy de Glocester, tu le verras bien, — malgré
ta naissance et ton autorité, — l'évêque ne se laissera pas
dominer par toi ; — je te ferai fléchir et plier le genou,
— ou je bouleverserai ce pays par la discorde.

Ils sortent.

SCÈNE XXIII.

[La France. Une plaine en Anjou.]

Entrent CHARLES, BOURGOGNE, ALENÇON, la PUCELLE et des troupes en marche.

CHARLES.

— Ces nouvelles, messeigneurs, doivent relever nos esprits abattus. — On dit que les puissants Parisiens se révoltent — et reviennent au martial parti des Français.

ALENÇON.

— Marchez donc sur Paris, royal Charles de France, — et ne retenez pas votre troupe dans l'inaction.

LA PUCELLE.

— Que la paix soit avec eux, s'ils reviennent à nous ! — Sinon, que la ruine s'attaque à leurs palais !

Entre un MESSAGER.

LE MESSAGER.

— Succès à notre vaillant général, — et prospérité à ses partisans !

CHARLES.

— Quel avis envoient nos éclaireurs ? Parle, je te prie.

LE MESSAGER.

— L'armée anglaise, qui était divisée — en deux corps, est maintenant réunie en un seul, — et veut vous livrer bataille sur-le-champ.

CHARLES.

— L'avertissement est quelque peu soudain, mes maîtres ; — mais nous allons sur-le-champ nous préparer à les recevoir.

BOURGOGNE.

— Je compte que l'ombre de Talbot n'est pas là ; — maintenant qu'il a disparu, monseigneur, vous n'avez rien à craindre.

LA PUCELLE.

— De toutes les passions basses, la peur est la plus réprouvée. — Commande la victoire, Charles, elle est à toi, — dût Henry en écumer et l'univers s'en désoler.

CHARLES.

— En avant donc, messeigneurs, et que la France soit triomphante !

Ils sortent.

SCÈNE XXIV.

[Devant Angers.]

Fanfare d'alarme. Mouvement de troupes. Entre LA PUCELLE.

LA PUCELLE.

— Le régent triomphe, et les Français fuient. — A l'aide donc, charmes magiques, périaptes, — et vous esprits d'élite qui m'avertissez, — et me signifiez les accidents à venir !

Tonnerre.

— Agiles serviteurs, ministres — de l'altier monarque du Nord, — apparaissez, et aidez-moi dans cette entreprise.

Entrent des démons.

— A cette prompte et leste apparition je reconnais — votre empressement accoutumé. — Maintenant, esprits familiers, évoqués entre tous — des puissantes régions souterraines, — aidez-moi cette fois encore à assurer la victoire à la France.

Les démons se promènent en silence.

— Oh! ne me tenez pas en suspens par un trop long silence! — Habituée à vous nourrir de mon sang, — je suis prête à me couper un membre et à vous le donner, — en retour de nouveaux services, — pourvu que vous condescendiez à m'assister encore.

Ils baissent la tête.

— Nul espoir de secours! mon corps — sera votre récompense, si vous accédez à ma demande.

Ils secouent la tête.

— Quoi! le sacrifice de mon corps, de mon sang — ne peut obtenir de vous le concours habituel! — Alors prenez mon âme, oui, mon corps, mon âme, tout, — plutôt que de laisser vaincre la France par l'Angleterre!

Ils disparaissent.

— Voyez! ils m'abandonnent! Le moment est donc venu — où la France doit abaisser son sublime panache — et laisser tomber sa tête dans le giron de l'Angleterre. — Mes anciennes incantations sont trop faibles, — et l'enfer est trop fort pour que je lutte contre lui. — Maintenant, France, ta gloire s'abîme dans la poussière.

Elle sort.

Fanfare d'alarme. Entrent, en se battant, les Français et les Anglais. LA PUCELLE et YORK se battent corps à corps. LA PUCELLE est prise. Les Français fuient.

YORK.

— Damoiselle de France, je crois que je vous tiens. — Maintenant déchaînez vos esprits par des charmes magiques, — et éprouvez s'ils peuvent vous rendre la liberté. — Magnifique prise, bien digne des grâces du diable! — Voyez! comme l'affreuse sorcière fronce le sourcil; — on dirait qu'autre Circé, elle veut me transformer.

LA PUCELLE.

— Tu ne saurais être changé en une forme pire.

YORK.

— Oh! Charles, le Dauphin est un bel homme, lui ; — nulle autre forme que la sienne ne saurait plaire à votre œil délicat.

LA PUCELLE.

— Peste soit de Charles et de toi ! — Puissiez-vous tous deux être surpris brusquement — par des mains sanguinaires, endormis dans vos lits !

YORK

— Farouche sorcière, enchanteresse blasphématrice, retiens ta langue !

LA PUCELLE.

— Laisse-moi, je te prie, exhaler mes malédictions.

YORK.

— Exhale-les, mécréante, quand tu seras sur le bûcher.

Ils sortent.

Fanfare d'alarme. Entre Suffolk, *tenant par la main madame* Marguerite.

SUFFOLK.

— Qui que tu sois, tu es ma prisonnière.

Il la considère.

— O beauté suprême, ne crains rien, ne fuis pas, — je ne te toucherai que d'une main déférente ; — je baise ces doigts en signe de paix éternelle, — et les pose doucement sur ta hanche délicate.

Il lui envoie un baiser du bout des doigts et la prend par la taille.

— Qui es-tu ? dis, que je puisse te révérer.

MARGUERITE.

— Marguerite est mon nom ; et, qui que tu sois, — je suis fille d'un roi, le roi de Naples.

SCÈNE XXIV.

SUFFOLK.

— Moi, je suis comte, et je m'appelle Suffolk. — Ne t'en offense pas, merveille de la nature, — tu étais destinée à être prise par moi. — Ainsi le cygne abrite sa couvée duvetée — en la retenant prisonnière sous son aile. — Pourtant, si cette servitude te blesse, — va, et redeviens libre, comme amie de Suffolk.

Elle se détourne comme pour s'en aller.

— Oh! reste, je n'ai pas la force de la laisser partir; — ma main voudrait la délivrer, mais mon cœur dit non. — Le soleil, en se jouant sur le cristal d'une source, — y fait étinceler un reflet de ses rayons; — ainsi apparaît à mes yeux cette beauté splendide. — Volontiers je lui ferais ma cour, mais je n'ose parler... — Je vais demander une plume et de l'encre, et écrire ma pensée... — Fi de la Poole! ne te diminue pas. — N'as-tu pas une langue? n'est-elle pas ta prisonnière? — Te laisseras-tu intimider par la vue d'une femme? — Oui, telle est la majesté princière de la beauté — qu'elle enchaîne la langue et trouble les sens.

MARGUERITE.

— Dis-moi, comte de Suffolk, si tel est ton nom, — quelle rançon dois-je payer pour pouvoir m'en aller? — Car je vois bien que je suis ta prisonnière.

SUFFOLK, à part.

— Comment peux-tu affirmer qu'elle repoussera tes instances, — avant d'avoir mis son amour à l'épreuve?

MARGUERITE.

— Pourquoi ne parles-tu pas? Quelle rançon dois-je payer?

SUFFOLK, à part.

— Elle est belle, et partant faite pour être courtisée; — elle est femme, et partant faite pour être obtenue.

MARGUERITE.

— Veux-tu accepter une rançon, oui ou non?

SUFFOLK, à part.

— Fou que tu es, souviens-toi que tu as une femme ; — alors comment Marguerite peut-elle être ton amante ?

MARGUERITE.

— Je ferais mieux de le laisser, car il ne veut rien entendre.

SUFFOLK.

— Voilà qui gâte tout : je joue de malheur !

MARGUERITE.

— Il parle au hasard : sûrement, l'homme est fou !

SUFFOLK.

— Et pourtant une dispense peut s'obtenir.

MARGUERITE.

— Et pourtant je souhaite que vous me répondiez.

SUFFOLK, à part.

— J'obtiendrai cette madame Marguerite. Pour qui ? — Eh ! pour mon roi ?...

Haut.

Bah ! mauvais échafaudage !

MARGUERITE.

— Il parle d'échafaudage. C'est quelque charpentier.

SUFFOLK, à part.

— Pourtant mon amour pourrait être satisfait ainsi, — et la paix rétablie entre les deux royaumes. — Mais à cela il y a encore un obstacle : — car son père a beau être roi de Naples, — duc d'Anjou et du Maine ; il est pauvre, — et notre noblesse fera fi de l'alliance.

MARGUERITE.

— Écoutez, capitaine. Vous est-il loisible de m'entendre ?

SUFFOLK, à part.

— En dépit de leurs dédains, cela sera : — Henry est jeune, et cédera vite.

Haut.

— Madame, j'ai un secret à révéler.

SCÈNE XXIV.

MARGUERITE, à part.

—Qu'importe que je sois captive ! Il a l'air d'un chevalier, — et il ne me manquera de respect en aucune façon.

SUFFOLK.

—Madame, daignez écouter ce que je dis.

MARGUERITE, à part.

—Peut-être serai-je délivrée par les Français ; — alors je n'ai pas besoin d'implorer sa courtoisie.

SUFFOLK.

—Chère madame, prêtez-moi votre attention dans une cause...

MARGUERITE, à part.

—Bah ! d'autres ont été captives avant moi.

SUFFOLK.

—Madame, pourquoi babillez-vous ainsi ?

MARGUERITE.

—Je vous demande pardon ; c'est un *quid pro quo*.

SUFFOLK.

—Dites-moi, gente princesse, ne trouveriez-vous pas — votre captivité bien heureuse, si vous deveniez reine ?

MARGUERITE.

— Une reine en captivité est plus misérable — qu'un esclave dans la plus basse servitude. — Car les princes doivent être libres.

SUFFOLK.

Et vous le serez — si le roi souverain de l'heureuse Angleterre est libre.

MARGUERITE.

— Eh ! que me fait sa liberté ?

SUFFOLK.

— Je m'engage à faire de toi la femme de Henry, — à mettre un sceptre d'or dans ta main, — et à poser une précieuse couronne sur ta tête, — si tu daignes être mon...

MARGUERITE.

Quoi?

SUFFOLK.

Son amante.

MARGUERITE.

— Je suis indigne d'être la femme de Henry.

SUFFOLK.

— Non, gente madame : c'est moi qui suis indigne — de courtiser une dame si charmante pour en faire sa femme, — sans avoir moi-même aucune part à ce choix. — Qu'en dites-vous, madame? consentez-vous?

MARGUERITE.

— Si cela plaît à mon père, je consens.

SUFFOLK.

— Alors nous allons faire avancer nos capitaines et nos étendards. — Puis, madame, sous les murs mêmes du château de votre père, — nous demanderons, par un parlementaire, à conférer avec lui.

Les troupes anglaises s'avancent.

Fanfare de parlementaire. RENÉ *paraît sur les remparts.*

SUFFOLK.

— Vois, René, vois, ta fille est prisonnière.

RENÉ.

— De qui?

SUFFOLK.

De moi.

RENÉ.

Suffolk, quel remède? — Je suis un soldat incapable de pleurer — et de récriminer contre les caprices de la fortune.

SUFFOLK.

— Il y a un remède, monseigneur. — Consens, consens, pour ta grandeur même, — au mariage de ta fille avec mon roi, — mariage auquel je l'ai moi-même engagée et décidée, non sans peine ; — et cette captivité bien douce — aura valu à ta fille une liberté princière.

RENÉ.

— Suffolk parle-t-il comme il pense ?

SUFFOLK.

La belle Marguerite sait — que Suffolk ne flatte pas, ne dissimule pas, ne ment pas.

RENÉ.

— Sur ta foi de grand seigneur, je descends — pour signifier ma réponse à ta noble demande.

SUFFOLK.

— Et moi j'attends ici ta venue.

René quitte le rempart.

Fanfare. RENÉ *paraît au bas de la muraille.*

RENÉ.

— Brave comte, soyez le bienvenu sur nos territoires. — Commandez en Anjou selon le bon plaisir de Votre Honneur.

SUFFOLK.

— Merci, René, heureux père de cette charmante enfant, — faite pour être la compagne d'un roi. — Que répond Votre Grâce à ma requête ?

RENÉ.

— Puisque tu daignes courtiser son faible mérite — pour faire d'elle la princière épouse d'un tel seigneur, — qu'on me laisse posséder en toute quiétude — mes comtés du Maine et d'Anjou, — à l'abri de toute oppression et des coups de la guerre ; — et, à cette condition, ma fille sera à Henry, s'il le désire.

SUFFOLK.

— Voilà sa rançon, je lui rends la liberté ; — quant à ces

deux comtés, je m'y engage, — Votre Grâce les possédera en pleine quiétude.

RENÉ.

— Eh bien, au nom du roi Henry, — comme représentant de ce gracieux prince, — reçois la main de ma fille, en gage de sa foi.

SUFFOLK.

— René de France, je te rends de royales actions de grâces, — car je sers ici les intérêts d'un roi.

A part.

— Et pourtant je serais bien aise, il me semble, — d'être ici mon propre procureur.

Haut.

— Je vais donc partir pour l'Angleterre avec cette nouvelle, — et presser cette solennité nuptiale. — Sur ce, adieu, René! Mets ce diamant en sûreté — dans le palais d'or qui lui convient.

RENÉ.

— Je t'embrasse, comme j'embrasserais — ce prince chrétien, le roi Henry, s'il était ici.

MARGUERITE.

— Adieu, milord. Les souhaits, les louanges et les prières — de Marguerite sont pour toujours assurés à Suffolk.

Elle va pour s'éloigner.

SUFFOLK.

— Adieu, ma chère dame! Mais écoutez, Marguerite...
— Aucun compliment princier pour mon roi?

MARGUERITE.

— Portez-lui tous les compliments qui siéent — à une jeune fille, à une vierge, à sa servante.

SUFFOLK.

— Paroles bien placées et mesurées par la modestie!
— Mais, madame, il faut que je vous importune encore...
— Aucun gage d'amour pour Sa Majesté?

MARGUERITE.

— Si fait, mon cher lord ; un cœur pur et sans tache, — que n'a jamais altéré l'amour, voilà ce que j'envoie au roi.

SUFFOLK.

— Et ceci avec.

Il l'embrasse.

MARGUERITE.

Ceci est pour toi-même ! Je n'aurais pas la présomption — d'envoyer à un roi des gages si futiles.

Sortent René et Suffolk.

SUFFOLK.

— Oh ! que n'es-tu pour moi !... Mais arrête, Suffolk ; — tu ne dois pas t'égarer dans ce labyrinthe ; — il s'y cache des Minotaures et d'affreuses trahisons. — Charme Henry en lui vantant tant de merveilles ; — rappelle-toi les vertus suprêmes de Marguerite, — ses grâces expansives et naturelles qui éclipsent l'art ; — évoque souvent leur image sur la mer, — en sorte qu'une fois agenouillé aux pieds de Henry, — tu puisses, en l'émerveillant, lui faire perdre la tête.

Il sort.

SCÈNE XXV.

[Le camp du duc d'York, en Anjou.]

Entrent York, Warwick et d'autres.

YORK.

— Qu'on amène cette sorcière, condamnée au feu.

Entrent la Pucelle, entourée de gardes, et un Berger.

LE BERGER.

— Ah ! Jeanne, ceci est le coup de mort pour le cœur de ton père ! — Je t'ai cherchée par tous les pays, — et, quand j'ai la chance de te retrouver, — c'est pour assister à ta mort cruelle et prématurée! — Ah! Jeanne, chère fille Jeanne, je mourrai avec toi!

LA PUCELLE.

— Misérable décrépit! vil et ignoble gueux! — Je suis issue d'un plus noble sang. — Tu n'es ni mon père ni mon parent.

LE BERGER.

— Assez! assez! ne vous déplaise, milords, cela n'est pas. — Toute la paroisse sait que je l'ai engendrée : — sa mère, qui vit encore, peut attester — qu'elle est le premier fruit de mon célibat.

WARWICK, à la Pucelle.

— Impie! tu veux renier ta famille!

YORK.

— Ceci démontre quel a été son genre de vie : — criminelle et vile! sa mort en est la digne conclusion.

LE BERGER.

— Fi, Jeanne! t'obstiner ainsi! — Dieu sait que tu es une tranche de ma chair; — et tu m'as fait verser bien des larmes; — ne me renie pas, je te prie, gentille Jeanne.

LA PUCELLE.

— Arrière, paysan!... Vous avez suborné cet homme — dans le but de ravaler ma noble naissance.

LE BERGER.

— Il est vrai que j'ai donné un noble au prêtre, — le matin où j'ai épousé sa mère. — Mets-toi à genoux et reçois ma bénédiction, ma bonne fille. — Tu ne veux pas t'incliner! Eh bien, maudite soit l'heure — de ta naissance! Je voudrais que le lait — que t'a donné ta mère, quand tu tétais son sein, — eût été pour toi de la mort aux rats! — Ou bien, quand tu gardais mes brebis aux champs, — je souhaite que quelque loup affamé t'eût dévorée! — Tu renies

SCÈNE XXV.

ton père, maudite souillon! — Oh! brûlez-la, brûlez-la. La hart est trop bonne pour elle.

Il sort.

YORK.

— Emmenez-la ; car elle a trop longtemps vécu — pour remplir le monde de ses vices.

LA PUCELLE.

— Laissez-moi vous dire d'abord qui vous condamnez. — Je ne suis pas la fille d'un pâtre grossier, — je suis issue d'une race de rois, — vertueuse et sainte, élue d'en haut, — par une inspiration de la grâce céleste, — pour accomplir sur terre des miracles transcendants. Jamais je n'ai eu affaire aux mauvais esprits ; — mais vous qui êtes pollués par la débauche, — souillés du sang irréprochable des innocents, — corrompus et tarés par mille vices, — parce que vous n'avez pas la grâce que d'autres ont, — vous croyez chose parfaitement impossible — d'opérer des miracles autrement que par le secours des démons. — Non! vous vous méprenez! Jeanne d'Arc est restée — vierge depuis sa tendre enfance, — chaste et immaculée même en pensée ; — et son sang virginal, si rigoureusement répandu, — criera vengeance aux portes du ciel.

YORK.

— Oui, oui!... qu'on l'emmène à l'exécution.

WARWICK, aux exécuteurs.

— Et écoutez, mes maîtres ; sous prétexte qu'elle est vierge, — n'épargnez pas les fagots ; qu'il y en ait raisonnablement ; — placez des barils de poix contre le fatal poteau, — afin d'abréger ses tortures.

LA PUCELLE.

— Rien ne touchera donc vos cœurs inexorables! — Eh bien, Jeanne, révèle ta faiblesse, — qui t'assure le privilége de la loi. — Je suis grosse, sanguinaires homicides; — si vous me traînez à une mort violente, — ne tuez pas du moins mon enfant dans mon ventre.

YORK.

— A Dieu ne plaise !... la sainte vierge grosse !

WARWICK.

— Le plus grand miracle qui se soit jamais accompli !
— Voilà donc où en est venue votre stricte pruderie ?

YORK.

— Elle et le Dauphin ont jonglé ensemble. — Je supposais bien que ce serait là son refuge.

WARWICK.

— N'importe, marchez ; nous ne voulons pas laisser vivre de bâtard, — spécialement quand Charles en est le père.

LA PUCELLE.

— Vous vous trompez ; mon enfant n'est pas de lui. — C'est Alençon qui a obtenu mon amour.

YORK.

— Alençon ! ce Machiavel notoire ! — L'enfant mourra, eût-il mille vies.

LA PUCELLE.

— Oh ! permettez ; je vous ai trompé ; — ce n'est ni Charles, ni même le duc que je viens de nommer, — c'est René, le roi de Naples, qui a triomphé de moi.

WARWICK.

— Un homme marié ! Pour le coup, c'est intolérable !

YORK.

— Ah ! voilà une donzelle ! Je crois qu'elle ne sait pas au juste — qui accuser. Il y en a tant !

WARWICK.

— C'est signe qu'elle a été libérale et généreuse.

YORK.

— Et pourtant, morbleu, c'est une pure vierge !... — Gourgandine, tes paroles te condamnent, toi et ton marmot. — Abstiens-toi de supplier, car ce serait en vain.

LA PUCELLE.

— Eh bien, qu'on m'emmène d'ici! Je vous laisse ma malédiction. — Puisse le glorieux soleil ne jamais réfléchir ses rayons — sur le pays que vous habitez! — Mais que la nuit et l'ombre sinistre de la mort — vous environnent, jusqu'à ce que le malheur et le désespoir — vous forcent à vous rompre le cou ou à vous aller pendre.

Elle sort conduite par des gardes.

YORK.

— Tombe en lambeaux et consume-toi jusqu'à la cendre, — horrible et maudit ministre de l'enfer!

Entrent le Cardinal Beaufort et son escorte.

LE CARDINAL.

— Lord régent, je salue Votre Excellence — en vous remettant des lettres du roi. — Car sachez, milords, que les États de la chrétienté, — émus de compassion à l'aspect de ces lamentables conflits, — ont imploré avec ferveur une paix générale — entre notre nation et l'ambitieux Français. — Et voici le Dauphin et sa suite — qui s'avancent pour conférer avec vous sur quelques articles.

YORK.

— Tous nos efforts ont-ils abouti à ce résultat? — Après l'égorgement de tant de pairs, — de tant de capitaines, de gentilshommes et de soldats, — qui ont été abattus dans cette querelle — et qui ont sacrifié leurs corps pour le bien de leur patrie, — finirons-nous par conclure une paix efféminée? — N'avons-nous pas, par la trahison, par la fraude, par la perfidie, — perdu la plupart des villes — que nos grands ancêtres avaient conquises! — O Warwick, Warwick! je prévois avec douleur — la perte entière de tout le royaume de France.

WARWICK.

— Patience, York ! si nous concluons une paix, — ce sera à de si sévères et si strictes conditions — que les Français y gagneront peu.

Entrent CHARLES *et sa suite,* ALENÇON, LE BATARD, RENÉ *et autres.*

CHARLES.

—Lords d'Angleterre, puisqu'il est convenu — qu'une trêve pacifique sera proclamée en France, — nous venons savoir de vous-mêmes — quelles seront les conditions de ce pacte.

YORK.

—Parlez, Winchester; car la bouillante colère qui me suffoque, — à la vue de nos funestes ennemis, — ferme le passage à ma voix empoisonnée.

WINCHESTER.

— Charles, et vous tous, voici ce qui a été décidé : — Considérant que le roi Henry consent, — par pure compassion et par pure indulgence, — à délivrer votre pays d'une guerre désastreuse — et à vous laisser respirer au sein d'une paix fructueuse, — vous deviendrez les loyaux vassaux de sa couronne. — Et toi, Charles, à cette condition que tu jureras — de lui payer tribut et de te soumettre, — tu seras placé comme vice-roi sous ses ordres, — tout en jouissant de la dignité royale.

ALENÇON.

— Faut-il donc qu'il ne soit plus que l'ombre de lui-même, — qu'il orne son front d'une couronne, — et que, quant à la substance même de l'autorité, — il ne conserve que le privilége d'un simple sujet! — Cette proposition est absurde et déraisonnable.

CHARLES.

— Il est notoire que je possède déjà — plus de la moitié du territoire français — et que j'y suis honoré comme roi légitime. — Vais-je donc, pour obtenir la portion non conquise, — abdiquer ma prérogative — au point de ne régir le tout qu'en qualité de vice-roi? — Non, seigneur ambassadeur; j'aime mieux garder — ce que j'ai que perdre, en convoitant le surplus, — la chance de ravoir tout.

YORK.

— Insolent Charles ! tu as par de secrètes menées — provoqué une intercession pour obtenir la paix ; — et, maintenant que les choses en viennent à un compromis, — tu te retranches dans un ambitieux raisonnement ! — Accepte le titre que tu usurpes, — comme un bénéfice que te confère notre roi, — et non plus comme un droit revendiqué par toi ; — sinon, nous te persécuterons par une guerre incessante.

RENÉ, à Charles.

— Monseigneur, vous vous obstinez à tort — à discuter la teneur de ce contrat. — Une fois cette occasion perdue, je parie dix contre un — que nous ne retrouverons pas la pareille.

ALENÇON, bas, à Charles.

— A parler franchement, c'est votre devoir — de préserver vos sujets de ces massacres — et de ces exterminations atroces qui sont provoquées chaque jour — par la poursuite des hostilités ; — acceptez donc cette trêve, — quitte à la rompre quand il vous plaira.

WARWICK.

— Que dis-tu, Charles ? Nos conditions tiennent-elles ?

CHARLES.

Elles tiendront : — sous cette seule réserve que vous

renoncerez à toute prétention — sur nos villes de garnisons.

YORK.

— Jure donc allégeance à Sa Majesté ; — sur ta foi de chevalier, jure de ne jamais désobéir — et de ne jamai être rebelle à la couronne d'Angleterre, — ni toi, ni ta noblesse.

Charles et les siens font acte de féauté.

— Maintenant licenciez votre armée quand il vous plaira ; — suspendez vos enseignes et faites taire vos tambours, — car nous inaugurons ici une paix solennelle.

Ils sortent.

SCÈNE XXVI.

[Londres. Le palais du roi.]

Entrent le ROI HENRY, s'entretenant avec SUFFOLK, puis GLOCESTER et EXETER.

LE ROI HENRY.

— Noble comte, votre merveilleuse description — de la belle Marguerite m'a tout étonné. — Ses vertus, rehaussées par ses charmes extérieurs, — ont fait naître dans mon cœur la passion profonde de l'amour. — Et de même que la violence d'un orageux coup de vent — pousse contre la marée le plus puissant bâtiment, — de même je suis entraîné par le souffle de sa renommée, — soit pour faire naufrage, soit pour arriver au port, — où je dois jouir de son amour.

SUFFOLK.

— Bah ! mon bon seigneur ! ce récit superficiel — n'est que la préface de l'éloge qui lui est dû. — Les souveraines perfections de cette aimable dame, — si j'avais assez de talent pour les décrire, — rempliraient un volume de lignes enchanteresses, — capables de ravir l'esprit le plus grossier. — Mais il y a plus : toute divine qu'elle est, — toute comblée qu'elle est de grâces exquises, — elle n'a, dans l'humble modestie de son âme, — d'autres vœux que de se mettre à vos ordres, — c'est-à-dire de satisfaire vos vertueux et chastes désirs — en aimant et honorant Henry comme son époux.

LE ROI HENRY.

— Et jamais Henry ne réclamera d'elle autre chose. — Ainsi, milord protecteur, consentez — à ce que Marguerite soit reine d'Angleterre.

GLOCESTER.

— Je consentirais donc à flatter le mal? — Vous savez, milord, que Votre Altesse est fiancée — à une autre dame hautement estimée. — Comment vous dégager de ce contrat, — sans entacher d'un reproche votre honneur?

SUFFOLK.

— Comme un gouvernant se dégage d'un serment illicite, — ou comme un homme qui, dans une joûte, ayant fait vœu — d'essayer sa force, abandonne pourtant la lice — à cause de l'infériorité de son adversaire. — La fille d'un pauvre comte est un parti inférieur, — et conséquemment peut être refusée sans offense.

GLOCESTER.

— Eh! je vous prie, qu'est de plus Marguerite? — Son père n'est rien de mieux qu'un comte, — quoiqu'il se rehausse de titres pompeux.

SUFFOLK.

— Mais, mon bon lord, son père est roi, — le roi de Naples et de Jérusalem, — et d'une telle autorité en

France — que son alliance affermira notre paix — et maintiendra les Français dans l'allégeance.

GLOCESTER.

— Et il en est de même du comte d'Armagnac, — puisqu'il est le proche parent de Charles.

EXETER.

— En outre, son opulence garantit une riche dot, — tandis que René est plus prêt à recevoir qu'à donner.

SUFFOLK.

— Une dot, milords ! n'avilissez pas à ce point votre roi, — ne le faites pas si abject, si bas et si pauvre — qu'il doive choisir par intérêt et non par pur amour. — Henry est en état d'enrichir sa reine, — et n'a point à chercher une reine qui le fasse riche. — Que de misérables paysans marchandent leurs femmes, — comme on marchande un bœuf, un mouton ou un cheval ! — Le mariage est une affaire trop haute — pour être traitée par un courtier. — Ce n'est pas celle que nous souhaitons, mais celle que Sa Majesté aime, — qui doit être sa compagne au lit nuptial ; — et, milords, puisqu'il aime mieux Marguerite, — c'est une raison souveraine — pour que dans notre opinion elle doive être préférée. — Car qu'est-ce que le mariage forcé, sinon un enfer, — une vie de discordes et de continuelles querelles ? — Tandis que le mariage contraire produit le bonheur, — et est l'image de la paix céleste. — Pour Henry, pour un roi, quel parti plus assorti — que Marguerite qui est la fille d'un roi ? — Sa beauté incomparable, jointe à sa naissance, — fait qu'un roi seul est digne d'elle. - Son vaillant courage et l'intrépide énergie — qui la distingue entre toutes les femmes — répondront à notre espoir d'une lignée vraiment royale. — Car Henry, fils d'un conquérant, — est appelé à engendrer de nouveaux conquérants, — s'il est uni par l'amour à une dame — d'aussi haute résolution que la belle Marguerite. — Cédez donc, milords, et concluez ici avec moi — que Marguerite sera reine, et Marguerite seule.

LE ROI HENRY.

— Est-ce par l'effet de votre récit, — mon noble lord de Suffolk, ou bien parce que — ma tendre jeunesse n'a pas encore été atteinte — de la passion brûlante de l'amour, — je ne puis le dire ; mais ce dont je suis sûr, — c'est que je sens dans mon cœur une si violente agitation, — de si vives alarmes d'espérance et de crainte, — que je souffre du travail de ma pensée. — Vite donc, embarquez-vous ; courez en France, milord, — accédez à toute convention, et faites — que madame Marguerite consente — à traverser les mers et à venir en Angleterre pour être couronnée — la reine fidèle et sacrée du roi Henry ! — Pour suffire à vos dépenses et à tous les frais, — levez un dixième sur le peuple. — Partez, vous dis-je ; car, jusqu'à votre retour, — je reste tourmenté de mille inquiétudes.

A Glocester.

— Et vous, bon oncle, bannissez tout mécontentement ; — si vous me jugez sur ce que vous fûtes, — et non sur ce que vous êtes, je sais que vous excuserez — cette exécution brusque de mon désir. — Et sur ce, mettez-moi dans une retraite où, loin de toute compagnie, — je puisse raisonner et ruminer mes peines.

Il sort.

GLOCESTER.

— Oui, ses peines ! elles commencent, je le crains, pour durer toujours.

Sortent Glocester et Exeter.

SUFFOLK.

— Ainsi Suffolk a prévalu ! Ainsi il part, — comme

autrefois pour la Grèce le jeune Pâris ; — espérant obtenir le même succès en amour, — mais prospérer plus sûrement que le Troyen. — Désormais Marguerite sera reine et gouvernera le roi : — mais **moi je gouvernerai Marguerite, le roi, et le royaume** (44).

Il sort.

FIN DE LA PREMIÈRE PARTIE DE HENRY VI.

NOTES

SUR

HENRY V ET LA PREMIÈRE PARTIE DE HENRY VI.

---

(1) Ce chœur, et tous ceux qui le suivent, manquent à l'édition primitive publiée en 1600.

(2) Toute cette scène entre l'archevêque de Cantorbéry et l'évêque d'Ély est également une addition au texte original.

(3) Thomas Beaufort, comte de Dorset, puis duc d'Exeter, était un des fils que Jean de Gand avait eus de Catherine Swinford. Il était conséquemment frère de Henry IV et oncle de Henry V.

(4) C'est par ce vers : *Ferons-nous entrer l'ambassadeur, mon suzerain?* que commence le drame original.

(5) Dans le drame primitivement conçu par Shakespeare, et imprimé en 1600, voici comment était présentée cette réplique du roi :

HENRY.

— Certes nous vous remercions. Aussi, mon bon lord, expliquez-nous — en quoi cette loi salique, qu'ils ont en France, — est un empêchement ou non à notre réclamation. — Et à Dieu ne plaise, mon sage et savant lord, — que vous forciez, torturiez ou faussiez votre sentiment. — Car Dieu sait combien d'hommes, aujourd'hui pleins de santé, — verseront leur sang pour soutenir le parti — auquel Votre Révérence va nous décider. — Réfléchissez donc bien, avant d'engager notre personne, — avant de réveiller l'épée endormie de la guerre. — Nous vous sommons au nom de Dieu, réfléchissez.— Après cette adjuration, parlez, milord ; — et nous apprécierons et noterons ce que vous direz, convaincu — que votre parole est purifiée — comme la faute par le baptême.

(6) Cette curieuse dissertation est extraite presque littéralement d'Holinshed. Le parallélisme que voici donnera au lecteur une idée du minutieux scrupule avec lequel Shakespeare a transporté dans sa poésie la prose du chroniqueur :

HOLINSHED.	SHAKESPEARE.
In terram salicam mulieres ne succedant. C'est-à-dire qu'aucune femme ne succède en terre salique. Les glossateurs français expliquent que cette terre est le royaume de France, et que cette loi a été faite par le roi Pharamond. Pourtant leurs propres auteurs affirment que la terre salique est en Allemagne entre l'Elbe et la Sahl, et que, quand Charlemagne eut vaincu les Saxons, il établit là des Français qui, ayant en dédain les mœurs honteuses des femmes allemandes, firent cette loi que les femmes ne succéderaient à aucun héritage en cette terre. Etc.	*In terram salicam mulieres ne succedant.* — Nulle femme ne succédera en terre salique. — Les Français prétendent injustement que cette terre salique — est le royaume de France, et que Pharamond — est le fondateur de cette loi qui exclut les femmes. — Pourtant leurs propres auteurs affirment en toute bonne foi que la terre salique est en Allemagne entre la Sahl et l'Elbe. — Là Charlemagne, ayant soumis les Saxons, — laissa derrière lui une colonie de Français — qui, ayant pris en dédain les femmes allemandes — pour certains traits honteux de *leurs mœurs*, —établirent cette loi que nulle femme — ne serait héritière en terre salique. Etc.

Shakespeare s'étant astreint à copier Holinshed qui, au temps d'Élisabeth, était cité comme la plus grande autorité historique, c'est à Holinshed même qu'il faut laisser la responsabilité des erreurs qui ont été relevées ici à la charge du poëte. Ainsi, l'empereur Louis le Débonnaire n'a jamais eu de fils appelé Carloman ; il n'est nulle part question dans nos annales de cette dame Lingare, arrière-petite-fille de Charlemagne, dont Hugues-Capet se serait prétendu l'héritier ; ce n'est pas Louis X, mais Louis IX qui avait pour grand'mère *la belle reine Isabelle.* En reproduisant toutes ces erreurs, Shakespeare n'a péché que par excès de scrupule : il a religieusement répété ce qu'il croyait être la vérité historique, bien éloigné de penser que ce n'était pas la vérité vraie.

(7) Les quatre répliques qui précèdent ont été intercalées par la révision dans le texte primitif.

(8) J'ai déjà mentionné, à propos de la création de Falstaff, une ancienne pièce historique qui fut représentée vers 1580 sous ce titre : *Les fameuses victoires de Henry V.* Cette pièce mettait en scène la vie du vainqueur d'Azincourt, depuis son aventureuse adolescence jusqu'à son mariage avec la princesse Catherine de Valois, — condensant ainsi en un seul ouvrage toute l'action que Shakespeare a depuis développée en trois drames-chroniques. Il est curieux de comparer l'œuvre du maître avec l'opuscule de son devancier anonyme. Voici quelle est, dans *Les fameuses victoires,* la scène parallèle à celle que nous venons de lire. — Immédiatement après avoir exilé les compagnons de sa jeunesse, Oldcastle, Ned et Tom, le roi se tourne vers l'archevêque de Cantorbéry :

HENRY V.

— Eh bien, mon bon lord archevêque de Cantorbéry, — que dites-vous de notre ambassade en France ?

L'ARCHEVÊQUE.

— Votre droit à la couronne de France — vous est venu par votre arrière-grand'mère Isabelle, — femme du roi Édouard III et sœur de Charles, roi de France. — Maintenant, si le roi de France le conteste, comme c'est probable, — il vous faudra mettre l'épée à la main — et conquérir votre droit. — Que le Français sache — que, si vos prédécesseurs ont toléré leur usurpation, vous ne la tolérerez pas ; — car vos compatriotes sont prêts à vous fournir — de l'argent et des hommes. — En outre, mon bon seigneur, comme il a été reconnu — que l'Écosse a toujours été liguée avec la France — par une sorte de pension qu'elle reçoit de celle-ci, — je crois qu'il faudrait d'abord conquérir l'Écosse, — et ensuite vous pourriez, je pense, envahir plus facilement la France. — Et voilà tout ce que j'ai à dire, mon bon seigneur.

HENRY V.

— Je vous remercie, mon bon lord archevêque de Cantorbéry ; — que dites-vous, mon bon lord d'Oxford ?

OXFORD.

— N'en déplaise à Votre Majesté, — je suis de l'avis de milord archevêque, sauf en ceci :

> Qui voudra vaincre l'Écossais,
> Doit d'abord vaincre la France.

Selon le vieux dicton. — Donc, mon bon seigneur, je crois qu'il vaudrait mieux envahir d'abord la France ; — car, en conquérant l'Écosse, vous ne conquérez qu'un pays ; — et, en conquérant la France, vous en conquérez deux.

(9) Ces vers rappellent un passage de Cicéron que le commentateur Théobald a le premier cité : « Ut in fidibus, ac tibiis, atque cantu

n'est pas seulement la sagesse et la force qui font un État sage et fort, c'est aussi l'ordre qui, tel que l'harmonie appelée diapason, est répandu dans l'État tout entier, faisant concourir à la même mélodie les plus faibles, les plus forts et les intermédiaires. » Et encore : « Le pouvoir harmonique de la justice politique est identique à l'accord musical qui réunit les trois cordes, l'octave, la basse et la quinte. » Le platonisme était étudié en Angleterre à l'époque où Shakespeare commença à écrire. Coleridge nous dit « que l'auteur accompli de l'*Arcadie*, sir Philippe Sidney, avait avec Spenser de hautes conversations sur l'idée de la beauté supra-sensuelle. » L'édition de Théobald a attiré notre attention sur la ressemblance qui existe entre les vers de Shakespeare et la prose de Cicéron. Un ami nous fait observer la ressemblance plus grande qui existe entre ces vers et le passage de Platon qui, selon lui, a inspiré la pensée de Shakespeare. Voilà une des nombreuses preuves de la familiarité de notre poëte, familiarité directe ou indirecte, avec les écrivains classiques. Au temps de Shakespeare, aucun ouvrage de Platon n'était traduit en anglais, sauf un simple dialogue par Spenser. »

(10) Dans le texte primitif qu'a révélé l'édition in-quarto de 1600, ce discours du roi était condensé en sept vers :

HENRY.

—Introduisez les messagers envoyés par le Dauphin. — Et par votre aide, nobles membres de notre domaine, — la France étant à nous, nous la rattacherons à notre majesté — ou nous la mettrons en pièces.—Ou nos chroniques à pleine voix — proclameront nos actes, ou elles seront pour nous comme des muets sans langue,—et nous ne serons pas même honorés d'une épitaphe de papier.

(11) L'incident des balles de paume envoyées au roi d'Angleterre par le fils de Charles VI est expressément raconté par Holinshed. Il a toujours paru fort invraisemblable, et beaucoup d'experts le regardent comme une fiction. Il est certain qu'aucun chroniqueur français ne le mentionne, et il ne semble pas possible qu'un tel fait, s'il était authentique, eût été ainsi passé sous silence dans nos annales. Le plus ancien document qui en fasse foi est un manuscrit du British Museum, cité pour la première fois par sir Harris Nicolas dans son *Histoire de la bataille d'Azincourt*. Mais ce manuscrit même, selon toute apparence, appartient à la seconde moitié du quinzième siècle, et est par conséquent bien postérieur au règne de Henry V. Voici en quels termes l'incident y est relaté :

« Le Dauphin de France répondit à notre ambassadeur que le roi était trop jeune et d'un âge trop tendre pour lui faire la guerre, et qu'il n'était pas probablement assez bon guerrier pour faire de telles conquêtes sur lui ; et, par dépit et bravade, il envoya au roi un *tonneau plein de balles de paume*, prétendant qu'il ferait beaucoup mieux de jouer avec ses lords que d'entreprendre aucune guerre. Et incontinent nos ambassadeurs prirent congé du Dauphin, et revinrent en Angleterre, et dirent au roi et à son conseil l'inconvenante réponse qu'ils avaient reçue du Dauphin et le présent que celui-ci envoyait au roi ; et quand le roi eut ouï ces paroles et la réponse du Dauphin, il fut prodigieusement outré et exaspéré contre les Français, et contre le roi et le Dauphin, et résolut de se venger ainsi que Dieu lui en donnerait la grâce et la force ; et immédiatement il fit faire des balles de paume pour le Dauphin avec toute la hâte possible ; et c'étaient de gros boulets à faire jouer le Dauphin. »

Si apocryphe que semble aujourd'hui cette anecdote, n'oublions pas que Shakespeare ne pouvait concevoir aucun doute sur son authenticité. La légende lui était attestée par les plus savants et les plus célèbres historiens de l'époque, Hall et Holinshed. Consacrée par la tradition écrite, elle l'était également par la tradition scénique. Le théâtre l'avait adoptée et popularisée, longtemps avant que Shakespeare composât son œuvre. Elle faisait un des principaux incidents de la pièce historique jouée vers 1580, *Les fameuses victoires de Henry V.* Voici la scène même à laquelle elle donnait lieu :

HENRY V.
Faites entrer monseigneur l'archevêque de Bourges.

Entre L'ARCHEVÊQUE DE BOURGES.

HENRY V.
— Eh bien, seigneur archevêque de Bourges, — nous apprenons par notre ambassadeur — que vous avez un message à remplir auprès de nous — de la part de notre frère le roi de France. — Ici, selon notre coutume, mon bon seigneur, — nous vous donnons pleine liberté et licence de parler.

L'ARCHEVÊQUE.
— Dieu garde le puissant roi d'Angleterre ! — Mon seigneur et maître, le Très-Chrétien — Charles septième, le grand et puissant roi de France, — comme un très-noble et très-chrétien roi, — ne voulant pas verser le sang innocent, est prêt — à faire quelques concessions à vos déraisonnables demandes. — Cinquante mille couronnes par an avec sa fille, — la dame Catherine, en mariage, — voilà tout ce qu'il accorde à votre déraisonnable désir.

HENRY V.

—Eh! mais on dirait que votre seigneur et maître — entend me fermer la bouche avec cinquante mille couronnes par an. — Non, dis à ton seigneur et maître — que toutes les couronnes de France ne serviront de rien, — hormis la couronne même du royaume : — et alors peut-être j'aurai sa fille.

L'ARCHEVÊQUE.

—N'en déplaise à Votre Majesté, — monseigneur le Dauphin vous offre — ce présent.

Il présente un tonneau plein de balles de paume.

HENRY V.

Quoi, un tonneau doré! — Voyez, je vous prie, milord d'York, ce qu'il y a dedans.

YORK.

—N'en déplaise à Votre Grâce, — il y a là un tapis et un tonneau plein de balles de paume.

HENRY V.

Un tonneau de balles de paume! — Je vous en prie, seigneur archevêque, — que signifie ceci ?

L'ARCHEVÊQUE.

—Ne vous déplaise, monseigneur, — vous savez qu'un messager doit garder sa mission secrète, — et spécialement un ambassadeur.

HENRY V.

— Mais je sais que vous pouvez déclarer votre mission — au roi. Le droit des gens vous y autorise.

L'ARCHEVÊQUE.

— Mon seigneur, ayant ouï parler de votre vie extravagante — avant la mort de votre père, vous envoie ceci, mon bon seigneur, — voulant dire que vous êtes plus fait pour une salle de jeu de paume — que pour un champ de bataille, et plus à votre place sur un tapis que dans un camp.

HENRY V.

—Monseigneur le dauphin est fort plaisant avec moi. — Mais dites-lui qu'au lieu de balles de cuir, — nous lui lancerons des balles de cuivre et de fer — comme jamais il n'en a été lancé en France. — Sa plus superbe salle de paume en pâtira, — et tu en pâtiras aussi, prince de Bourges. — Pars donc et reporte-lui vite ton message — de peur que je ne sois là avant toi. Allons, prêtre, va-t'en.

L'ARCHEVÊQUE.

—Je supplie Votre Grâce de me délivrer un sauf-conduit — sous son grand sceau.

HENRY V.

—Prêtre de Bourges, sache — que la signature et le sceau du roi ne font qu'un avec sa parole. — Au lieu de ma signature et de mon sceau, — c'est ma main et mon épée que j'apporterai à ton maître. —Apprends-lui que Harry d'Angleterre t'a dit cela,—et que Harry d'Angleterre le fera.— Milord d'York délivrez-lui un sauf-conduit revêtu de notre grand sceau.

Sortent l'archevêque de Bourges et le duc d'York.

(12) « Richard, comte de Cambridge, était Richard de Coninsbury, fils cadet de Edmond de Langley, duc d'York. Il était père de Richard, duc d'York, qui fut père d'Edouard IV. » — *Watpole.*

(13) Barbason est le nom d'un diable mentionné dans la *Démonologie.* Il en est question dans les *Joyeuses Épouses de Windsor.*

(14) Ces trois beaux vers ont été ajoutés par la retouche au texte primitif.

(15) Toute cette page, depuis ces mots : *La trahison et le meurtre,* jusqu'à ceux-ci : *Leurs crimes sont patents,* manque à l'édition in-quarto publiée en 1600. C'est trente-huit vers que la retouche a ajoutés ici à l'esquisse originale.

(16) « D'aucuns écrivent que Richard, comte de Cambridge, complota le meurtre du roi avec le lord Scroop et Thomas Grey, non pour plaire au roi de France, mais seulement avec l'intention de porter au trône son beau-frère Edmond, comte de March, comme héritier de Lionel, duc de Clarence : ledit comte de March étant, pour divers empêchements secrets, incapable d'avoir une postérité, le comte de Cambridge était convaincu que la couronne lui reviendrait du chef de sa femme, à lui et aux enfants qu'il avait eus d'elle. Et c'est pourquoi il confessa qu'ayant besoin d'argent, il s'était laissé corrompre par le roi de France, plutôt que d'avouer sa pensée intime; car il voyait bien que, si cette pensée avait été connue, le comte de March aurait vidé la coupe où lui-même avait bu, et il craignait qu'en ce cas il n'arrivât malheur à ses propres enfants. » — *Holinshed.*

(17) Voici, selon Holinshed, en quels termes Henry V apostropha les conspirateurs : « Si vous avez conspiré ma mort et ma destruction, à moi qui suis le chef du royaume et le gouverneur du peuple, je suis réduit à croire que vous avez pareillement comploté le renversement de tout ce qui est ici avec moi et la destruction finale de

votre pays natal. Puisque vous avez entrepris un si grand attentat, je veux que vos partisans qui sont dans l'armée apprennent par votre châtiment à abhorrer une si détestable offense. Hâtez-vous donc de recevoir la peine que vos démérites vous ont value et le châtiment que la loi réserve à vos forfaits. »

(18) Extrait de la pièce anonyme : *Les fameuses victoires de Henry Cinq* :

Entrent LE ROI, LE DAUPHIN et LE GRAND CONNÉTABLE de France.

LE ROI.

—Eh bien, seigneur grand connétable,—que dites-vous de notre ambassade en Angleterre ?

LE CONNÉTABLE.

— Sous le bon plaisir de Votre Majesté, je ne puis rien en dire, — avant l'arrivée de messeigneurs les ambassadeurs ; — pourtant il me semble que Votre Grâce a bien fait—de tenir ses troupes si bien préparées —en prévision du pire.

LE ROI.

— Effectivement, monseigneur, nous avons une armée sur pied; —mais, si le roi d'Angleterre se met contre nous, — il nous en faudra une trois fois plus forte.

LE DAUPHIN.

—Bah ! monseigneur, si jeune et si extravagant—que soit le roi d'Angleterre, ne croyez pas qu'il soit assez—insensé pour faire la guerre au puissant roi de France.

LE ROI.

— Ah ! mon fils, si jeune et si extravagant—que soit le roi d'Angleterre, croyez bien qu'il est dirigé—par de sages conseillers.

Entre L'ARCHEVÊQUE DE BOURGES.

L'ARCHEVÊQUE.

Dieu garde mon souverain seigneur le roi !

LE ROI.

— Eh bien, seigneur archevêque de Bourges, — quelles nouvelles de notre frère le roi d'Angleterre ?

L'ARCHEVÊQUE.

—Sous le bon plaisir de Votre Majesté,—ses intentions sont si contraires à celles que vous lui prêtiez,—qu'il ne veut autre chose que la couronne—et le royaume même ; en outre, il m'a dit de me dépêcher,—sans quoi il serait ici avant moi ; et, à ce que j'apprends,—il a déjà tenu promesse ; car on dit qu'il a déjà débarqué—à Kidcolks¹ en Normandie, sur la Seine,—et qu'il a mis le siége devant la ville fortifiée d'Harfleur.

LE ROI.

—Cependant vous avez fait grande hâte,—n'est-ce pas ?

LE DAUPHIN, à l'archevêque.

—Eh bien, monseigneur, comment le roi d'Angleterre a-t-il accueilli mes présents ?

L'ARCHEVÊQUE.

En vérité, monseigneur, fort mal ; — car, en retour de ces balles de cuir, — il vous enverra des balles de cuivre et de fer.— Croyez-moi, monseigneur, j'ai eu bien peur de lui, — tant il était hautain et superbe. — Il est farouche comme un lion.

LE CONNÉTABLE.

— Bah! nous le rendrons doux comme un agneau, — je vous le garantis.

(19) Toute cette harangue de Henry à ses soldats est une addition au texte original.

(20) Tout le reste de la scène manque à l'édition de 1600. Macmorris et Jamy, l'un représentant l'Ecosse, l'autre l'Irlande, sont des personnages introduits par la révision dans le scénario primitif.

(21) Cette superbe description des horreurs de la guerre (depuis ces mots : *le soldat acharné* jusqu'à ceux-ci : *des bourreaux d'Hérode*) manque à l'édition de 1600.

(22) Ce dialogue entre Catherine et Alice est textuellement reproduit, d'après l'édition de 1623. J'ai tenu à copier religieusement le texte revu et corrigé par Shakespeare. Le lecteur pourra juger ainsi comment l'auteur d'*Hamlet* parlait la langue de Montaigne.

(23) Extrait de la pièce anonyme : *Les fameuses victoires de Henry V* :

Entre un messager.

LE MESSAGER.

— Dieu garde le puissant roi de France !

LE ROI DE FRANCE.

— Eh bien, messager, quelles nouvelles ?

¹ Évidemment *Clef de Caux*, à une lieue d'Harfleur.

LE MESSAGER.

— Sous le bon plaisir de Votre Majesté, — je viens de la part de votre pauvre ville en détresse, Harfleur, — qui est investie de tous côtés. — Si Votre Majesté ne lui envoie pas un secours immédiat, — la ville se rendra au roi d'Angleterre.

LE ROI.

— Allons, messeigneurs, allons, resterons-nous impassibles — jusqu'à ce que notre pays soit ruiné sous notre nez ? — Messeigneurs, que les Normands, les Brabançons, les Picards — et les Danois soient expédiés en toute hâte. — Et vous, seigneur grand connétable, je vous fais général en chef — de toute l'armée.

LE DAUPHIN.

— Je compte que Votre Majesté m'accordera — quelque poste de bataille, — et j'espère me bien comporter.

LE ROI.

— Je te déclare, mon fils, — quand j'obtiendrais la victoire, si tu perdais la vie, — je me considérerais comme vaincu, et je regarderais les Anglais comme vainqueurs.

LE DAUPHIN.

— Pourtant, monseigneur et père, — je voudrais faire savoir à ce petit roi d'Angleterre — que j'oserai lui tenir tête sur tous les terrains du monde.

LE ROI.

Je sais bien cela, mon fils, — mais pour le moment je veux qu'il en soit ainsi. — Partons donc.

Tous sortent.

(24) Le poëte a trouvé dans le récit des chroniqueurs le fait qu'il attribue ici à Bardolphe. Holinshed et Hall racontent tous deux que, pendant que l'armée anglaise se dirigeait sur Calais, « un stupide soldat vola un ciboire dans une église et irrévérencieusement mangea les saintes hosties qu'il contenait. »

(25) La note suivante, extraite du *Dictionnaire de Furetière*, est ici tout à fait à propos :

« On *fait la figue* à quelqu'un quand on se moque de lui en faisant quelque sorte de grimace.

> Pape-figue se nomme
> L'île et province où les gens autrefois
> Firent la figue au portrait du Saint-Père.
> Punis en sont, rien chez eux ne prospère.

» Le proverbe vient de l'italien *Far la fica*. Il tire son origine, à ce que disent Munster et autres auteurs, de ce que les Milanais, s'étant révoltés contre Frédéric, avaient chassé ignominieusement hors de leur ville l'impératrice sa femme, montée sur une vieille mule nommée *Tacor*, ayant le derrière tourné vers la tête de la mule, et le visage vers la croupière. Frédéric les ayant subjugués fit mettre une figue aux parties honteuses de Tacor, et obligea tous les Milanais captifs d'arracher publiquement cette figue avec les dents et de la remettre au même lieu sans l'aide de leurs mains, à peine d'être étranglés et pendus sur-le-champ; et ils étaient obligés de dire au bourreau qui était présent : *Ecco la fica*. C'est la plus grande injure qu'on puisse faire aux Milanais que de leur faire la figue : ce qu'on fait en leur montrant le bout du pouce serré entre les deux doigts voisins. De là ce proverbe est passé aux autres nations, et même aux Espagnols qui disent : *Dar las higas*. »

Le mot de Pistolet : *la figue espagnole!* pourrait bien aussi, ainsi que le soupçonne Steevens, être une parole à double sens, faisant allusion aux terribles figues qui, au seizième siècle, servaient aux vengeances espagnoles. Souvent alors, en Espagne et en Italie, on se débarrassait d'un ennemi en lui faisant manger un de ces fruits empoisonnés.

(26) « Sur ce, Montjoie, roi d'armes, fut envoyé au roi d'Angleterre pour le défier comme l'ennemi de la France, et pour lui dire qu'il lui serait bientôt livré bataille. Le roi Henry répondit délibérément : « Mon intention est de faire comme il plaira à Dieu. Je n'irai pas chercher votre maître cette fois, mais, si lui ou les siens me cherchent, je leur tiendrai tête, Dieu voulant. Si quelqu'un de votre nation essaie une fois de m'arrêter dans ma marche sur Calais, que ce soit à ses risques et périls; et pourtant je ne désire pas qu'aucun de vous soit assez mal avisé pour me fournir l'occasion de *teindre votre jaune terrain de votre sang rouge*. » Quand il eut ainsi répondu au héraut, il lui donna une récompense princière et de l'argent pour son départ. » — *Holinshed*.

Les fameuses victoires de Henry V présentent ainsi cette scène historique :

HENRY V.

Doucement, voici venir quelque autre messager français.

Entre un héraut.

LE HÉRAUT.

— Roi d'Angleterre, monseigneur le grand connétable, — et d'autres seigneurs français, considérant la triste condition où tu te trouves, — ainsi que tes pauvres compatriotes, — m'envoient savoir ce que tu veux donner pour ta rançon. — Peut-être pourras-tu l'obtenir à meilleur compte maintenant — qu'après ta défaite.

HENRY V.

— Eh ! il paraît que votre grand connétable — veut savoir ce que je veux donner pour ma rançon ? — Eh bien, héraut, je ne donnerais pas même un tonneau de balles de paume, — non, pas même une pauvre balle de paume. — Mon corps sera devenu la proie des corbeaux dans la plaine, — avant que l'Angleterre ait payé un denier — pour ma rançon.

LE HÉRAUT.

Voilà une royale résolution.

HENRY V.

Héraut, c'est une royale résolution, — et c'est la résolution d'un roi. — Prends ceci pour ta peine.

Le héraut sort.

— Mais arrêtez, milords, quelle heure est-il ?

TOUS.

L'heure de prime, Sire.

HENRY V.

— Eh bien, c'est un bon moment, sans nul doute, — car toute l'Angleterre prie pour nous. — Milords, vous me regardez d'un air vaillant. — Eh bien donc, d'une voix unanime et en vrais Anglais, — criez avec moi, en jetant vos bonnets en l'air, au nom de l'Angleterre, — criez : *Saint Georges ! Dieu et saint Georges nous assistent !*

Roulement de tambours. Tous sortent.

(27) Tout le reste de la scène, y compris cette réplique, est une addition au texte original.

(28) Tout le dialogue qui dans cette scène précède l'entrée de Pistolet a été intercalé par la révision dans le texte primitif.

(29) « Un de ces monastères était occupé par les moines Carthusiens et s'appelait *Bethléem;* l'autre était pour les religieux de l'ordre de Saint-Brigitte et s'appelait *Sion.* Ils étaient situés sur les deux bords opposés de la Tamise, près du manoir royal de Sheen, aujourd'hui Richmond. » — *Malone.*

(30) Encore une addition importante. Toute cette scène du camp français manque à l'édition de 1600. — Les passages imprimés ici en italique sont transcrits du texte original.

(31) « Son guidon tardant à venir, le duc de Brabant fit prendre la bannière d'un trompette et la fit attacher au bout d'une lance qu'il commanda de porter devant lui en guise d'étendard. » — *Holinshed.*

(32) « On dit qu'ayant entendu quelqu'un de son armée émettre ce vœu : « Plût à Dieu que nous eussions maintenant avec nous tous les bons soldats qui sont à cette heure en Angleterre ! » le roi répondit : « Je ne voudrais pas avoir avec moi un homme de plus. Nous sommes effectivement peu nombreux en comparaison de nos ennemis ; mais si Dieu dans sa clémence nous favorise et soutient notre juste cause (et j'espère qu'il le fera), nous aurons assez de succès. » — *Holinshed.*

(33) « Ce personnage est le même qui paraît dans *Richard II* avec le titre de duc d'Aumerle ; son nom de baptême était Edouard. Il était le fils aîné d'Edmond Langley, duc d'York, cinquième fils d'Edouard III, qui figure dans la même pièce. Richard, comte de Cambridge, qui paraît à la quatrième scène de *Henry V*, était le frère cadet de cet Edouard, duc d'York. » — *Malone.*

(34) « Dans les anciens *Mystères*, le Diable était traditionnellement un personnage fort important. Il avait un costume hideux, portait un masque avec de gros yeux, une grande bouche, et un énorme nez, avait la barbe rouge, le chef cornu, le pied fourchu et les ongles crochus. Il était généralement armé d'une épaisse massue, rembourrée de laine, qu'il faisait tomber, durant la représentation, sur tous ceux qui l'approchaient. Pour effrayer les autres, il avait coutume de hurler : ho ! ho ! ho ! et quand il était lui-même alarmé, il criait : Fi ! haro ! fi ! Quand ces représentations populaires prirent un caractère plus séculier, on y introduisit un personnage appelé *le Vice*, dont la drôlerie principale consistait à étriller le diable avec une latte de bois, semblable à celle de l'Arlequin moderne, à lui sauter sur le dos et, affront suprême, à faire mine de lui rogner les ongles. » — *Staunton.*

(35) Cette courte scène est ainsi conçue dans l'édition in-quarto de 1600.

BOURBON.

O Diabello !

LE CONNÉTABLE.

Mort de ma vie!

ORLÉANS.

Oh! quelle journée que celle-ci!

BOURBON.

O jour del honte! tout est fini, tout est perdu!

LE CONNÉTABLE.

—Nous sommes encore assez de vivants dans cette plaine—pour écraser les Anglais,—si l'on peut rétablir un peu d'ordre.

BOURBON.

— La peste de l'ordre! Retournons encore une fois dans la plaine. — Pour celui qui ne veut pas suivre Bourbon en ce moment, — qu'il s'en aille d'ici; et, le bonnet à la main, — comme un ignoble entremetteur, qu'il garde la porte, — tandis qu'un rustre, aussi vil que mon chien, souillera la plus belle de ses filles.

LE CONNÉTABLE.

— Que le désordre qui nous a ruinés nous relève à présent. — Arrivons en masse: nous offrirons nos vies — à ces Anglais, ou nous mourrons avec éclat. — Venez, venez. — Mourons avec honneur; notre humiliation a trop longtemps duré.

Ils sortent.

(36) Le commentateur Capell a émis la conjecture fort plausible que cette phrase : *les Français ont rallié leurs troupes dispersées*, devait être dite par un messager répondant à la question du roi : *Quelle est cette nouvelle alarme?* L'ordre de tuer les prisonniers semblerait moins atroce, en effet, étant donné après un message positif qu'étant provoqué par un simple soupçon du roi. — Ce douloureux incident est ainsi raconté par Holinshed :

« Tandis que la bataille continuait ainsi, une troupe de Français, ayant pour capitaines Robinet de Bornevill, Rifflard de Glamas, Isambert d'Azincourt et autres gens d'armes, et comptant six cents cavaliers qui avaient été les premiers à fuir, — ayant appris que les tentes des Anglais étaient à une bonne distance de l'armée et sans garde suffisante, — pénétra dans le camp du roi, pilla les bagages, dépouilla les tentes, brisa les caisses, emporta les coffres, et tua tous les serviteurs qui firent mine de résistance. Pour cet acte tous furent ensuite jetés en prison, et auraient perdu la vie si le Dauphin avait longtemps vécu. Car, lorsque le roi Henry entendit les cris des laquais et des pages que les pillards français avaient alarmés, il craignit que l'ennemi ne se ralliât et ne recommençat la bataille, et en outre que les captifs ne lui vinssent en aide; et alors, contrairement à sa douceur accoutumée, il fit commander au son de la trompette que chaque soldat (sous peine de mort) tuât incontinent son prisonnier. »

(37) Extrait des *Fameuses victoires de Henry V* :

HENRY V.

— Allons, milords, allons, à cette heure — nos épées sont presque ivres de sang français. — Mais, milord, qui de vous pourra me dire combien de nos — soldats ont été tués sur le champ de bataille?

OXFORD.

— Sous le bon plaisir de Votre Majesté, — il y a dans l'armée française — plus de dix mille tués, dont deux mille six cents — sont princes et nobles portant bannière. — En outre, toute la noblesse de France est faite prisonnière. — L'armée de Votre Majesté n'a perdu que le bon — duc d'York et, tout au plus, vingt-cinq ou vingt-six — simples soldats.

HENRY V.

— Pour le bon duc d'York, mon oncle, — je suis profondément affligé et je déplore grandement son malheur; — pourtant l'honorable victoire que le seigneur nous a donnée — me remplit de joie. Mais arrêtez, — voici venir un nouveau messager français.

Fanfare. Un HÉRAUT *entre et s'agenouille.*

LE HÉRAUT.

— Dieu garde le très-puissant conquérant, — l'honorable roi d'Angleterre!

HENRY V.

— Eh bien, héraut, il me semble que tout est changé — avec vous maintenant. Eh! je suis sûr que c'est une grande humiliation — pour un héraut de s'agenouiller devant un roi d'Angleterre. — Quel est ton message?

LE HÉRAUT.

— Mon seigneur et maître, le roi de France vaincu, — te souhaite une longue santé dans un salut cordial.

HENRY V.

— Héraut, son salut est le bienvenu, — mais c'est Dieu que je remercie de ma santé. — Eh bien, héraut, poursuis.

LE HÉRAUT.

— Il m'envoie demander à Votre Majesté — de l'autoriser à se rendre sur le champ de bataille pour reconnaître ses — pauvres compatriotes et les faire honorablement ensevelir.

HENRY V.

— Quoi! héraut, ton seigneur et maître — m'envoie demander permission d'enterrer ses morts! — Qu'il les enterre, au nom du ciel! — Mais, dis donc, héraut, que sont devenus monseigneur le connétable — et tous ceux qui voulaient me rançonner?

LE HÉRAUT.

— N'en déplaise à Votre Majesté. — le connétable a été tué dans la bataille.

HENRY V.

— Vous voyez qu'avant de chanter victoire,—il faut en être bien sûr. Mais, héraut,—quel est ce château qui avoisine de si près notre camp ?

LE HÉRAUT.

— N'en déplaise à Votre Majesté, — on l'appelle le château d'Azincourt.

HENRY V.

— Eh bien, milords d'Angleterre, — pour la plus grande gloire de nos Anglais, — je veux que cette bataille soit pour toujours appelée la bataille d'Azincourt.

LE HÉRAUT.

— Sous le bon plaisir de Votre Majesté, — j'ai un autre message pour Votre Majesté.

HENRY V.

— Quel est-il, héraut ? dis.

LE HÉRAUT.

— N'en déplaise à Votre Majesté, mon seigneur et maître — implore une entrevue de Votre Majesté.

HENRY V.

— De tout mon cœur, pourvu que quelques-uns de mes nobles — inspectent l'endroit de peur de trahison et de guet-apens.

LE HÉRAUT.

— Votre Grâce n'a pas à s'inquiéter de cela.

HENRY V.

— Eh bien, dis-lui donc que je consens.

Sort le héraut.

(38) Les cinquante-six vers qui suivent cette réplique du roi de France manquent à l'édition de 1600. La peinture que fait le duc de Bourgogne de l'état déplorable où se trouvait la France, au moment de la bataille d'Azincourt, est due à une retouche magistrale. Shakespeare a compris que le meilleur moyen de justifier le conquérant était d'invoquer l'intérêt même du peuple conquis, et il l'invoque ici dans de magnifiques vers ajoutés tout exprès à l'esquisse primitive.

(39) Extrait des *Fameuses victoires de Henry V* :

Entrent LE ROI DE FRANCE, LE ROI D'ANGLETERRE et leur suite.

HENRY V.

— Mon bon frère de France, — je ne suis pas venu dans ce pays pour y verser le sang, — mais pour revendiquer les droits de ma patrie. Si vous cessez de les contester, — je suis prêt à lever le siège paisiblement — et à me retirer de votre terre.

CHARLES.

— Quelle est votre demande, mon bien-aimé frère d'Angleterre?

HENRY V.

— Mon secrétaire l'a mise par écrit : qu'il la lise.

LE SECRÉTAIRE, lisant.

— *Item*, qu'immédiatement Henry d'Angleterre — soit couronné roi de France.

LE ROI DE FRANCE.

— Un article bien dur, mon bon frère d'Angleterre.

HENRY V.

— Ce n'est que juste, mon bon frère de France.

LE ROI DE FRANCE, au secrétaire.

— Bien, poursuivez.

LE SECRÉTAIRE.

Item, qu'après la mort dudit Henry, — la couronne restera pour toujours à lui et à ses héritiers.

LE ROI DE FRANCE.

— Eh! ce n'est pas moi seulement que vous voulez déposséder, c'est mon fils.

HENRY V.

— Allons, mon bon frère de France, — vous avez eu le trône assez longtemps; — quant au Dauphin, — peu importe qu'il perde l'assiette. — J'en ai ainsi décidé, et il en sera ainsi.

LE ROI DE FRANCE.

— Vous êtes fort péremptoire, mon bon frère d'Angleterre.

HENRY V.

. — Et vous fort pervers, mon bon frère de France.

LE ROI DE FRANCE.

— Eh quoi! il paraîtrait que tout ce que j'ai ici est à vous!

HENRY V.

— Oui, aussi loin que s'étend le royaume de France.

LE ROI DE FRANCE.

— Avec un commencement aussi vif — nous aurons peine à arriver à une conclusion pacifique.

HENRY V.

— Comme il vous plaira. Telle est ma résolution.

LE ROI DE FRANCE.

— Eh bien, mon frère d'Angleterre, — faites-moi remettre une copie du traité, — et nous nous reverrons demain.

HENRY V.

— De tout mon cœur, mon bon frère de France. — Secrétaire, remettez-lui une copie.

Le roi de France et sa suite sortent.

— Milords d'Angleterre, allez devant, je vous suis.

Les lords sortent.

HENRY V, *se parlant à lui-même.*

— Ah ! Harry, trois fois malheureux Harry ! — tu viens de vaincre le roi de France, — et il faut que tu commences un nouveau démêlé avec sa fille ! — Mais de quel front pourras-tu chercher à obtenir son amour, — toi qui as cherché à prendre la couronne de son père ? — La couronne de son père, ai-je dit ! Non, c'est la mienne. — Oui, mais j'aime Catherine, et il faut que je la sollicite ; — je l'aime, et je veux l'avoir.

Entrent la PRINCESSE CATHERINE et ses dames.

— Mais la voici qui vient. — Eh bien, belle dame Catherine de France, — quelles nouvelles ?

CATHERINE.

— Sous le bon plaisir de Votre Majesté, — mon père m'envoie savoir si vous consentez à rabattre quelques-unes — des prétentions déraisonnables que vous émettez.

HENRY V.

— Ah ! ma foi, Kate, — je félicite ton père de son esprit ; — car personne au monde ne pourrait mieux que toi me décider à les rabattre, — si la chose était possible. — Mais, dis-moi, douce Kate, sais-tu comment on aime ?

CATHERINE.

— Je ne saurais haïr, mon bon seigneur ; — par conséquent il ne me siérait point d'aimer.

HENRY V.

— Bah ! Kate, réponds-moi en termes nets, — saurais-tu aimer le roi d'Angleterre ? — Je ne puis faire ce qu'on fait en ces contrées, — perdre la moitié du temps à faire ma cour. — Non, fillette, je ne suis pas de cette humeur-là. — Mais veux-tu partir pour l'Angleterre ?

CATHERINE.

— Plût à Dieu que l'amour me fît maître de Votre Majesté — comme la guerre vous a fait maître de mon père ! — Je ne vous accorderais pas un regard, — que vous n'eussiez rétracté toutes ces demandes déraisonnables.

HENRY V.

— Bah ! Kate, tu ne voudrais pas, je le sais, me traiter si durement. — Mais, dis-moi, pourrais-tu aimer le roi d'Angleterre ?

CATHERINE.

— Comment aimerais-je l'homme qui a traité si durement mon père ?

HENRY V.

— Mais toi, je te traiterai aussi doucement — que ton cœur peut le souhaiter ou ta voix le demander. — Que dis-tu ? que décides-tu ?

CATHERINE.

— Si je ne dépendais que de moi-même, — je pourrais vous répondre; — mais, étant sous la direction de mon père, — je dois d'abord connaître sa volonté.

HENRY V.

— Mais en attendant obtiendrai-je ta bonne volonté ?

CATHERINE.

— Comme il m'est impossible de donner à Votre Grâce aucune assurance, — il me répugnerait de causer à Votre Grâce aucun désespoir.

HENRY V.

— Ah ! pardieu, c'est une charmante fille.

CATHERINE, à part.

— Je puis me tenir pour la plus heureuse du monde, — étant aimée du puissant roi d'Angleterre.

HENRY V.

— Eh bien, Kate, êtes-vous en guerre avec moi ? — Charmante Kate, dis à ton père de ma part — que, si quelqu'un au monde peut me convaincre, — c'est toi ! Dis cela à ton père de ma part.

CATHERINE.

— Dieu garde Votre Majesté en bonne santé !

Elle sort.

HENRY V.

— Au revoir, charmante Kate. En vérité c'est une charmante fille ! — Si je savais ne pouvoir obtenir le consentement de son père, — j'ébranlerais si fort les tours au-dessus de sa tête — qu'il s'estimerait bienheureux de venir sur les pieds et sur les mains — m'offrir sa fille.

Il sort.

. . . .
. . . .

Entrent le ROI D'ANGLETERRE, les lords D'OXFORD et D'EXETER, puis le ROI DE FRANCE, le DAUPHIN, le DUC DE BOURGOGNE et leur suite.

HENRY V.

— Eh bien, mon bon frère de France, — j'espère que vous avez eu le temps de délibérer votre réponse.

LE ROI DE FRANCE.

— Oui, mon bien-aimé frère d'Angleterre, — nous en avons conféré avec notre savant conseil, — mais nous ne pouvons admettre que vous soyez couronné — roi de France.

HENRY V.

— Mais, si je ne suis pas roi de France, je ne suis rien. — Il faut que je sois roi. Mon cher frère de France, — je ne puis guère oublier les injures qui m'ont été faites — à la dernière conférence où je suis venu. — Les Français eussent mieux fait d'arracher — les entrailles des cadavres de leurs pères — que de mettre le feu à mes tentes. — Et, si je savais que ton fils, le Dauphin, eût été l'un deux, — je le secouerais comme il n'a jamais été secoué.

LE ROI DE FRANCE.

— J'ose jurer que mon fils est innocent en cette affaire. — Mais je veux bien, s'il vous plaît, que vous soyez immédiatement — proclamé et couronné, non pas roi de France, puisque je le suis moi-même, — mais héritier et régent de France.

HENRY V.

— Héritier et régent de France, c'est bien, — mais cela ne me suffit pas.

LE ROI DE FRANCE.

— Mon secrétaire a par écrit le reste.

LE SECRÉTAIRE.

— *Item*, que Henry, roi d'Angleterre, — soit couronné héritier et régent de France, — durant la vie du roi Charles, et après sa mort, — que la couronne avec tous ses droits retourne au roi Henry — d'Angleterre et à ses hoirs pour toujours.

HENRY V.

C'est bien, mon bon frère de France ; — il est encore une chose que je dois demander.

LE ROI DE FRANCE.

— Qu'est-ce, mon bon frère d'Angleterre ?

HENRY V.

— C'est que tous vos nobles jurent de m'être fidèles.

LE ROI DE FRANCE.

— Puisqu'ils n'ont pas reculé devant de plus graves concessions, — je suis sûr qu'ils ne reculeront pas devant cette vétille. — Commencez, vous, seigneur duc de Bourgogne.

HENRY V.

— Allons, monseigneur de Bourgogne, — prêtez serment sur mon épée !

BOURGOGNE.

— Moi, Philippe, duc de Bourgogne, — je jure devant Henry, roi d'Angleterre, — de lui être fidèle et de devenir son homme lige. — Je jure en outre que, si moi, Philippe, j'apprends jamais qu'aucun pouvoir étranger — tente d'usurper sur ledit Henry ou sur ses héritiers, — je le lui ferai savoir et l'aiderai de toutes mes forces. — J'en fais le serment.

Il baise l'épée du roi d'Angleterre.

HENRY V.

— Allons, Dauphin, il faut que vous prêtiez serment aussi.

Le Dauphin baise l'épée.

Entre CATHERINE.

HENRY V.

— Eh bien, mon frère de France, — il est encore une chose qu'il faut que je vous demande.

LE ROI DE FRANCE.

— En quoi puis-je satisfaire Votre Majesté ?

HENRY V.

— Une vétille, mon bon frère de France. — J'ai l'intention de faire votre fille reine d'Angleterre, — si elle le veut bien et si vous y consentez. — Qu'en dis-tu, Kate, peux-tu aimer le roi d'Angleterre ?

CATHERINE.

— Comment t'aimerais-je, toi qui es l'ennemi de mon père ?

HENRY V.

— Bah ! n'insiste pas sur ce point-là. — C'est toi qui dois nous réconcilier. — Je suis sûr, Kate, que tu n'es pas peu fière — d'être aimée, ma donzelle, par le roi d'Angleterre.

LE ROI DE FRANCE.

— Ma fille, je ne veux plus qu'il y ait rien entre le roi d'Angleterre et toi : consens donc.

CATHERINE.

— Je ferai bien de vouloir, tandis qu'il veut bien, — de peur qu'il ne veuille plus, quand je voudrais. — Je suis aux ordres de Votre Majesté.

HENRY V.

— Sois la bienvenue, chère Kate... Mais mon frère de France, — qu'en dites-vous ?

LE ROI DE FRANCE.

— J'approuve la chose de tout cœur. — Mais quand sera votre noce ?

HENRY V.

— Le premier dimanche du mois prochain, — s'il plaît à Dieu.

Fanfares. Tous sortent.

FINIS.

(40) « Au temps du siége d'Orléans, un Pierre Baudricourt, capitaine de Vaucouleurs, amena à Chinon devers le Dauphin Charles une jeune fille de dix-huit ans, appelée Jeanne d'Arc, fille d'un malheureux berger appelé Jacques d'Arc, élevée pauvrement dans le métier de garder les bestiaux, née à Domprin (Domrémy) sur la Meuse, en Lorraine, dans le diocèse de Toul. Elle était de figure avenante, de complexion forte et virile, de courage grand, hardi et intrépide, d'une grande chasteté apparente dans sa personne et dans sa conduite, le nom de Jésus toujours à la bouche, humble, obéissante et jeûnant plusieurs jours par semaine. Suscitée par la puissance divine unique-

ment pour secourir les Français (ainsi que leurs livres le prétendent), afin d'établir cette croyance, elle guida de nuit, sans encombre, la troupe qui l'accompagnait chez le Dauphin, à travers les places les plus dangereuses, occupées par les Anglais ; puis, à un messager envoyé expressément par le Dauphin, elle indiqua un lieu secret de l'église Sainte-Catherine de Pierbois en Touraine (qu'elle n'avait pas visitée), où se trouvait, au milieu de vieille ferraille, une épée marquée de cinq fleurs de lys sur les deux côtés ; elle se fit rapporter cette épée, et s'en servit plus tard pour combattre et faire un grand carnage. En bataille, elle chevauchait, équipée et armée de pied en cap comme un homme, précédée d'une bannière blanche sur laquelle était peint Jésus-Christ une fleur de lys à la main.

» La première fois qu'elle fut amenée au Dauphin, celui-ci, pour éprouver sa science, se cacha dans une galerie derrière de gais seigneurs ; mais elle le désigna entre tous avec un salut ; sur quoi il la mena au bout de la galerie, et elle l'entretint secrètement pendant une heure ; les chambellans, trouvant l'entretien trop long, auraient voulu l'interrompre, mais le Dauphin leur fit signe de la laisser continuer. Ce fut alors qu'elle lui prédit, conformément à une révélation divine, les actes qu'elle accomplirait avec cette épée : à savoir qu'elle ferait lever avec gloire et honneur le siége d'Orléans, qu'elle mettrait le Dauphin en possession de la couronne de France, qu'elle chasserait les Anglais de la contrée et qu'elle le ferait ainsi seul maître du royaume. Celui-ci écouta avidement ces paroles, et lui donna une armée suffisante avec pouvoir absolu de la conduire. » — *Holinshed.* Édition de 1586.

(41) « Toutefois ne demeura mie que ledit comte de Salseberry atout ses Anglais ne se logeât assez près de la dite ville d'Orléans, jà soit ce que ceux de dedans de tout leur pouvoir se mirent vigoureusement en défense, en faisant plusieurs saillies, en tirant de canons, de couleuvrines et autres artilleries, occisant et mettant à méchef plusieurs Anglais. Néanmoins les dits Anglais très vaillamment et rudement les boutèrent et approchèrent plusieurs fois, tant qu'iceux défendants avaient merveilles de leurs hardies et courageuses entreprises. Durant lesquelles le dit comte de Salseberry fit assaillir la tour du bout du pont qui passe pardessus l'eau de Loire ; laquelle, en assez bref temps, fut prise des Anglais et conquise avec un petit boulevart qui était assez près nonobstant la défense des Français ; et fit icelui comte dedans la vieille tour loger plusieurs de ses gens, afin que ceux de la ville ne pussent par là saillir sur son ost. Et d'autre part, se

logea, lui et ses capitaines et les siens, assez près de la ville en aucunes vieilles masures là étant, ès quelles, comme ont accoutumé iceux Anglais, firent plusieurs logis de terre, taudis et habillements de guerre pour eschever (esquiver) le trait de ceux de la ville dont ils étaient très-largement servis.

» Le dit comte de Salseberry, le troisième jour qu'il était venu devant icelle cité, entra en la dessus dite du pont, où étaient logés ses gens ; et là dedans icelle monta haut au second étage, et se mit en une fenêtre vers la ville, regardant tout ententivement les marches d'entour d'icelle pour voir et imaginer comment et par quelle manière il pourrait prendre et subjuguer icelle cité. Et lors, lui étant à la dite fenêtre, vint soudainement de la cité avolant la pierre d'un veuglaire, qui férit à la fenêtre ou était le dit comte, lequel déjà, pour le bruit du coup, se retirait dedans. Néanmoins il fut aconsuivi très-grièvement et mortellement de la dite fenêtre, et eut grand'partie du visage emportée tout jus. Pour laquelle blessure du dit comte tous ses gens généralement eurent au cœur grand'tristesse, car d'eux il était moult crému et aimé : toutefois, ainsi blessé, il vécut l'espace de huit jours. Et après ce qu'il eût mandé tous ses capitaines et iceux admonestés qu'ils continuassent à mettre en l'obéissance icelle ville d'Orléans, il se fit porter à Meung, et là mourut au bout de huit jours de sa dite blessure. » — *Monstrelet.*

(42) « A la journée de la bataille de Patay, avant que les Anglais sussent la venue de leurs ennemis, messire Jean Fascot, qui était un des principaux capitaines, et qui s'en était fui sans coup férir, s'assembla en conseil avec les autres, et fit plusieurs remontrances, c'est à savoir comment ils savaient la perte de leurs gens que les Français avaient fait devant Orléans et Jargeau, et en aucuns autres lieux, pour lesquels ils avaient du pire ; et étaient leurs gens moult ébahis et effrayés, et leurs ennemis, au contraire, étaient moult enorgueillis et résignés. Pour quoi il conseilla qu'ils se retrahissent aux châteaux et lieux tenant son parti aux environs, et qu'ils ne combattissent point leurs ennemis si en hâte, jusqu'à ce qu'ils fussent mieux rassurés, et aussi que leurs gens fussent venus d'Angleterre, que le régent devait envoyer brièvement. Lesquelles remontrances ne furent point agréables à aucuns des capitaines, et par spécial à messire Jean de Talbot, et dit que, si ses ennemis venaient, qu'il les combattrait. Et par spécial, comme le dit Fascot s'enfuit de la bataille sans coup férir, pour cette cause grandement lui fut reproché quand il vint devers le duc de Bedfort, son seigneur ; et, en conclusion, lui fut ôté l'ordre

du blanc jarretier, qu'il portait entour la jambe. » — *Monstrelet*.

(43) « Quand les Anglais furent arrivés près du camp des Français, où se trouvaient trois cents pièces de bronze, outre plusieurs autres menues pièces et engins subtils inconnus des Anglais, tous brusquement s'élancèrent au pas de charge (excepté le comte de Shrewbury[1], qui, a cause de son grand âge, chevauchait sur une petite haquenée), attaquèrent furieusement les Français, assaillirent l'entrée du camp, et par telle force y pénétrèrent. Le conflit était resté douteux durant deux longues heures, lorsque les seigneurs de Montauban et de Humadayre, avec une grande compagnie de Français, arrivèrent sur le champ de bataille et commencèrent un nouveau combat. Les canonniers, voyant que les Anglais s'approchaient, déchargèrent leur artillerie et tuèrent trois cents personnes près du comte. Celui-ci, reconnaissant l'imminent péril et le subtil labyrinthe, dans lequel lui et ses gens étaient enfermés et enveloppés, insouciant de son propre salut et désirant sauver la vie de son bien-aimé fils, lord Lisle[2], le somma, le pressa et lui conseilla de quitter le champ de bataille et de s'enfuir. Le fils répondit que ce serait un acte déshonnête et dénaturé d'abandonner son père dans un si extrême danger, et qu'il voulait vider la coupe fatale dont aurait goûté son père. Le noble comte et consolant capitaine lui dit : — O mon fils, mon fils ! moi qui durant tant d'années ai été la terreur et le fléau des Français, qui ai détruit tant de villes et déconfit tant d'armées en rase campagne et martial conflit, je ne puis mourir ici, pour l'honneur de mon pays, sans grande gloire et perpétuelle renommée, ni me sauver et fuir sans perpétuelle honte et continuelle infamie. Mais puisque voici ta première campagne et ta première entreprise, la fuite ne saurait être pour toi une honte, ni la mort une gloire. L'homme courageux fuit sagement, comme le téméraire demeure follement. Ma fuite ne serait pas seulement un déshonneur pour moi et pour ma race, elle serait la ruine de toute mon armée : ton départ sauvera ta vie et te permettra une autre fois, si je suis tué, de venger ma mort en combattant pour la gloire de ton prince et pour le bien de son royaume.

» Mais la nature agit de telle sorte sur ce fils, que ni le désir de la vie ni le soin de sa sécurité ne purent l'enlever ni l'arracher à son père naturel. Celui-ci, voyant la résolution de son enfant et le grand danger où ils se trouvaient, encouragea ses soldats, regaillar-

---

[1] *Lord Talbot* dans le drame.
[2] *John Talbot.*

dit ses capitaines, se rua vaillamment sur ses ennemis, et leur tua plus de monde qu'il n'en avait dans sa troupe. Mais ses ennemis, ayant un plus grand nombre d'hommes et l'artillerie la plus forte qui eût encore été vue en campagne, l'atteignirent à la cuisse d'un coup de mangonneau, égorgèrent son cheval, et tuèrent lâchement, une fois étendu à terre, ce capitaine qu'ils n'avaient jamais osé regarder en face, tant qu'il était debout. Avec lui mourut vaillamment son fils lord Lisle. » — *Hall.*

(44) « Pendant les négociations de cette trêve, le comte de Suffolk, faisant extension de ses pouvoirs sans l'assentiment de ses collègues, s'imagina dans sa fantaisie que le meilleur moyen d'arriver à une paix parfaite était de conclure un mariage entre une parente du roi de France, dame Marguerite, fille de René, duc d'Anjou, et son souverain seigneur, le roi Henry. Ce René, duc d'Anjou, s'appelait roi de Sicile, de Naples et de Jérusalem, mais ne possédait de ces royaumes que le titre, n'ayant pas même un denier de revenu ni un pied de terrain. Ce mariage parut d'abord étrange au comte; et ce qui semblait devoir y faire grand obstacle était que les Anglais occupaient une grande partie du duché d'Anjou et tout le comté du Maine appartenant au roi René. Toutefois le comte de Suffolk, corrompu soit par des présents, soit par une prédilection excessive pour ce mariage désavantageux, consentit à ce que le duché d'Anjou et le comté du Maine seraient remis au roi, père de la fiancée, et à ne demander pas même une obole pour sa dot, comme si cette nouvelle alliance dépassait d'elle-même toutes richesses et avait plus de valeur qu'or et que pierres précieuses. Mais, quoique ce mariage plût au roi et à plusieurs de ses conseillers, Homfroy, duc de Glocester, protecteur du royaume, s'y opposait fort, alléguant qu'il serait contraire aux lois de Dieu et déshonorant pour le prince de rompre le contrat de mariage conclu par des ambassadeurs dûment autorisés avec la fille du comte d'Armagnac, à des conditions aussi profitables qu'honorables pour le prince et pour son royaume. Mais les paroles du duc ne pouvaient être écoutées, les actes du comte étant seuls appréciés et approuvés... Le comte de Suffolk fut fait marquis de Suffolk; et, accompagné de sa femme et de plusieurs autres personnes de distinction, il fit voile pour la France afin de ramener la reine désignée dans le royaume d'Angleterre. Car le roi René, son père, malgré ses titres si longs, avait la bourse trop courte pour envoyer honorablement sa fille au roi son époux. » — *Holinshed.*

FIN DES NOTES.

APPENDICE.

EXTRAIT DES CHRONIQUES

D'ENGUERRAND DE MONSTRELET.

Comment le roy d'Angleterre assembla grand'puissance pour venir en France, et des ambassadeurs qui furent envoyés devers ledit roy, et la réponse qu'ils eurent.

En après, les ambassadeurs du roi d'Angleterre qui avaient été en France, comme dit est dessus, retournés vers lui, quand ils eurent fait la relation de la réponse qu'ils avaient eue du roi de France et de ceux de sa partie, lui ni ses princes n'en furent pas bien contents. Et pour ce assembla son grand conseil, pour sur icelle avoir avis et délibération. En la fin duquel conseil fut conclu qu'il assemblerait de tout son royaume la plus grand'puissance de gens de guerre que finer (trouver) pourrait sur intention d'entrer en France, et conquerre et travailler à son pouvoir le royaume, et tant faire, s'il pouvait, qu'il en débouterait le roi de France et ses successeurs... Lesquelles conclusions furent assez tôt divulguées à Paris et sues en l'hôtel du roi ; et pourtant le duc d'Aquitaine, qui avait pris le gouvernement du royaume pour l'occupation du roi son père, fit présentement assembler le grand conseil, et remanda à venir à Paris le duc de Berry, son oncle, et aucuns autres sages, et tint plusieurs conseils pour savoir sur cette matière comment il s'aurait à conduire et gouverner. Si fut délibéré qu'on ferait préparer gens d'armes par toutes les parties du pays du royaume de France, pour être prêts pour résister et aller à l'encontre du dit roi d'Angleterre et les siens; et outre, qu'on envoierait devers le dit roi d'Angleterre une solennelle ambassade pour lui faire aucunes offres raisonnables assez, selon les requêtes qu'avaient faites ses derniers ambassadeurs, à laquelle faire furent commis le comte de Vendôme, maître Guillaume Bouratier, archevêque de Bourges, l'évêque de Lisieux, nommé maître Pierre Fraquel, les seigneurs d'Ivry et de Braquemont, maître Gautier Col, secrétaire du roi, et maître Jean Andrieu, avec autres du grand conseil.

Lesquels, partant de Paris, allèrent à Douvres en Angleterre. Si étaient trois cent cinquante chevaucheurs. En après allèrent à Cantorbie; duquel lieu furent menés par les gens du roi anglais par Rochestre jusqu'à Londres, et en la fin vinrent à Vincestre, auquel lieu devant le roi, les ducs de Clarence, de Bedford et de Glocester, ses frères, par la bouche de l'archevêque de Bourges, ils exposèrent leur ambassade au dit roi. Lequel archevêque exposa premièrement en latin, et après en français si éloquemment, si distinctement, si brièvement et si sagement que les Anglais et les Français ses compagnons grandement s'en émerveillèrent. En la fin de sa dite proposition offrirent au dit roi terre et très-grand'somme de pécune, avec la fille du roi de France qu'il prendrait à femme; mais pour ce qu'il voulait délaisser et défaire son armée qu'il assemblait au port de Hantonne (Southampton); et par ainsi on accorderait et ordonnerait perdurablement avec lui et son dit royaume vraie, entière et parfaite paix.

Après laquelle proposition finie, tous se partirent les ambassadeurs français dessus nommés, et furent grandement reçus au dîner avec le roi. Après ce, le dit roi, en un autre certain jour, fit faire réponse aux dits ambassadeurs sur leur dite proposition par l'archevêque de Cantorbie [1]. Lequel archevêque de Cantorbie fut assez aigrement repris par celui de Bourges, où il était besoin, en lui disant : « Je n'ai pas ainsi dit, mais j'ai dit ainsi, et par telle manière. » En la fin de la dite réponse, fut conclu par le roi d'Angleterre et son grand conseil que, si le roi de France ne lui donnait, avec sa fille à mariage, les duchés d'Aquitaine, de Normandie, d'Anjou et de Touraine, les comtés de Poitou, du Mans et de Ponthieu, et toutes les autres choses jadis appartenant héritablement aux rois d'Angleterre ses prédécesseurs, il ne se désisterait pas de son voyage, entreprise et armée, mais détruirait de tout en tout à son pouvoir le royaume et le roi de France son adversaire et détenteur d'iceux pays injustement, et que par épée il recouvrerait toutes ces choses, et lui ôterait la couronne du dit royaume s'il pouvait. Le roi de sa propre bouche avoua le dit archevêque de Cantorbie, et dit qu'ainsi le ferait par la permission de Dieu.

Comment le roi Henri vint à Hantonne ; de la conspiration faite contre lui par ses gens ; du siége qui fut mis à Harfleur et de la reddition d'icelle ville.

Le dit roi d'Angleterre venu au port de Hantonne, avec tout son exercite, prêt pour passer la mer et venir

---

[1] L'archevêque de Cantorbéry.

en France, fut averti qu'aucuns grands seigneurs de son hôtel avaient fait conspiration à l'encontre de lui, veuillant remettre le comte de Marche, vrai successeur et héritier du roi Richard, en possession du royaume d'Angleterre. Ce qui était véritable, car le comte de Cantbrie [1] et autre avaient conclu de prendre le dessus dit roi et ses frères, sur intention d'accomplir les besognes dessus dites. Si s'en découvrirent au comte de Marche, lequel le révéla au roi Henry, en lui disant qu'il avisât à son fait, ou il serait trahi ; et lui nomma les dits conspirateurs, lesquels le dessus dit rois fit tantôt prendre. Et bref en suivant fit trancher les têtes à trois des principaux, c'est à savoir au comte de Cantbrie, frère au duc d'York, au seigneur de Scruppe [2], lequel couchait toutes les nuits avec le roi, et au seigneur de Grez [3], et depuis en furent aucuns exécutés.

Après lesquelles besognes, peu de jours en suivant, le dit roi d'Angleterre et toute son armée montèrent en mer, et en grand'diligence, et la vigile de l'Assomption Notre-Dame, par nuit, prirent port à un havre étant entre Harfleur et Honfleur, où l'eau de Seine chet en la mer. Et pouvaient être environ seize cents vaisseaux tous chargés de gens et habillements. Et prirent terre sans effusion de sang. Et après que tous furent descendus, le roi se logea à Graville, en un prieuré, et les ducs de Clarence [4] et de Glocestre [5], ses frères ; étaient assez près de lui le duc d'York et le comte d'Orset [6] ses on-

---

[1] Le comte de Cambridge.
[2] Lord Scroop.
[3] Le chevalier Grey.
[4] Thomas, duc de Clarence.
[5] Homphroy, duc de Glocester.
[6] Thomas Somerset, comte de Dorset, plus tard duc d'Exeter, dernier fils de Jean de Gand et de Catherine Swineford.

cles ; l'évêque de Norwègue (Norwich), le comte d'Oxenford, maréchal, les comtes de Warwick [1] et de Kime, les seigneurs de Chamber, de Beaumont, de Villeby (Willoughby), de Trompantin, de Cornouaille, de Molquilat et plusieurs autres se logèrent où ils purent le mieux, et après assiégèrent très-puissamment la ville de Harfleur, qui était la clé sur la mer de toute la Normandie.

Et étaient en l'ost du roi environ six mille bassinets et vingt-quatre mille archers, sans les canonniers et autres usant de fonte et engins, dont ils avaient grande abondance. En laquelle ville de Harfleur étaient entrés avec ceux de la ville environ quatre cents hommes d'armes élus pour garder et défendre la dite ville, entre lesquels étaient le seigneur d'Estouteville, capitaine de la ville de par le roi, et plusieurs vaillants chevaliers et écuyers, résistant moult fort aux Anglais descendus à terre. Mais rien n'y valut pour la très-grand'multitude et puissance. Et à peine purent-ils rentrer en la dite ville, et ainçois (avant) que les dits Anglais descendissent à terre, iceux Français ôtèrent la chaussée étant entre Moutiervilliers (Montivilliers) et la dite ville, pour empirer la voie aux dits Anglais, et mirent les pierres en leur ville. Néanmoins les dits Anglais, vaguant par le pays, prirent et amenèrent plusieurs prisonniers et proies, et assirent leurs gros engins ès lieux plus convenables entour de la dite ville, et prestement icelle moult travaillèrent par grosses pierres et dommageant les murs.

D'autres parts, ceux de la dite ville moult fort se défendaient d'engins et d'arbalètes, occisants plusieurs desdits Anglais. Et sont à la dite ville tant seulement deux portes, c'est à savoir la porte Calcinences et la porte Moutiervilliers, par lesquelles ils faisaient souvent grands

---

[1] Richard Beauchamp, comte de Warwick, qui devint régent de France.

envahies sur les dits Anglais, et les Anglais fort se défendaient. Icelle ville était moult forte de murs et tours moult épaisses, fermée de toutes parts et ayant grands et profonds fossés... Néanmoins le dit roi d'Angleterre, en grand'diligence et labeur, persévéra toujours en son siége; et fit faire trois mines par dessous la muraille qui étaient prêtes pour effondrer. Et avec ce fit par ses engins confondre et abattre grand'partie des portes, tours et murs d'icelle ville; parquoi finablement les assiégés, sachant qu'ils étaient tous les jours en péril d'être pris de force, se rendirent au dit roi anglais, et se mirent à sa volonté, au cas qu'ils n'auraient secours dedans trois jours ensuivant; et sur ce baillèrent leurs ôtages moyennant qu'ils auraient leurs vies sauves et seraient quittes pour payer finances.

Si envoyèrent tantôt le seigneur de Bacqueville et aucuns autres devers le roi de France et le duc d'Aquitaine qui étaient à Vernon-sur-Seine, à eux noncer leur état et nécessité, en suppliant qu'il leur voulût bailler secours dedans trois jours dessus dits, ou autrement il perdrait sa ville et ceux qui étaient dedans; mais à bref dire il leur fut répondu que la puissance du roi n'était pas assemblée ni prête pour bailler le dit secours hâtivement. Et sur ce s'en retourna le dit seigneur de Bacqueville à Harfleur, la quelle fut mise en la main du roi d'Angleterre le jour de Saint-Maurice, à la grand' et piteuse déplaisance de tous les habitants, et aussi des Français, car, comme dit est dessus, c'était le souverain port de toute la duché de Normandie.

Du voyage que le roi d'Angleterre entreprit à venir à Calais.

Or est vrai qu'après le traité fait et conclu entre le roi

d'Angleterre et ceux de la ville de Harfleur, comme dit est, et que les portes furent ouvertes et ses commis entrés dedans, icelui roi à entrer en la porte descendit de dessus son cheval et se fit déchausser; et en tel état s'en alla jusqu'à l'église Saint-Martin, parrochiale d'icelle ville, et là fit son oraison très-dévotement, en regraciant son Créateur de sa bonne fortune.

Après, en la fin de quinze jours, se partit le dit roi de la ville de Harfleur, veuillant aller à Calais accompagné de deux mille hommes d'armes et de treize mille archers ou environ, avec grand nombre d'autres gens, et s'en alla loger à Fauville et ès lieux voisins. Après, en dépassant le pays de Caux, vint vers le comté d'Eu... Et de là icelui roi d'Angleterre, trépassant le Vimeu, avait volonté de passer la rivière de Somme à la Blanche-Tache où jadis passa son aïeul Édouard, roi d'Angleterre, quand il gagna la bataille de Crécy contre le roi Philippe de Valois; mais, pour tant que les Français à grand'puissance gardaient le dit passage, reprit son chemin tirant vers Araines, embrasant et ardant plusieurs villes, prenant hommes et emmenant grands proies.

Et le dimanche treizième jour d'octobre fut logé à Bailleul en Vimeu. Et de là passant pays, envoya grand nombre de ses gens pour gagner le passage du pont de Remy; mais les seigneurs de Gaucourt et du Pont-de-Remy avec des enfants et grand nombre de gens d'armes défendirent bien et roidement le dit passage contre iceux Anglais; pour quoi le roi d'Angleterre, non pouvant passer, s'en alla loger à Hangest-sur-Somme et ès villages à l'environ.

Et adonc étaient à Abbeville messire Charles d'Albret, connétable de France, le général Boucicaut, le comte de Vendôme, grand maître-d'hôtel du roi; le seigneur de Dampierre, soi disant amiral de France, le duc d'Alençon et le comte de Richemont avec autre grand' et notable chevalerie, lesquels oyant les nouvelles du chemin que tenait le roi d'Angleterre, se départirent, et allèrent à Corbie et de là à Pérone, toujours leurs gens sur le pays assez près d'eux, contendant garder tous les passages de l'eau de Somme contre les dits Anglais.

Et le dit roi d'Angleterre de Hangest s'en alla passer au Pont-Audemer, et par devant la ville d'Amiens, s'en alla loger à Boves et après à Harbonnières, Vauviller, Bauviller. Et toujours les dits Français côtoyaient par l'autre lez de la Somme. Finablement le roi d'Angleterre passa l'eau de Somme le lendemain de la Saint-Luc, par le passage de Voyenne et de Béthencourt, lesquels passages n'avaient pas été rompus par ceux de Saint-Quentin, comme il leur avait été enjoint de par le roi de France. Et alla le dit roi d'Angleterre loger à Mouchy-la-Gâche, et vers la rivière de Miraumont, et les seigneurs de France et tous les Français se tirèrent à Bapaume et au pays de l'environ.

Comment le roi de France et plusieurs de ses princes étant avec lui à Rouen conclurent en conseil que le roi d'Angleterre serait combattu.

Durant le temps dessus dit, le roi de France et le duc d'Aquitaine vinrent à Rouen, auquel lieu, le vingtième jour d'octobre, fut tenu un conseil pour savoir ce qui était à faire contre le roi d'Angleterre. Auquel lieu furent présents le roi Louis, les ducs de Berri et de Bretagne, le comte de Ponthieu, mains-né fils du roi, les chanceliers de France et d'Aquitaine, et plusieurs autres notables conseillers, jusqu'au nombre de trente-cinq ; lesquels, après que plusieurs choses en présence du roi eurent été pourparlées et débattues sur cette matière, fut en la fin conclu par trente conseillers du nombre dessus dit que le roi d'Angleterre et sa puissance seraient combattus ; et les cinq, pour plusieurs raisons, conseillaient pour le meilleur à leur avis qu'on ne les combattît pas au jour nommé ; mais en la fin fut tenue l'opinion de la plus grand'partie. Et incontinent le roi manda détroitement à son connétable par ses lettres, et à ses autres officiers, que tantôt se missent tous ensemble avec toute la puissance qu'ils pourraient avoir, et combattissent le dit roi d'Angleterre et les siens. Et lors après ce fut hâtivement divulgué par toute la France que tous nobles hommes accoutumés de porter armes, veuillants avoir honneur, allassent nuit et jour devers le connétable où qu'il fût. Et mêmement Louis, duc d'Aquitaine, avait grand désir d'y aller, nonobstant que par le roi son père lui eût été défendu ; mais par le moyen du roi Louis de Sicile et du duc de Berri, il fut attargé de non y aller.

Or, convient retourner au roi d'Angleterre, lequel de Mouchy-la-Gâche, où il était logé, comme dit est dessus, se tira par devers Encre, et alla loger en un village nommé Forceville, et ses gens se logèrent à Acheu et ès villes voisines. Et le lendemain, qui était le mercredi, chevaucha par emprès Lucheu, et alla loger à Bouviers-l'Écaillon, et le duc d'York, son oncle, menant l'avant-garde, se logea à Fremont, sur la rivière de Canche.

Et est vrai que pour cette nuit les dits Anglais furent bien logés en sept ou huit villages en l'éparse. Toutefois, ils n'eussent nuls empêchements, car les Français étaient allés pour être au-devant d'iceux Anglais vers Saint-Pol et sur la rivière d'Anjain. Et le jeudi, le dessus dit roi d'Angleterre de Bouviers se délogea ; et puis, chevauchant en moult belle ordonnance, alla jusqu'à Blangy auquel lieu, quand il eut passé l'eau et qu'il fut sur la montagne, ses coureurs commencèrent à voir de toutes parts les Français venant par grands compagnies de gens d'armes pour aller loger à Roussauville et à Azincourt, afin d'être au-devant des dits Anglais pour le lendemain les combattre.

Et ce propre jeudi, vers le vêpre, à aucunes courses fut Phlippe, comte de Nevers, fait nouveau chevalier par la main de Boucicaut, maréchal de France, et avecque lui plusieurs autres grands seigneurs. Et assez tôt après arriva le dit connétable assez près du dit Azincourt, auquel lieu avec lui se rassemblèrent tous les Français en un seul ost, et là se logèrent tous à pleins champs, chacun au plus près de sa bannière ; sinon aucunes gens de petit état qui se logèrent ès villages au plus près de là. Et le roi d'Angleterre avec tous ses Anglais se logea en un petit village nommé Maisoncelles, à trois traits d'arc ou environ des Français.

Les quels Français, avec tous les autres officiers royaux, c'est à savoir le connétable, le maréchal Boucicaut, le seigneur de Dampierre et messire Clignet de Brabant, tous deux eux se nommant amiraux de France, le seigneur de Rambures, maître des arbalétriers, et plusieurs princes, barons et chevaliers, fichèrent leurs bannières en grand'liesse, avec la bannière royale du dit connétable, au champ par eux avisé et situé en la comté de Saint-Pol, au territoire d'Azincourt, par lequel le lendemain devaient passer les Anglais pour aller à Calais, et firent celle nuit moult grands feux, chacun au plus près de la bannière sous laquelle ils devaient lendemain combattre. Et jà soit ce que les Français fussent bien cent cinquante mille chevaucheurs, et grand nombre de chars et charrettes, canons, ribaudequins et autres habillements de guerre, néanmoins si avaient-ils peu d'instruments de musique pour eux réjouir, et à peine hennissaient nuls de leurs chevaux toute la nuit ; dont plusieurs avaient grand'merveille disant que c'était signe de chose à venir.

Et les dits Anglais en toute celle nuit sonnèrent leurs trompettes et plusieurs manières d'instruments de musique, tellement que toute la terre entour d'eux retentissait par leurs sons, nonobstant qu'ils fussent moult lassés et travaillés de faim, de froid et autres mésaises, faisant paix avecque Dieu, confessant leurs péchés en pleurs, et prenant plusieurs d'iceux le corps de Notre-Seigneur ; car le lendemain, sans faiblir attendaient la mort, comme depuis il fut relaté par aucuns prisonniers.

Comment les Français et Anglais s'assemblèrent à batailler l'un contre l'autre, auprès d'Azincourt, en la comté de Saint-Pol, et obtinrent les dits Anglais la journée.

En après, le lendemain, qui fut le vendredi vingt-cinquième jour du mois d'octobre mil quatre cent et quinze, les Français, c'est à savoir le connétable et tous les autres officiers du roi ; les ducs d'Orléans, de Bourbon, de Bar et d'Alençon ; les comtes de Nevers, d'Eu, de Richemont, de Vendôme, de Marle, de Vaudemont, de Blamont, de Salm, de Grand-Pré, de Roussy, de Dammartin, et généralement tous les autres nobles et gens de guerre s'armèrent et issirent hors de leurs logis. Et adonc, par le conseil du connétable et aucuns sages du conseil du roi de France, fut ordonné à faire trois batailles, c'est à savoir avant-garde, bataille et arrière-garde. En laquelle avant-garde furent mis environ huit mille bassinets, chevaliers et écuyers, quatre mille archers et quinze cents arbalétriers. La quelle avant-garde conduisait le dit connétable, et avec lui les ducs d'Orléans et de Bourbon, les comtes d'Eu et Richemont, le maréchal Boucicaut, le maître des arbalétriers, le seigneur de Dampierre, amiral de France, messire Guichard Dauphin, et aucuns autres capitaines. Le comte de Vendôme, et aucuns autres officiers du roi, atout seize cents hommes d'armes, fut ordonné faire une aile pour férir les dits Anglais de côté ; et l'autre aile conduisaient messire Clignet de Brabant, amiral de France, et messire Louis Bourdon, atout huit cents hommes d'armes de cheval, gens d'élite, avec lesquels étaient, pour rompre le trait d'iceux Anglais, messire Guillaume de Saveuse, Hector et Philippe, ses frères, Ferry de Mailly, Aliaume de Gapaumes, Alain de Vendôme, Lamont de Launoy et plusieurs autres, jusqu'au nombre dessus dit.

Et en l'arrière-garde était tout le surplus des gens d'armes, lesquels conduisaient les comtes de Marle, de Dammartin, de Fauquembergue, et le seigneur de Lauroy, capitaine d'Ardre, qui avait amené ceux des frontières de Boulenois.

Et après que toutes les batailles dessus dites furent mises en ordonnance, comme dit est, c'était grand'noblesse de les voir. Et, comme on pouvait estimer à la vue du monde, étaient bien en nombre six fois autant que les Anglais. Et lorsque ce fut fait, les dits Français séaient par compagnies divisées, chacun au plus près de sa bannière, attendant la venue des dits Anglais, en eux repaissant, et aussi faisant, l'un avec l'autre, paix et union ensemble des haines, noises et dissensions qu'ils pouvaient avoir eues en temps passé les uns contre les autres. Et furent en ce point jusque entre neuf et dix heures du matin, tenants iceux Français pour certain, vu la grand'multitude qu'ils étaient, que les Anglais ne pourraient échapper de leurs mains. Toutefois y en avait plusieurs des plus sages, qui moult doutaient et craignaient à les combattre en bataille réglée.

Pareillement les dits Anglais, ce vendredi au matin, voyant que les Français ne les approchaient pas pour les envahir, burent et mangèrent; et après appelant la divine aide contre iceux Français qui les dépitaient, se délogèrent de la dite ville de Maisoncelles; et allèrent aucuns de leurs coureurs par derrière la ville d'Azincourt, où ils ne trouvèrent nuls gens d'armes; et pour effrayer les dits Français embrasèrent une grange et maison de la prioré Saint-Georges de Hesdin. Et d'autre part, envoya le dit roi anglais environ deux cents archers par derrière son ost, afin qu'ils ne fussent pas aperçus des dits Français, et entrèrent secrètement à Tramecourt, dedans un pré assez près de l'avant-garde d'iceux Français; et là se tinrent tout coyement jusqu'à tant qu'il fut temps de traire; et tous les autres Anglais demeurèrent avec leur roi. Lequel tantôt fit ordonner sa bataille par un chevalier chenu de vieillesse, nommé Thomas Epinhen [1], mettant les archers au front devant, et puis les gens d'armes; et après fit ainsi comme deux ailes de gens d'armes et archers; et les chevaux et bagages furent mis derrière l'ost. Lesquels archers fichèrent devant eux chacun un pieu aiguisé à deux bouts. Icelui Thomas enhorta à tous généralement, de par le dit roi d'Angleterre, qu'ils combattissent vigoureusement pour garantir leurs vies; et ainsi chevauchant lui troisième par devant la dite bataille, après qu'il eut fait les dites ordonnances, jeta en haut un bâton qu'il tenait en sa main, en disant: *Ne strecke!* et descendit à pied comme était le roi, et tous les autres; et au jeter le dit bâton, tous les Anglais soudainement firent une très-grand'huée, dont grandement s'émerveillèrent les Français.

Et quand les dits Anglais virent que les Français ne les

---

[1] Sir Thomas Erpingham.

approchaient, ils allèrent devers eux tout bellement par ordonnance ; et derechef firent un très-grand cri en arrêtant et reprenant leur haleine. Et adonc les dessus dits archers abscons au dit pré tirèrent vigoureusement su les Français, en élevant, comme les autres, grand'huée ; et incontinent les dits Anglais approchant les Français, premièrement leurs archers, dont il y en avait bien treize mille, commencèrent à tirer à la volée contre iceux Français, d'aussi loin qu'ils pouvaient tirer de toute leur puissance ; desquels archers la plus grand'partie étaient sans armures en leurs pourpoints, leurs chausses avalées, ayant haches pendues à leurs courroies ou épées ; et si en y avait aucuns tout nu-pieds et sans chaperon.

Les princes étant avec le dit roi d'Angleterre étaient son frère le duc de Glocestre, le duc d'York, son oncle, les comtes Dorset, d'Oxinforde et de Suffort, le comte maréchal et le comte de Kent, les seigneurs de Chamber, de Beaumont, de Villeby et de Cornouaille, et de plusieurs autres notables barons et chevaliers d'Angleterre.

En après, les Français voyant iceux Anglais venir devers eux, se mirent en ordonnance chacun dessous sa bannière, ayant le bassinet au chef ; toutefois ils furent admonestés par le dit connétable et aucuns autres princes à confesser leurs péchés en vraie contrition et exhortés à bien et hardiment combattre, comme avaient été les dits Anglais.

Et là les Anglais sonnèrent fort leurs trompettes à l'approcher ; et les Français commencèrent à incliner leurs chefs, afin que les traits n'entrassent en leurs visières de leurs bassinets ; et ainsi allèrent un petit à l'encontre d'eux et les firent un peu reculer ; mais avant qu'ils pussent aborder ensemble, il y eut moult de Français empêchés et navrés par le trait des dits archers anglais. Et quand ils furent venus, comme dit est, jusqu'à eux, ils étaient si bien pris et serrés l'un de l'autre qu'ils ne pouvaient lever leurs bras pour férir sur leurs ennemis, sinon aucuns qui étaient au front devant, lesquels les boutèrent de leurs lances qu'ils avaient coupées par le milieu, afin qu'elles fussent plus fortes et qu'ils pussent approcher de plus près les dits Anglais. Et ceux qui devaient rompre les dits archers, c'est à savoir messire Clignet de Brabant, et les autres avec lui, qui devaient être huit cents hommes d'armes, ne furent que sept vingts qui s'efforçassent de passer parmi les dits Anglais. Et fut vrai que messire Guillaume de Saveuse, qui était ordonné à cheval comme les autres, se dérangea tout seul devant ses compagnons à cheval, cuidant qu'ils le dussent suivre, et alla frapper dedans les dits archers ; et là incontinent fut tiré jus de son cheval et mis à mort. Les autres pour la plus grand'partie, atout leurs chevaux, pour la force et doute du trait, redondèrent parmi l'avant-garde des dits Français, aux quels ils firent de grands empêchements ; et les dérompirent en plusieurs lieux, et firent reculer en terres nouvelles parsemées, car leurs chevaux étaient tellement navrés du trait des archers anglais qu'ils ne les pouvaient tenir ni gouverner ; et ainsi par iceux fut la dite avant-garde désordonnée ; et commencèrent à cheoir hommes d'armes sans nombre, et les dessus dits de cheval, pour peur de mort, se mirent à fuir arrière de leurs ennemis ; à l'exemple desquels se départirent et mirent en fuite grand'partie des dessus dits Français.

Et tantôt après, voyant les dessus dits Anglais cette division en l'avant-garde, tous ensemble entrèrent en eux et jetèrent jus leurs arcs et sagettes, et prirent leurs épées, haches, maillets, becs-de-faucons et autres bâtons de guerre, frappants, abattants et occisants iceux Français : tant qu'ils vinrent à la seconde bataille, qui était derrière la dite avant-garde ; et après les dits archers suivait et marchait le roi anglais moult fort atout ses gens d'armes.

Et adonc Antoine, duc de Brabant, qui avait été mandé de par le roi de France, accompagné de petit nombre, se bouta entre la dite avant-garde et bataille. Et pour la grand'hâte qu'il avait eue, avait laissé ses gens derrière : mais sans délai il fut mis à mort des dits Anglais. Lesquels conjointement et vigoureusement envahirent de plus en plus les dits Français en dérompant les deux premières batailles dessus dites en plusieurs lieux, et abattant et occisant cruellement et sans merci iceux. Et entre temps aucuns furent relevés par l'aide de leurs varlets et menés hors de ladite bataille ; car les dits Anglais si étaient moult ententieux et occupés à combattre, occire et prendre prisonniers, pour quoi ils ne chassaient, ne poursuivaient personne.

Et alors toute l'arrière-garde étant encore à cheval et voyant les deux premières batailles dessus dites avoir le pire, se mirent à fuir, excepté aucuns des chefs et conducteurs d'icelle, c'est à savoir qu'entre-temps que la dite bataille durait, les Anglais, qui jà étaient au-dessus, avaient pris plusieurs prisonniers français. Et adonc vinrent nouvelles au roi anglais que les Français les assaillaient par derrière, et qu'ils avaient déjà pris ses sommiers et autres bagues, la quelle chose était véritable, car Robinet de Bournonville, Rifflart de Clamasse, Ysambert d'Azincourt et aucuns autres hommes d'armes, accompagnés de six cents paysans, allèrent férir au bagage du dit roi d'Angleterre, et prirent les dites bagues et autres choses avecque grand nombre de chevaux des dits Anglais, entre temps que les gardes d'iceux étaient occupés en la bataille. Pour laquelle détrousse le dit roi d'Angleterre fut fort troublé ; voyant avecque ce devant lui à plein champ les Français, qui s'en étaient fuis, eux recueillir par compagnies; et doutant qu'ils ne voulsissent faire nouvelle bataille fit crier à haute voix, au son de la trompette, que chacun Anglais, sur peine de la hart, occît ses prisonniers, afin qu'ils ne fussent en aide au besoin à leurs gens. Et adonc soudainement fut fait moult grand'occision des dits Français prisonniers. Pour laquelle entreprise les dessus dits Robinet de Bournonville et Ysambert d'Azincourt furent depuis punis et détenus prisonniers longue espace par le commandement du duc Jean de Bourgogne, combien qu'ils eussent donné à Philippe, comte de Charolais, son fils, une moult et précieuse épée, ornée de riches pierres et autres joyaux, laquelle était au roi d'Angleterre, et avait été trouvée et prise avecque ses autres bagues par iceux, afin que s'ils avaient aucune occupation pour le cas dessus dit, icelui comte les eût pour recommandés. En outre, le comte de Marle, le comte de Fauquembergue, les seigneurs de Lauroy et de Chin, atout six cents hommes d'armes qu'ils avaient à grand'peine retenus, allèrent frapper très-vaillamment dedans les dits Anglais, mais ce rien n'y valut; car tantôt furent tous morts ou pris. Et en la conclusion, le dit roi d'Angleterre obtint la victoire contre ses adversaires; et furent morts sur la place, de ses Anglais, environ seize cents hommes de tous états, entre lesquels y mourut le duc d'York, oncle du dessus dit roi d'Angleterre. Et pour vrai, en ce propre jour devant qu'ils s'assemblassent à bataille, et la nuit de devant, furent faits, de la partie des Français, bien cinq cents chevaliers ou plus.

Et après, le dit roi d'Angleterre, quand il fut demeuré victorieux sur le champ, comme dit est, et tous les Français, sinon ceux qui furent pris ou morts, se furent départis, fuyants en plusieurs et divers lieux, il environna avecque aucun de ses princes le champ dessus dit où la

bataille avait été. Et entre-temps que ses gens étaient occupés à dénuer et dévêtir ceux qui étaient morts, il appela le héraut du roi de France, roi d'armes, nommé Montjoie, et avec plusieurs autres hérauts anglais et français, et leur dit : « Nous n'avons pas fait cette occision ;
» ains a été Dieu tout-puissant, comme nous croyons,
» par les péchés des Français. » Et après leur demanda auquel la bataille devait être attribuée, à lui ou au roi de France. Et alors icelui Montjoie répondit au dit roi d'Angleterre qu'à lui devait être la victoire attribuée, et non au roi de France. Après icelui roi leur demanda le nom du châtel qu'il véoit assez près de lui, et ils répondirent qu'on le nommait Azincourt. « Et pour tant, ce dit-il,
» que toutes batailles doivent porter le nom de la plus
» prochaine forteresse, village ou ville où elles sont
» faites, celle-ci, dès maintenant et perdurablement,
» aura en nom la bataille d'Azincourt. »

Et après que les dits Anglais eurent été grand espace sur le champ dessus dit, voyant qu'ils étaient délivrés de tous leurs ennemis et aussi que la nuit approchait, s'en retournèrent tous ensemble en la ville de Maisoncelles, où ils avaient logé la nuit de devant ; et là se logèrent portants avecque eux plusieurs de leurs gens navrés.

Et après leur département, par nuit, aucuns Français étant entre les morts, navrés, se traînèrent par nuits, au mieux qu'ils purent, à un bois qui était assez près du dit champ, et là en mourut plusieurs ; les autres se retirèrent à aucuns villages et autres lieux où ils purent le mieux. Et le lendemain le dit roi d'Angleterre et ses Anglais se délogèrent très-matin de la dite ville de Maisoncelles, et atout leurs prisonniers derechef allèrent sur le champ ; et ce qu'ils trouvèrent des dits Français encore en vie les firent prisonniers ou il les occirent. Et puis de là prenants leur chemin, se départirent, et en y avait bien les trois quarts à pied, lesquels étaient moult travaillés, tant de la dite bataille comme de famine et autres mésaises. Et par cette manière retourna le roi d'Angleterre en la ville de Calais, après sa victoire, sans trouver aucun empêchement; et là laissa les Français en grand'douleur et tristesse pour la perte et destruction de leurs gens.

Comment Henry, roi d'Angleterre, atout sa puissance, vint à Troyes en Champagne pour lui marier et parconclure la paix finale avec le roi de France.

En ce même temps, Henry, roi d'Angleterre, accompagné de ses deux frères, c'est à savoir des ducs de Clarence et des comtes de Hautiton, de Warwick et de Kaint, avec plusieurs autres grands seigneurs d'Angleterre, et seize cents combattants ou environ, dont il avait la plus grand'partie archers, se partit de Rouen et vint à Pontoise, et de là à Saint-Denis, et après au pont de Charenton, où il laissa de ses gens pour garder le passage, et puis par Provins s'en alla à Troyes. Au-devant duquel, pour lui faire honneur et révérence, issirent le duc de Bourgogne et plusieurs seigneurs qui le convoyèrent jusqu'à son hôtel dedans icelle ville, où il se logea, et ses princes avecque lui, et ses gens d'armes se logèrent ès villages à l'environ. Et tôt après sa venue alla voir le roi, la reine, dame Catherine, sa fille; si s'entrefirent très-grands honneurs l'un à l'autre; et après furent assemblés de grands conseils entre eux pour parclore la paix finale et alliance, dont par avant est faite mention, et enfin furent d'accord. Et en ce qui par avant avait été traité et qui n'était agréable au dit roi d'Angleterre, fut lors corrigé grand'partie à sa volonté.

Finablement, après le dit accord parfait, selon la coutume de France, la dessus dite dame Catherine fiança, et le lendemain du jour de la Trinité épousa icelui roi en l'église paroissiale, dessous la quelle il était logé ; si furent faites ce jour par lui et ses princes anglais grands pompes et bobants, comme si présentement dût être roi de tout le monde. Et là était, de la partie du roi de France, Philippe, duc de Bourgogne, par le moyen et à l'instance duquel tous les traités et alliances dessus dites se faisaient. Si étaient avecque lui Pierre de Luxembourg, comte de Luxembourg et Conversan ; messire Jean de Luxembourg, son frère ; le prince d'Orange, le seigneur de Jonvelle, le seigneur de Château-Vilain, le seigneur de Montagu, messire Régnier Pot, le seigneur de Chastellus, le Veau-de-Bar, bailli d'Auxois; messire Jacques de Courtejambe, messire Jean de Cotte-Brune, maréchal de Bourgogne et de Picardie ; le seigneur de Croy, le seigneur de Longueval, messire Athis de Brimeu et messire David, son frère ; le seigneur de Boubaix, le seigneur de Humbercourt, bailli d'Amiens ; messire Hues de Launois et son frère, messire Gilbert, et moult d'autres notables chevaliers des pays du dit duc, aussi aucuns prélats et gens d'église ; entre lesquels y étaient des plus avancés maître Jean de Torsy, évêque de Tournai et chancelier de Bourgogne ; maître Eustache de Laictre, maître Jean de Mailly, et aucuns autres, qui tous ensemble, ou au moins la plus grand'partie, furent consentants, et promirent avec le dessus dit duc de Bourgogne d'entretenir perdurablement icelui traité, duquel la copie s'en suit :

« Charles, par la grâce de Dieu, roi de France,

» A tous nos baillis, prévôts, sénéchaux ou autres chefs de nos justices ou à leurs lieutenants, salut.

» Comme, par accordance finale et paix perpétuelle,

soient huy faites et jurées en cette notre ville de Troyes par nous et notre très-cher et très-aimé fils Henry, roi d'Angleterre, héritier et régent de France pour nous, et lui les royautés de France et d'Angleterre, tant par le moyen du mariage de lui, de notre très-chère et aimée fille Catherine, comme de plusieurs points et articles faits, passés et accordés par chacune partie pour le bien et utilité de nous et de nos sujets, et pour la sûreté d'iceux pays ; par le moyen de laquelle paix chacun de nos dits sujets, et ceux de notre dit fils pourront désormais converser, marchander et besogner les uns avec les autres, tant de là la mer comme de çà.

» *Item*, que notre dit fils le roi Henry ne nous troublera ou empêchera, comme devant est dit, que nous ne tenions et possédions tant que nous vivrons, ainsi que nous tenons et possédons de présent, la couronne et dignité royale de France et les revenus, fruits et profits d'iceux à la soutenance de notre état des charges du royaume, et que notre dite compagne ne tienne tant qu'elle vivra état et dignité de reine, selon la coutume du royaume, avec partie des dites rentes et revenus à elle convenables.

» *Item*, est accordé que notre dite fille Catherine aura et prendra au royaume d'Angleterre douaire, ainsi que les reines au temps passé ont accoutumé d'avoir, c'est à savoir pour chacun an la somme de quarante mille écus, desquels les deux valent toujours un noble d'Angleterre.

» *Item*, est accordé que tantôt après notre trépas et dès lors en avant, la couronne et royaume de France, avec tous leurs droits et appartenances, demeureront et seront perpétuellement à notre dit fils le roi Henry et à ses hoirs.

» *Item*, pour ce que nous sommes tenus et empêchés

le plus du temps, par telle manière que nous ne pouvons en notre personne entendre ou vaquer à la disposition des besognes de notre royaume, la faculté et l'exercice de gouverner et ordonner la chose publique du dit royaume seront et demeureront, notre vie durant, à notre dit fils le roi Henry, avec le conseil des nobles et sages du dit royaume à nous obeissants, qui auront aimé l'honneur et profit du dit royaume, par ainsi que dès maintenant et dès lors en avant ils puissent icelle régir et gouverner par lui-même et par autres qu'il voudra députer avec le conseil des nobles et sages dessus dits à nous obéissants, qui auront aimé le profit et honneur du dit royaume, lesquelles faculté et exercice de gouverner ainsi étant par devers notre dit fils le roi Henry, il labourera affectueusement, diligemment et loyaument à ce qu'il puisse être à l'honneur de Dieu, de nous et de notre dite compagne, et aussi au bien du dit royaume, et à défendre et tranquiller, apaiser et gouverner icelui royaume selon l'exigence de justice et équité, avec le conseil et aide des grands seigneurs, barons et nobles du dit royaume.

» *Item*, que toute notre vie durant notre dit fils le roi Henry ne se nommera ou écrira aucunement, ou fera nommer ou écrire roi de France ; mais du dit nom de tous points s'abstiendra tant comme nous vivrons.

» *Item*, est accordé que nous, durant notre dite vie, nommerons, écrirons et appellerons notre dit fils le roi Henry, en langage et langue française, par cette manière : Notre très-cher fils Henry, roi d'Angleterre, héritier de France. Et en langue latine : *Noster præcharissimus filius Henricus rex Angliæ, hæres Franciæ.*

» Afin que ces choses soient fermes et stables perpétuellement à toujours, nous avons fait mettre notre scel à ces présentes lettres, données à Troyes, le ving-unième jour du mois de mai l'an mil quatre cent vingtième, et de notre règne, le quarante. Scellées à Paris, sous notre scel, ordonné en l'absence du grand.

» Ainsi signées par le roi en son grand conseil.

» J. Millet. »

FIN DE L'APPENDICE.

TABLE

DU TOME DOUZIÈME.

	Pages
Introduction.	7
Henry V.	65
Henry VI (Première Partie).	195
Notes.	311
Appendice : Extrait des chroniques de Monstrelet.	337

www.ingramcontent.com/pod-product-compliance
Lightning Source LLC
Chambersburg PA
CBHW050751170426
43202CB00013B/2377